エリア・スタディーズ 144

# パレスチナを知るための60章

臼杵 陽
鈴木啓之（編著）

明石書店

# はじめに

私たちパレスチナ人は、どこにいようと、われらがパレスチナにいるわけではない。パレスチナは、もはや存在しないからだ。

（エドワード・W・サイード『パレスチナとは何か』島弘之訳、岩波現代文庫、２００５年、21頁）

パレスチナという名の国家は、まだ存在していない。２０１５年末時点では１３６カ国がパレスチナを国家として承認している。国連加盟国の約70％である。21世紀に入ってパレスチナを国家として承認する国は少しずつ増えている。だが、アメリカ、イギリス、フランスといった国連常任理事国を構成する主要欧米諸国はいまだにそれを認めていない。もちろん、西欧でも一部の国の議会は当該政府がパレスチナを国家として承認するよう決議しているものの、まだまだ時間がかかりそうである。

１９４８年5月、パレスチナという地名は地図上から消えた。パレスチナ人たちは祖国喪失の体験を「ナクバ」と呼ぶ。カタストロフィ、大災難、大厄災など、さまざまな訳語が当てられる。ホロコーストに比べ、日本では辞書に載るほど一般的ではないが、英語圏の大辞典では al-Nakba として掲載されており、ＯＥＤ（オックスフォード英語辞典）では「新イスラエル国家の誕生によって多くのパレスチナ人が故郷を追われた1948年の出来事をさすパレスチナ人の用語」と定義されている。

かつてパレスチナの地に住んでいたアラブ人は48年に離散して難民となって以来「パレスチナ」の名前を継承することになった。新たな「パレスチナ人」の誕生である。もちろん、イスラエル国の領域となった土地にもパレスチナ人がイスラエル市民として暮らしている。だとしても、そのようなパレスチナ人は、もう存在しないパレスチナに「居住している不在者（present absentee）」なのである。冒頭で引用したサイードは「パレスチナは、もはや存在しない」と明言した。1994年にガザとヨルダン川西岸地区の一部に「パレスチナ自治区」が成立したので、パレスチナはもはや地図上に存在しない〈場〉ではない。しかし、いまもって国家ではない「パレスチナ」というタイトルを冠した本を「エリア・スタディーズ」の一冊として出版するということは実に画期的なことである。

もちろん、自らをパレスチナ人と意識する民族集団は存在する。ただ、パレスチナ人であることの自己主張は国際社会の中で承認されて初めて意味をもつ。クルド人をはじめ、国家をもたない民族は世界に数多く存在する。「未承認国家」と呼ばれる、ソ連など旧「帝国」の崩壊の跡に国家なきままに取り残された民族集団も少なからず存在する。パレスチナ国家も「未承認国家」の一つである。

パレスチナという〈場〉は、第一次世界大戦で敗北を喫して崩壊したオスマン帝国の遺産を継承している。オスマン帝国の下ではパレスチナを取り巻く明確な国境は存在しなかった。パレスチナはかつて「ビラード・アッ・シャーム（シリアの地）」の南部を漠然とさす地名にすぎなかった。それが第一次世界大戦後、英仏のサイクス＝ピコ密約によって切り取られて成立したのが委任統治領パレスチナであった。1917年にイギリスによってバルフォア宣言が発せられ、パレスチナはユダヤ人のための「ナショナル・ホーム（民族的郷土）」の場となった。パレスチナに住む9割を超えるアラブ人はこの宣言の中では「非ユダヤ人諸コミュニティ」とくくられ、当時ウィルソン米大統領によって提唱された民族自決権がパレスチナ人に適用されることはなかった。さらに、１９４８年にはイスラエルが建国されることでパレスチナに住む人々の多くは難民となった。以来、「パレスチナ人」であることを、国際的に承認されるための長い苦難の歴史が始まることになる。

現在、パレスチナ人の総人口は約１２００万といわれている。パレスチナ人は居住地域によって次のような四つに分類できるだろう。すなわち、①イスラエル国の領域内に住むイスラエル国籍をもつパレスチナ人（約１４７万人）、②ヨルダン川西岸（約２９０万人）・ガザ（約１８５万人）のパレスチナ自治区に住むパレスチナ人（合計約４７５万人）、③ヨルダン（約３２４万人）、シリア（約63万人）、レバノン（約40万人）、エジプト（約27万人）といった周辺アラブ諸国、サウジアラビア（約28万人）、アラブ首長国連邦（約17万人）、カタール（約10万人）などのアラブ湾岸産油国に離散して住むパレスチナ人、そして④チリ（約50万人）、ホンジュラス（約25万人）、メキシコ（約12万人）などラテンアメリカ、アメリカ合衆国（25万人）など欧米諸国に移住した離散パレスチナ人である（10万人以上のパレスチナ人が住む国名だけを挙げた）。パレスチナ人の総人口数の半数を占める離散パレスチナ人の多様なあり方を念頭に置かなければ、自治区を含めた現在のパレスチナについては語ることはできない。パレスチナ人の半数が離散ユダヤ人あるいは離散アルメニア人と同じように祖国から切り離されてディアスポラ状態の生活をしているのである。

ところで、パレスチナ人の記憶の継承という観点から、いささか個人的な体験になって恐縮だが、私が80年代中頃にヨルダンのアンマーンに滞在していたときにアラビア語を教えてくれた教師について述べておきたい。その人はファールークさんというパレスチナ人の小学校の校長だった。パレスチナのアッバースィーヤ村の出身であった。この村は現在はイェフードというヘブライ語名に変わっている（1936年のアラブ大反乱が始まる前はイェフードと同じ語源のヤフーディーヤという名前だった）。ベングリオン空港のすぐ近くである。この空港ももともとはウィルヘルマー（ドイツ・テンプル団領）というイギリス空軍基地であった。

ファールーク先生は、アッカー生まれのパレスチナ人作家ガッサーン・カナファーニー（1936～72年）と同世代で、ナクバの際すでに10歳を超えていた。したがって、離散の瞬間を鮮明に記憶し、村での生活をユートピアのように懐かしく語っていた。村を離れるときには家の戸締りをして鍵をもって避難した。しかし、二度と故郷に戻ることはなかった。そのままヨルダン峡谷で難民となり、67年第三次中東戦争時には単身アルジェリアで教師をしていた。戦後、家族が再度難民となって暮らしていたアンマーンのワハダート難民キャンプで家族と再会した。離散体験のなか、家の鍵こそが故郷パレスチナへの帰還の希望なのだ。そんなナクバ以前を知る世代ももう少なくなってしまった。

1948年のナクバからすでに70年近い年月が経過した。ナクバの年あるいはそれ以前に生まれた世代もすでに社会の第一線から退き少数派になっている（もちろん、1935年生まれのマフムード・アッバース大統領という例外はある）。パレスチナ人のほとんどがナクバを体験していない新世代である。ヨルダン川西岸・ガザの年齢別人口からみても20歳未満が全人口の半数を占めている。これからの時代を担う若年層が社会の多数派になっているのである。

# はじめに

イスラエルがヨルダン川西岸・ガザを占領した1967年からも半世紀が過ぎた。イスラエル占領とともに生きてきたパレスチナ人も50歳を超えている。また87年に第一次インティファーダ（民衆蜂起）が勃発してから30年が経過している。いまやインティファーダ世代がパレスチナ社会の中核を担っているといってもよい。

パレスチナ社会も、ナクバを体験としてではなく、記憶としてのみ継承している若い世代が担っている。しかし、そんな若い世代も出身地を問われれば、48年以前のパレスチナでの出身地の名を答える。記憶の中のパレスチナはすでに第二世代から第三、第四世代へと語り継がれ、これからも継承されていくのである。

本書はパレスチナ人の生活、歴史、文化と社会、政治、経済、日本との関係、といった、さまざまな側面から60章と26のコラムで描く。本書の執筆陣もこれからのパレスチナ研究あるいは日本とパレスチナとの交流を担う若い世代が中心となっている。したがって、これまでパレスチナに関して出版された類書とは一線を画すものだと編者として自負している。パレスチナを語ることは、現代の「ユダヤ人」といっていい存在となったパレスチナ人を語ることである。本書はそんなパレスチナ人の等身大の姿を、現地滞在の経験をもつ若い世代の眼を通して綴ったものである。きわめて困難な状況を生きるパレスチナ人あるいはパレスチナを考えるための一助となれば編者としては望外の喜びである。

2016年2月

編　者

パレスチナ周辺地図

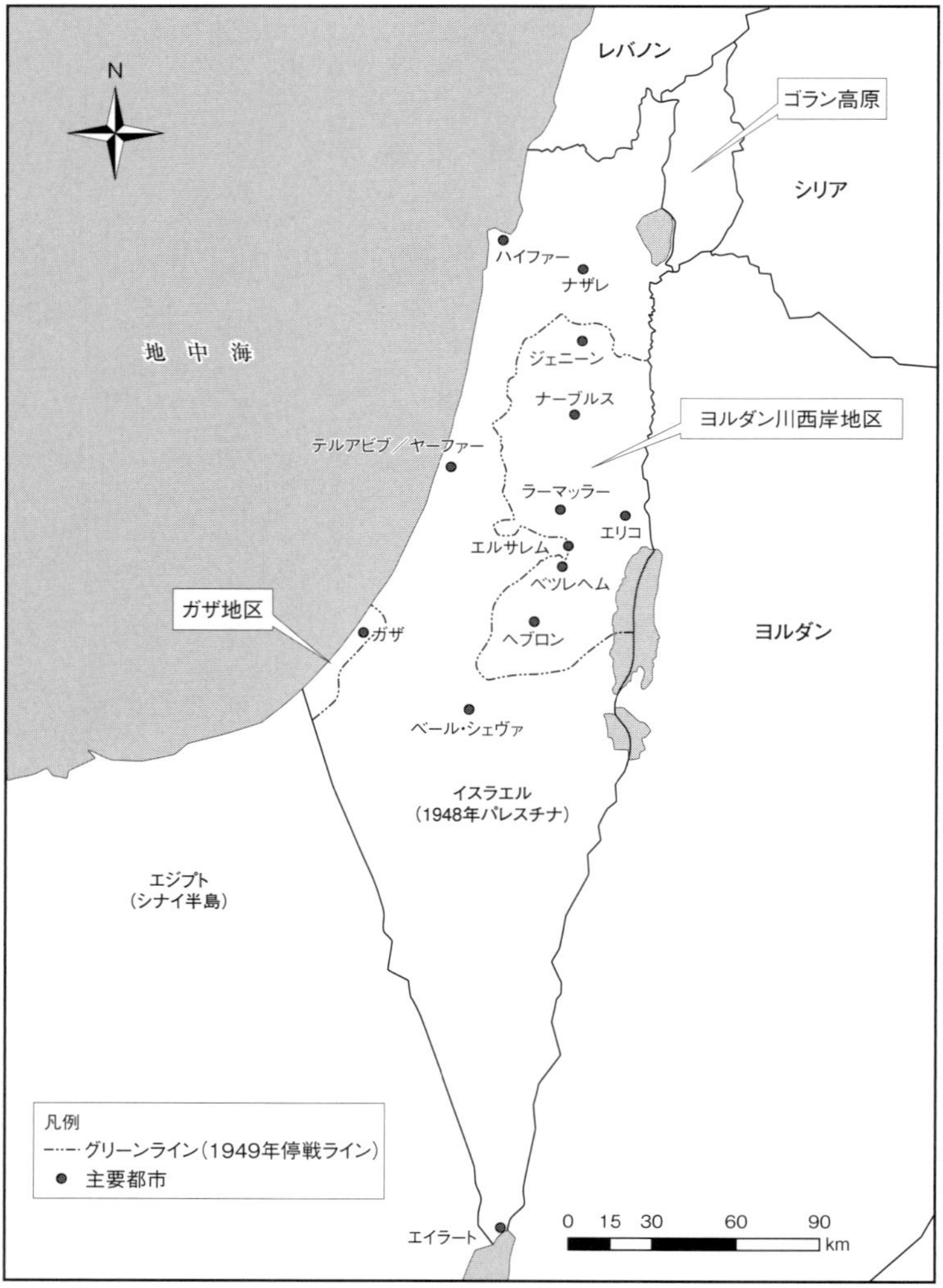
N
レバノン
ゴラン高原
シリア
ハイファー
ナザレ
地中海
ジェニーン
ナーブルス
ヨルダン川西岸地区
テルアビブ／ヤーファー
ラーマッラー
エリコ
エルサレム
ベツレヘム
ガザ地区
ガザ
ヘブロン
ヨルダン
ベール・シェヴァ
イスラエル
（1948年パレスチナ）
エジプト
（シナイ半島）
凡例
グリーンライン（1949年停戦ライン）
主要都市
0 15 30 60 90
km
エイラート

パレスチナを知るための60章

目次

はじめに／3

## I パレスチナ　イメージと実像／17

## II 歴史／83

Ⅲ

## 生活と文化／145

## Ⅳ 世界の中のパレスチナ／209

## V 経済と社会／271

## Ⅵ パレスチナと日本／339

## パレスチナ自治政府　基礎データ

| | |
|---|---|
| 面積 | 約6,020平方キロメートル（西岸地区5,655平方キロメートル、ガザ地区365平方キロメートル） |
| パレスチナ人総人口 | 約1,210万人（2014年推定、パレスチナ中央統計局）<br>• 西岸・ガザ地区の人口：約455万人<br>西岸地区　約279万人<br>ガザ地区　約176万人<br>• イスラエルのパレスチナ人口：約150万人<br>• 上記地域以外のパレスチナ人口：約590万人<br>注：UNRWA資料（2014年）によるパレスチナ難民数：約549万人（西岸92.5万人、ガザ132万人、ヨルダン218万人、シリア56.4万人、レバノン48万人） |
| 本部 | ラーマッラー（西岸地区） |
| 人種・民族 | アラブ人 |
| 言　語 | アラビア語 |
| 宗　教 | イスラム教（92%）、キリスト教（7%）、その他（1%） |
| 大統領 | マフムード・アッバース（PLO議長を兼任） |
| 首　相 | ラーミー・ハムドゥッラー |
| 議　会 | パレスチナ立法評議会 |
| 名目GDP | 約127億ドル（2014年　IMF推定） |
| 1人当たりGDP | 約2,801ドル（2014年　IMF推定） |
| 実質GDP成長率 | -0.4%（2014年　IMF推定） |
| 物価上昇率 | 1.7%（2014年　IMF推定） |
| 失業率 | 24%（2013年　IMF推定） |
| 総貿易額 | 輸出：約23億ドル（2014年推定、IMF） |
| | 輸入：約78億ドル（2014年推定、IMF） |
| 通貨 | 自国通貨なし（イスラエル・シェケル） |
| 為替レート | 1シェケル＝約32円（2015年8月） |

（外務省資料より）

# I

# パレスチナ
# イメージと実像

# 1

# パレスチナとはどこか

## ★アイデンティティの拠り所を考える★

パレスチナという言葉を耳にしたら何をイメージするだろうか。多くの人は聖書の舞台となった場所としてのパレスチナだろう。場合によっては２０１２年に国連総会において「パレスチナ国家」がオブザーバーとして認められたというニュースを思い出す人もいるかもしれない。いずれにせよ、ここで言葉をめぐる人々のイメージ形成に重要な役割を果たしている辞書の定義をみてみることにしよう。『広辞苑第六版』（２００８年刊行）での「パレスチナ」は次のような説明になっている。

「【Palestina ラテン】（ギリシア語の「ペリシテ人の地」から）西アジアの地中海南東岸の地方。カナンとも称し、聖書に見える物語の舞台。第一次大戦後、オスマン帝国からイギリス委任統治領。以後、シオニズムによるユダヤ移民が進展。１９４８年イスラエル独立とともにイスラエルとヨルダンとに分割されたが、67年イスラエルはヨルダン川西岸地域とガザ地区を占領。パレスチナ人による国家建設運動も盛ん」。

この説明はわれわれがもっているイメージを見事に類型化してくれている点では周到である。次のような整理をしてくれているからである。すなわち、①聖書にみえる物語の舞台。これは最も多くの人々が抱くイメージである。次に、②第一次大戦後、オスマン帝国からイギリス委任統治領、という説明である。この説明は20世紀になって紀元70年にローマ帝国によってユダヤ教第二神殿が破壊されてから１９００年近い歳月を経て初めてイギリスがバルフォア宣言（１９１７年）に基づいてパレスチナという地域を「国境」として確定したのである。つまり、「委任統治領パレスチナ」の成立である。三番目にはシオニズム運動との関連で委任統治領パレスチナがイスラエルとヨルダン（より正確にはエジプトが占領したガザも含める必要がある）に分割されたとの説明がある。

実は、この部分は周到な説明のうちで必ずしも十分であるとはいえない。というのも、第三番目のパレスチナという言葉には③「パレスチナ難民」という使い方が加わるからである。１９４８年のイスラエル建国の結果、パレスチナという地名はアラブ諸国やイスラーム諸国を除いて地図上から消えてしまい、委任統治領パレスチナという故郷から追放されて難民となってしまった人々を呼ぶための名称として使われるようになるのである。すなわち、パレスチナ人あるいはパレスチナ難民である。

図1　第一次世界大戦後の中東

さらに１９６７年という年（この

図２　1921年カイロ会議後、トランスヨルダンがパレスチナから分離

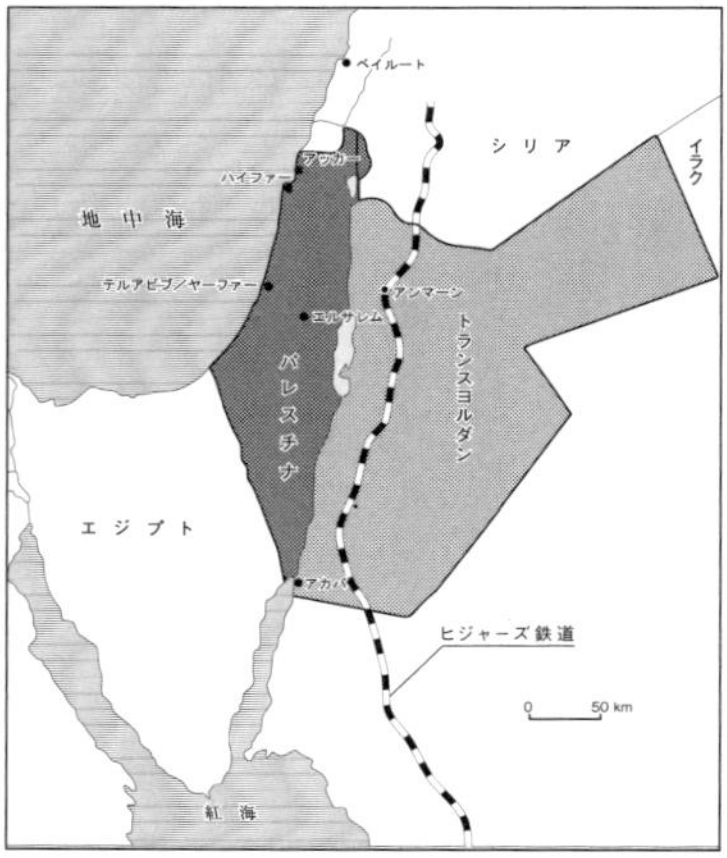


図３　1947年国連パレスチナ分割決議後のパレスチナ

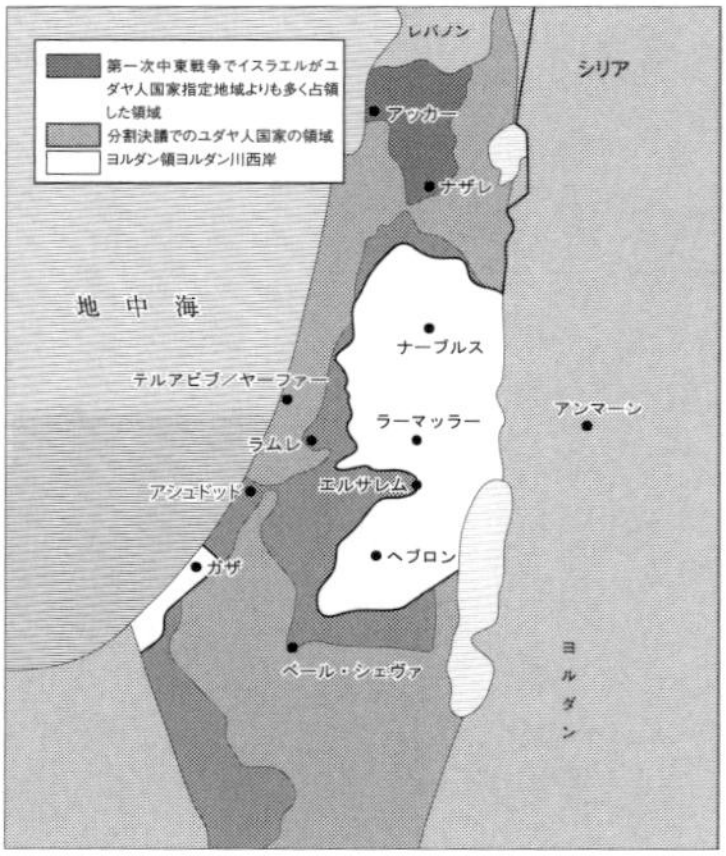


年の6月に第三次中東戦争が勃発）がパレスチナという名称に新たな定義が加えられる契機となる。すなわち、アラブ連盟によって設立されたパレスチナ解放機構（ＰＬＯ）の主導権をヤースィル・アラファートの率いるファタハ（パレスチナ解放運動）という政治グループが握って、「④パレスチナ解放運動」の意味でパレスチナという用語が使用されるようになるからである。これは広辞苑の定義の中の「パレスチナ人による国家建設運動も盛ん」という部分に対応することになる。なお、広辞苑第六版には「ＰＬＯ」も立項されており、「(Palestine Liberation Organization) パレスチナ解放機構。パレスチナ人を政治的に統合する機関として１９６４年成立。74年アラブ首脳会議でパレスチナ人の唯一正当な代表として承認され、国連オブザーバーの地位を得た」という説明になっている。

　米ソ冷戦が終焉して新たな国際政治状況が到来することによって、パレスチナには再び新しい意

味合いが付与されることになる。それは1993年9月に締結されたオスロ合意（パレスチナ暫定自治に関する原則宣言）によってである。つまり、⑤パレスチナ自治区、という定義である。このパレスチナ自治区の領域は、広辞苑での「67年イスラエルはヨルダン川西岸地域とガザ地区を占領」という部分のヨルダン川西岸地域とガザ地区に想定されているが、ヨルダン川西岸にはユダヤ人入植地が依然として多数存在するばかりではなく、入植地建設は継続されている。また、イスラエル軍が駐留している占領領域もいまだに多くあるので、パレスチナ自治区の領域は実際には、ヨルダン川西岸の一部とガザ、とすべきなのが現状である。

これまで見てきたように、パレスチナといっても広辞苑に基づけば最低でも五つの定義があることになり、さらに冒頭に述べたように、２０１２年11月29日、国連総会において、それまでのＰＬＯという非国家組織に代わって「パレスチナ国家」が国連オブザーバーとして承認されたことによって、⑥パレスチナ国家、という新定義が加わることになった。パレスチナという言葉は時代の状況に応じて変化しており、とても一義的には定義できないのである。換言すれば、パレスチナという言葉からイメージされるのは人によって大きく異なるというのもこのような多義的な意味合いをもつことを考えればやむをえないということになるのである。

ところで、まだ「パレスチナとはどこか?」という問いには答えていないが、この問いには次のように答えることができるだろう。本書で扱う「パレスチナ」は地域としてのパレスチナばかりではない。本書で念頭に置かれているパレスチナとは、周辺アラブ諸国、あるいは世界全体に離散した「パレスチナ人ネットワーク」をも含むということになる。したがって、ここでパレスチナの人々といった場合、委任統治期パレスチナの領域（イスラエル、ヨルダン川西岸、ガザ）に住んでいるパレスチナ人のみならず、周辺アラブ諸国（ヨルダン、レバノン、シリア、エジプト、アラブ湾岸諸国など）やラテンアメリカを含む欧米諸国、さらには日本に在住しているパレスチナ人をも包摂しているのである。

本書で使用するパレスチナの範囲を限定したところで、新たな問題が出てくることになる。すなわち、「パレスチナ人」とはだれかという問題である。PLOが1964年に採択したパレスチナ民族憲章による定義では「パレスチナ人とは、追放されたにせよ、パレスチナに留まるにせよ、1947年までパレスチナに定住していたアラブ市民である。その年以降もパレスチナ人を父親として生まれたものは、パレスチナ内であろうとその外であろうと、だれでもパレスチナ人である」としている。しかし、本書ではもっと緩やかに定義したいと思う。すなわち、自らパレスチナ人だと見なしている人はすべてパレスチナ人だという定義である。というのも、民族憲章では父親がパレスチナ人であるという父系制的系譜を採用しており、この定義にしたがえばパレスチナ人以外の男性と婚姻関係を結んだパレスチナ人女性はパレスチナ人ではなくなってしまうからである。したがって、パレスチナ人と非パレスチナ人とのあいだの通婚はすすんでいるものの、それでもパレスチナ人だと自己認識している人はやはりパレスチナ人と呼ぶべきであろう。換言すれば、本書ではパレスチナ人アイデンティティを構成主義的な立場から定義したいと考えている。だからこそ、たとえば、イスラエル市民権をもつアラブ人をイスラエル政府は「イスラエル・アラブ人」（Israeli Arabs）だと規定したが、近年、みずから「イスラエル・パレスチナ人」（Israeli Palestinians）と自己認識をする市民が増えている事実もあるからである。

（臼杵陽）

# 2

# 世界に離散するパレスチナ人

## ★繰り返される移動★

レバノン北部を訪れたとき、イラクから来たパレスチナ難民に出会ったことがある。まだあどけない顔をした少年に抱かれた巻き毛の女の子を指して、近くにいた男性は私に「この子はイラクから来たんだ」と言った。2007年8月、隣にあるナハル・アル・バーリド難民キャンプで戦闘が起きて家を追われた人々を訪ね、避難先である近隣の小学校の校舎を訪ねていったときのことだった。イラク人なのか、と聞き返すと、彼は「いや、ナハル（・アル・バーリド）から来たけど、父親はイラクから来た、イラク系パレスチナ人だ」と答えた。突然の出会いに驚き、この子がたどってきたであろう長い道のりを思うと、私には何も返す言葉がなかった。

彼女の存在は、70年近くにわたり離散を続けてきたパレスチナ人の運命を物語っている。彼らは故郷を戦乱によって追われ、安全な場所でのよりよい暮らしを求めて移動を繰り返してきた。その過程で運よく援助を得られる場合もあれば、迫害され脅迫を受ける場合もある。境遇の違いを決めるのは、受入国や機関の法と制度、その時点での政治情勢である。

19世紀末、ユダヤ人差別がヨーロッパで再浮上し、シオニズ

レバノンの難民キャンプ内の壁に貼られた帰還（アーイドゥーン）を訴えるポスター（2007年８月、筆者撮影）

ム運動が始まった頃、パレスチナではユダヤ人による入植が開始された。オスマン帝国時代、パレスチナは今のシリアを中心とするシャーム地方の一地域だった。そこで１９４８年にイスラエルが建国宣言を出すと、ユダヤ民兵とアラブ諸勢力の部隊との間で全面戦争が始まった（第一次中東戦争）。パレスチナに住んでいたアラブ人のうち、イスラーム教徒とキリスト教徒は戦火に追われ、約70万人が難民となった。同じアラブ人の住む周辺地域は当時、国民国家の建設ラッシュだった。その動きに乗り遅れて国をもてなかった彼らは、出身の地名を取り、パレスチナ人と呼ばれるようになった。

　この戦闘で生まれた難民の大半は、ＵＮＲＷＡ（国連パレスチナ難民救済事業機関）の支援対象となった。ＵＮＲＷＡの公式定義によると、難民として登録されたのは、「１９４６年6月1日から１９４８年5月15日の間にパレスチナに居住しており、１９４８年の紛争で家と生計手段の両方を失った者」である。だが、その支援管轄地域とされたのは、ヨルダン川西岸地区、ガザ地区、ヨルダン、レバノン、シリアの5地域のみであり、その他のイラク、エジプト、クウェートなど周辺地域へ逃れた人々は、難民登録ができなかった。

　また離散した先の滞在国で、パレスチナ人は法的に不利な立場におかれることになった。難民のパレスチナへの帰還を支援する、という「アラブの大義」のもと、大半のアラブ諸国ではパレスチナ人

## 第2章
# 世界に離散するパレスチナ人

の帰化が認められなかったからだ。外国人として無国籍で滞在し続けることは、実際には高い生活費や学費、差別の対象となることを意味した。例外的に国籍の付与を認めたのはヨルダンだったが、これはパレスチナ難民を優遇したためではない。ヨルダン政府が第一次中東戦争直後、ヨルダン川西岸地区を自国領土として併合したことにより、パレスチナ難民がヨルダン国民とされたためだ。西岸地区およびヨルダン国内に逃れたパレスチナ人は、ヨルダン人とみなされることになった。

パレスチナ人の離散は一度では終わらなかった。1967年にはイスラエルとの間で再び大規模な戦争が起こり（第三次中東戦争）、ヨルダン川西岸地区とガザ地区から多くのパレスチナ人がヨルダンなどへ逃れることとなった。このときガザ地区から来た難民には、ヨルダン国籍は与えられなかった。彼らはその後も無国籍のまま、難民としてヨルダン国内のジャラシュ難民キャンプなどで暮らしている（ガザ難民）。またこの戦争で初めて難民となった人々は、UNRWAで難民として登録されず、公式に継続的な支援の対象とはされなかった。

逃れた先で満足な居住環境を得られなかった人々は、より住みよい環境を求めてさらなる移動を繰り返すことになった。アメリカやヨーロッパへの留学、移住はその典型である。国籍は取得できないものの、一時的な出稼ぎ目的で湾岸産油国へと長期間、移り住む者も多くいた。冒頭に述べたイラク系パレスチナ人は、第一次中東戦争後、イラクへ移動しサッダーム・フセイン政権下では保護を受けていたものの、2003年のイラク戦争による政権崩壊で迫害の対象となり、シリアへ、そしてレバノンへと逃れた難民のうちのひとりだろう。移動には個人史があり、それぞれの物語がある。イスラエルとパレスチナの間の終わらない紛争のため、物語は積み重なり、一時的な難民化は、まさに世界

スウェーデン移民局の前で抗議運動に参加するイラク系パレスチナ人（2015年9月、筆者撮影）

的な離散へと拡大したのである。

　こうした状態を指して、人類学者のローズマリー・サーイグは「パレスチナ・ディアスポラ」と呼んだ。ディアスポラとはもともとギリシア語で「種を撒き散らす」といった意味を指す。そこから後に、ユダヤ人を代表例とする強制的な離散状態を指す言葉となった。ユダヤ人はイスラエルの建国により、自らのディアスポラを一定のかたちで終了させることができた。だがそのために代わりにもたらされたのが、パレスチナ人のディアスポラであったことは皮肉としか言いようがない。

　２０１５年９月、ヨーロッパへ押し寄せるシリア難民の動きを追って訪ねたスウェーデンで、私はふたたびイラク系パレスチナ人に出会うことになった。すでに肌寒い気候の中、移民庁の前にキャンプ用のテントを張った彼らは、永住権を求めて座り込みを行っていた。盛んに報道されるシリア難民に対しては、主要な駅でボランティア団体が支援のため待ち受けていたが、ここには彼ら以外に誰の姿もなかった。戦後イラクで迫害された彼らは、身分証もパスポートももたない。数年前に来たというパレスチナ人は、イラクがすでに安全になったという理由で難民申請を却下されたという。しかし「イラクに残してきたのは墓だけ。もう家族も誰もいない」。その叫びからは、離散状態の中、安住の地を探し続ける人々の悲痛な思いが感じられた。

（錦田愛子）

# 3

# パレスチナ人はどんなところに住んでいるのか

## ★難民キャンプから「持ち家」へ★

最初にパレスチナ難民キャンプを訪れたのは1980年夏だった。レバノン南部のサイダー近郊のアイン・アル・ヘルワ難民キャンプだった。一週間ほど滞在した。パレスチナ人たちがまだ武装闘争を行っているときで、キャンプは解放区だった。アラブ諸国に住んでいたパレスチナ人は夏になると子どもたちを難民キャンプの訓練所に送り込んできた。男の子は「獅子の子どもたち（アシュバール）」、女の子は「花々（ザフラー）」と呼ばれていた。

難民キャンプは迷路のように入り組んだ道で、電線はむき出しだった。排水施設が不十分なために道が同時に排水路でもある。さながらゲットーである。キャンプ内の住居は大小さまざまだが、ほとんど似たようなものだった。コンクリートむき出しのつくりである。リビングにはマットが敷かれているが、それは応接セットでもあり、同時に寝具に早変わりする。家族で一緒に食事をとるダイニングも兼ねている。それにキッチン、トイレ兼シャワー室が申し訳程度に備えられているといったところが標準的だろうか。大家族が多いので個室などは望むべくもない。せいぜいが、寝室が別にいくつかあるくらいである。

パレスチナ難民の住居はアラブ世界ではだいたいどこでも同じである。かつてアンマーンに住んでいたときによく訪れたのがワハダート難民キャンプだった。知り合いのパレスチナ人はヨルダン国籍を取得していたが、昼と夜に掛け持ちで仕事をしていた。それなりに蓄財をすると、キャンプ外に一軒家を構えた。招待してくれて訪れた新居は難民キャンプに比べればずいぶんと大きい。まずリビングが広くて、ゆったりとマットに座ることができる。またその隣のダイニングと付設された台所も広々としている。夫婦用の寝室と子どもたちの部屋も別々である。外観的にはこの家屋もコンクリートを打ったものであるが、さらにお金を貯めて二階が増設できるように鉄筋がむき出しになって、その鉄筋が屋上から棒切れのように突き出ているのである。門扉の脇にはジャスミンが植えられていて、その香りが漂ってきた。

アンマーン市内の難民キャンプと周辺の一般の住居の境目は、知らないとなかなか区別がつかない。パレスチナ人たちは一般的に上昇志向をもっており、できればＵＮＲＷＡからの援助なしに暮らしを立てたいと思っている人も多い。だから先にあげた例のように、できれば難民キャンプから抜け出して自分の持ち家を持とうとする。そんな住居はパレスチナ人独特の造りをもっているわけではない。

パレスチナ農村の伝統的家屋を見てみたいのであれば、イスラエル国内のパレスチナ人居住地域に残ったりしている。イスラエル建国後にシオニストによる破壊を免れたからである。オスロ合意調印直後、イスラエル国内にも和平ムードが一時的に広がった。そのようなとき、イスラエルに住むパレスチナ人は、村おこし運動を始めた。イスラエル人観光客にアラブ村落の「オリエンタル」な雰囲気を味わってもらうために古いアラブ家屋の応接間を開放して、アラブ料理やアラブ・コーヒーを振る舞ったりした。新たな観光産業の掘り起こしが行われたのであった。言い換えれば、それだけ名望家の旧家には客を大勢呼ぶことのできるくらい立派なものがあるのである。

しかし、パレスチナの伝統的家屋といってもなかなか具体的なイメージが湧かないが、ミシェル・クレイフィ監督作品『ガリレアの婚礼』（1987年）を観ると、その伝統的家屋の雰囲気に触れることができる（映画では「ガリレア」となっているが、ガリラヤという表記が一般的なので以下ではガリラヤに統一したい）。この映画はパレスチナ社会の伝統的側面を過度に強調しているという批判が一部にはあるが、映画としては十分に楽しめる。さて、ガリラヤ（アラビア語ではジャリール、ヘブライ語ではガリール）とはレバノンと国境を接するパレスチナ／イスラエルの北部地方のことである。この映画の舞台はこのガリラヤ地方にある村のある家族の婚礼をめぐる話である。この映画で描かれている農村の家こそが典型的なパレスチナの伝統的家屋なのである。

パレスチナでは木材はそれほど豊富ではなかったので、基本的には石造りである。もっとも単純な農家の家屋は立方体で屋根はドーム状である。窓は極力小さく作って、冬は雨風を防ぐと同時に保温効果を高め、夏は太陽光線を遮断して暑さをしのぐことになる。ドーム状の天井には採光のための小さな穴が穿《うが》たれ、天窓が作られるものの、部屋は全体として暗い。電気も引かれていなかった頃は夜には真っ暗になる。この立方体を建物の基本単位として、新たな立方体をいくつか加えて建て増していく。財産のある農家はその間取りがどんどんと複雑になり、家屋も全体として広くなっていくのである。

映画の中で、婚礼の際に花婿が花嫁を迎えるために使用する白馬にまつわるエピソードが出てくる。

花婿の小さな弟が馬小屋から逃してしまい、イスラエル軍が敷設した地雷原に迷い込むという場面がある。伝統的な農家の家屋では、かつて家畜用のスペースと住居とが同一空間にあり、住居は一段高くなっているのが一般的であった。もちろん、映画の主人公の花婿の父親は村のムフタール（アシーラ〈部族〉の長）であるので、その家屋にはディーワーンと呼ばれる立派な客間がある広い屋敷である。一族が族長の家のディーワーンに集まって婚礼の相談をする。というのも、パレスチナ人たちは戒厳令下にあり、イスラエル軍から婚礼の許可を得るためには、軍将校を婚礼に招待するという条件が出されたのである。そんな条件を受け入れるかどうかをめぐって侃々諤々《かんかんがくがく》の議論を行われるのである。ディーワーンは客間であると同時に一族の集う共通の空間でもある（第5章参照）。

　農村から離れて都市に目を向けてみよう。エルサレム旧市街の家屋が典型的なムスリム建築であろう。旧市街自体は十字軍後のマムルーク朝に現在のようなムスリム的性格の都市になったとされる。エルサレムもムスリム世界共通の住宅形態を持っている。つまり、パティオ（中庭）を中心にその中庭を取り囲むように住居が作られているのである。アラビア語で「家」に相当する単語に「ダール」やセム語源の「バイト」があるが、「ダール」は「周囲を取り囲む」という意味である。したがって、中庭は「ウスト・アル・ダール（家の中心）」（ホーシュともいうが）、という表現になる。その館は中庭を中心に閉じられた世界なのである。換言すれば、旧い街区には、外側には閉じているが内側にはパティオのような開放空間があり、各部屋はそのパティオに向かって造られることが一般的なのである。城壁内のエルサレムの街区も基本的にはそのような造りになっている。

　作家の徳冨蘆花は二度エルサレムを訪れているが、第一次世界大戦直後、妻の愛子とともに滞在したときの日記を「屋上日記」と名づけた。エルサレムの旧市街の住居の特徴を示す興味深い文章である。「Palestine《パレスチナ》の人家の平たい屋根の上は、家の一番公な部分である。殊にエルサレムなどのやうに、人家密集して、家内薄暗く、迷宮のやうな巷路のくねくねして、何處で何があるやも知れぬやうな處では、天下晴れた公の場所としては、平たい屋根の上に越すものはない。何の家にも、綺麗なたゝきになった平屋根がある。水の乏しい地だけに、天水を其處で集めて溜に流す爲に。洗濯などを乾す爲に。また夕涼をする爲に。〔…〕物變り星移っても、此地方の平屋根は、依然として建築の重要な部分の一つである。何の家にも、それがある」（『蘆花全集』第十二巻、一九二九年、二三七～二三八頁）。

蘆花はエルサレムの平屋根に注目しているわけであるが、イスラーム都市の閉じられた住居の空間の外観の特徴をよく表現しているといえよう。アル・ハラム・アッ・シャリーフ（アル・アクサー・モスクと岩のドームのあるムスリムの聖域）の近くにある知人宅の平屋根から見た岩のドームの夜景はとても美しかったことを今でも思い出す。

（臼杵陽）

# 4

# パレスチナ人は何を食べているのか

## ★オスマン時代から続く伝統的食文化★

パレスチナ人が現在食べているものを特徴づけているのは、100年ほど前の彼らの祖先が主な生活手段としていた農耕と遊牧、そしてオスマン帝国の影響である。オスマン帝国の支配を400年近く受けていたパレスチナは、基本的にオスマン帝国領域に共通する食文化圏に属している。カフカースからバルカン半島、シャーム（歴史的シリア）地方と呼ばれる東地中海アラビア語圏に至る広大な地域で、オスマン帝国の影響を強く受けた食文化が培われてきた。キリスト教徒が多い地域では、ムスリムが口にしない豚が食され、アルコールも醸造されてきたという違いこそあるものの、この地域を連続して旅してみれば、ほぼ同じようなものがどこでも食べられていることに気づくだろう。

その中でも、パレスチナならではの特徴というものが存在する。それらを強調しつつ、彼らが日常的に、あるいは祝祭などの非日常の場で食べているものを、紹介してゆきたい。

### 主食と朝食

パレスチナ人の主食は、アラビア語でホブズ・アラビー（アラブのパン）と呼ばれるパンである。最近は日本でも売られている、丸く平べったい、半分に切ると中空のポケット状になるパンで、このポケットに具を入れたり、最近日本でも「ギリシャ風ヨーグルト」として知られるようになった、水切りヨーグルトなどのディップをつけて食べたりする。

パンにも地方色があり、ヨルダン川西岸地区では大きく分厚い、ホブズ・ターブーン（かまど焼きパン）、いわゆる田舎パンが人気だ。一方、北部のガリラヤ地方では、薄く紙のようにのばしたホブズ・リーキが人気である。マルクークとも呼ばれ、どちらも「のばしたパン」という意味であるが、これはレバノンやシリアで好まれるパンである。ホブズ・ターブーンとホブズ・リーキの特徴は、一般的な輸入品のパンコムギに、パレスチナ産のデュラムコムギの全粒粉を加えるか、あるいはデュラムコムギだけで作られることだ。つまり、こちらのほうがパンの原型なのである。ほかにいわゆる食パン状のホブズ・フランジー（フランス風のパン）や、ベーグル状のカァクというパンもある。後者はエルサレム名物として有名だ。

パレスチナの朝食の定番は、これらのパンをオリーブオイルに浸し、ザアタルというシソ科のハーブミックスをつけて食べるのが、もっとも一般的である。ザアタルは記憶力を増し、脳を活性化させるといわれ、とりわけ学生が試験の朝に好んで食べる。

ファストフード

ホブズが主食なだけに、ファストフードもホブズの延長線上にあるものが多い。パン生地の上に、オリーブオイルで溶いたザアタルやパプリカのペーストを塗ったり、白チーズを散らしたりして焼くピッツァ状のマナキーシュは、朝食としても人気だ。

また、パレスチナやレバノンを旅する者なら必ず一度は口にするのが、ファラーフェル・サンドウィッチである。ファラーフェルとはヒヨコマメのコロッケのことで、隠し味に使われるトウガラシ（フィルフィル）にちなんで、この名で呼ばれている。ホブズにファラーフェル数粒と、細切れにした野菜を詰め、ゴマやトウガラシのペーストをかけてアクセントをつけたファラーフェル・サンドウィッチは腹持ちもよく、一番人気の軽食である。市場やバスターミナルなど、人の集まるところにはファラーフェル・サンドウィッチのスタンドが必ずある。

軽食でもしっかり肉を食べたい、という人々に人気なのが、コフタ（挽肉団子の串焼き）やファッルージュ（ローストチキン）である。軽食屋の店先では、たいてい炭火や遠赤外線のグリルが回っていて、腹を空かせた人々を誘惑する。また、味つけしたチキンと細切りにしたタマネギをホブズの生地の上に乗せて焼いた、ムサッハンという豪華な軽食もあり、パレスチナの名物料理として知られている。

日々の料理

中東の料理というと、ケバブ（肉の串焼き）があまりに有名で、羊の肉ばかり食べているというイメージが定着しているが、日常の料理は案外質素である。羊肉は高価なので、ケバブとして食べられるのはせいぜい週に一度。平日はもっぱら野菜中心の食事である。先に挙げたファラーフェルやホンモス（ヒヨコマメのディップ）、レンズマメスープのような豆料理が、主たるタンパク源だ。また、意外にもコメが多用される。種類もイランやインドで食べられている長粒種ではなく、エジプトなどで栽培されたジャポニカ米であるため、日本人にとってはなじみやすいメニューも多い。

野菜料理の定番は、くりぬいた野菜や葉物の野菜にコメと少量の肉を詰め、トマトやレモンで味つけして炊いたマハシーである。もっともポピュラーなのが、クーサ（ズッキーニ）とワラク・ダワーリー（ブドウの葉）のマハシーであろう。鍋の底に、コメと肉を葉巻状に巻いたブドウの葉を敷き詰め、重石代わりにクーサのマハシーを置き、一緒に炊くのである。ブドウの葉の、酸味のある独特の風味がクーサにしみて美味しい。週に一度は食卓にのぼる、まさに「おふくろの味」である。

また、レンズマメとコメ、あるいはブルゴルと呼ばれるパスタを炊いた、ムジャッダラ（あばた面の意）という料理もよく食べられる。キリスト教徒が肉食を避ける金曜日に食べるものとして知られているが、材料が安価で栄養価が高いため、ムスリムにも好まれる。ブルゴルにはコメと同様に使われる大粒のものと、顆粒のものがあり、後者は一番人気のサラダ、タッブーレ（刻みパセリのサラダ）にふやかして使われる。デュラムコムギから作られたパスタでは、未成熟の麦の穂を焼いてつくるフリーケもあり、こちらもコメ同様、揚げ野菜や肉とともに炊き込んで食される。ブルゴルとフリーケは近年、ミネラルや食物繊維の豊富な健康食として再評価されている。

## もてなし料理

パレスチナのもてなし料理の白眉が、マクルゥベとマンサフである。「ひっくり返されたもの」を意味するマクルゥベは、揚げた野菜とコメを鶏のスープで炊き込んだ料理で、最後に大皿の上に鍋をひっくり返して供するため、この名がある。さまざまな大地の恵みを使用した、まさに農民のもてなし料理である。いっぽうのマンサフは、煮込んだ羊のスープに乾燥ヨーグルトを溶いたもので、コメやホブズ・リーキとともに食する。乾燥ヨーグルトの風味にくせがあるが、遊牧民の食文化の一端を感じることができる。
また、ケバブはあらゆる場で喜ばれる、最上級のもてなし料理である。キリスト教徒に重宝される魚は、羊以上の高級品だ。おもに揚げるか、香草とともにオーブン焼きにして、タヒーナ（ゴマペースト）とレモンで食べるのが一般的である。

甘味

アラブ人のご多分にもれず、パレスチナ人も老若男女問わず、甘いものに目がない。バクラワと呼ばれる、ナッツ入りの濃厚なシロップ漬けのパイは、日本でいえば高級な和菓子と同じ位置づけ。ラマダーンなどの食事に招待されたときの手土産に喜ばれる。
パレスチナ銘菓として忘れてはならないのは、コナーフェである。ヨルダン川西岸ナーブルスの名物として知られ、チーズの上に素麺状、あるいは細かいそぼろ状の生地を乗せて焼き、甘いシロップをかけたものだ。あつあつで食べるのが身上なので、手土産よりも店に食べにゆくのが一般的だ。誰しもがコナーフェには一家言あり、それぞれ好みの店もある。パレスチナ人にとっては郷愁を誘う食べ物の筆頭のようで、カナダに移住した友人の妹が、帰郷時にコナーフェの生地を必死にトランクに詰めていたのが、とても印象的であった。

（菅瀬晶子）

コラム1

## パレスチナの家庭料理
### ——ひと手間が引き出すおいしさと家庭の誇り

藤屋リカ

ヘブロン中心街手前の坂の中腹に子ども栄養センターがある。栄養不良の子どもを元気にしたいと母親たちが子どもを抱いて坂を登ってくる。手に入りやすい食材で安価でおいしく、栄養になる食事を、とスタッフは知恵を絞り、母親を指導し、ときには食材も配る。そんなセンターが１９９０年代半ばの私の職場だった。

栄養センターだけあって、スタッフは食への関心が高く食いしん坊だった。金曜日の休みが明けた土曜日。比較的ゆったりとした朝、新聞を回し読みしながら談笑している男性スタッフの会話に耳を傾けると、聞こえてくるのは前日の昼食自慢。誰もが自分の家庭の料理が一番おいしいと思っているようだった。幸せなことだ。大皿料理を家族で囲んで食べる。この時間が最高だという。「男は胃袋で結婚を決めるものだ」と同僚が妻の料理を自慢するのを「結婚は母親が決めるのでは?」と言いたくなる気持ちを抑えて聞いていたものだった。

金曜日の定番は、パレスチナ版炊き込みご飯「マクルゥベ」。アラビア語でひっくり返すという意味だ。骨つきの肉でスープを取り香辛料と塩で味つけし、油で揚げて甘味とうまみを引き出した野菜とスープを取った肉を大鍋の底に敷き詰め、その上に吸水させた米を入れ、味つけしたスープを注いで炊き込む。スープの量は米の上に人差し指を立てて第一関節まで。この方法だとどんな量でも対応できる。炊きあがると鍋を大皿にひっくり返す。鍋をゆっくり外していくと、香辛料と混ざり合った野菜と肉の凝縮したおいしい香りが立ち込める。底に少しおこげができたぐらいがよいらしい。上になった野菜や肉が美しく見えるように大皿に広げて家族で囲む。トマトとキュウリとイタリアンパセリを細かく刻みレモンとオリーブオイルで味つけしたサラダとヨーグルトを混ぜながら食べる。

マクルゥベに使う香辛料は地域によって異なり、家庭ごとにこだわりがある。エルサレム、ラーマッラー、ヘブロンでは、ターメリックが入った黄色のものが多く、香りにカルダモンが欠かせない。ベツレヘムではオールスパイスやシナモンといった茶色のものが多かった。エルサレム旧市街出身友人は、オールスパイス、カルダモン、シナモン、、コリアンダー、胡椒の5種類を同量で配合する。彼女が各125グラム（日本の香辛料の小瓶は約20グラム）5袋をお土産に持たせてくれたときには驚いた。これがパレスチナ基準らしい。

マクルゥベを作るにはひと手間が欠かせない。時間がなくても、子どもが泣いていても、ダイエット中でも、野菜は油で揚げなければならない。高温加熱で野菜のデンプンが糖質に変化し甘みが増す。野菜は、カリフラワー、米ナス、ジャガイモ、ニンジン、パプリカなどである。ヘブロンの友人は、両親がカリフラワーを黄金色になるまでしっかり揚げるか白っぽく低温で揚げるかでいつももめていた、と笑っていた。ひと手間かけた野菜を煮込むととろけるように甘くておいしい。組み合わせにもこだわりがあり、カリフラワーと鶏肉、ナスと羊肉は、定番のようだ。

私もパレスチナ滞在中はよくマクルゥベを作り、友人たちからお墨つきももらった。あるとき、カボチャをもらったので、カボチャと鶏肉、シナモンとカルダモンを効かせた創作マクルゥベに挑戦した。美味しくできたのにパレスチナ人の友人には不評だった。パレスチナ人は概して食には保守的である。同時にそれは、各家庭の味に誇りを持っている証拠なのだろう。

# 5

# パレスチナのイエと社会

## ★パレスチナ人のアイデンティティ★

パレスチナを訪れ、顔見知りや友人が増えるにつれて気づかされるのは、パレスチナ・アラブ人が婚姻関係を非常に重んじる人々であるということではなかろうか。親族にあたる者が、何かのついでに訪ねてくるのは日常茶飯事。人を紹介されるとき、紹介者とその人物の婚姻関係を説明されるのも、よくあることだ。「彼は私の母方のオジの妻の息子だよ」とか、「彼女の夫は私の父方のオバの夫の弟だ」などといわれると、最初は混乱してしまうが、慣れれば人間関係を把握するのに、まことに都合がよい。また、イエ（一族）に相当するダールという単語が、日常会話に頻繁に登場する。同じダールや、婚姻関係のあるダールの出身者は無条件で親しみをおぼえ、対立関係にあるダールの出身者には警戒する、それはごくあたりまえのことである。

パレスチナを含め、アラブ社会は基本的に父系制である。したがって、イエとは父系親族集団を意味している。アラビア語で、この父系親族集団をさす単語はアシーラ、アーイラ、ハムーラ（ハムーレ）、ダールなど、複数ある。厳密にはアシーラとアーイラ、ハムーラが同義であり、ダールは幾世代をも経て枝分かれした、さらに小さなイエ単位をさすこともあるが、明確な区別は存在しない。地域によって呼称が異なることもあり、一定しないが、とにかくイエがアイデンティティの重要な要素であることに、かわりはない。これらイエの長にあたる者の住居には、客人を迎えるディーワーンと呼ばれるサロンが必ず存在し、親族たちはことあるごとにそこに集っていた。彼らは先祖たちの逸話や近況報告に興じて、一族の歴史を共有し絆を深めていたのである。今もなお、人々が親族の家を頻繁に訪れるのは、このようなディーワーンの名残である。

通常、ひとつの集落の中には複数の父系親族集団が存在し、構成員の数や所有する土地の広さ、中央との親密度などによって、微妙な力関係の差がある。地方政治はこれらの父系親族集団のうち、富裕な集団の長の合議によって行われてきた。集団は互いに牽制しあい、集団内外のバランスを取るために、婚姻が重んじられてきた。父方並行イトコ婚、つまり自分の父方のオジの子と結婚するのがもっとも望ましいと考えられ、父方並行イトコに適齢のものがいない場合でも、父方・母方双方の血縁の中から両親が候補者を選び、縁談を進めることは、今でも行われている。

さて、実はこのイエ概念の根幹にあるのが、部族の概念である。日本にも、戦国時代どころか大和朝廷成立期にまでその歴史をさかのぼる、地方の名家が今でも残っているが、パレスチナにも同様に歴史の古い部族概念や、それに基づく名家の権威が存在する。その歴史は、イスラーム以前にまでさかのぼる。

パレスチナに住む人々は、ヤマン族（ヤマニー）とカイス族（カイスィー）に大別されるとされている。南部に基盤を持つヤマン族は、その名のとおりイエメンに源を発するといわれる。いっぽうのカイス族は、おもに北部に住んでいたとされ、ヨルダンに現在も残る地名ウンム・カイス（カイスの母の意）に、その名残をとどめている。このヤマン族とカイス族の区分は、イスラーム以前から存在するので、当然ムスリム以外の人々にも適用される。つまり、ヤマン族のドゥルーズやカイス族のキリスト教徒も存在するのである。ヤマン族とカイス族の区別は、身に着けるクーフィーヤ（男性が頭にかぶるスカーフ。カフィーヤ、ハッタとも呼ばれる）の色で判別がつくといわれていたが、今ではそうとも限らない。イスラエル建国とそれに伴うナクバ以降、クーフィーヤはパレスチナ人アイデンティティや、パレスチナ解放運動の象徴となり、第一次インティファーダの時代にはおのれの政治的帰属を示す目印として、クーフィーヤの色を用いるようになったためである。アラファート議長率いるファタハ支持者は、彼と同じく白地に黒の千鳥格子模様が入ったものを身に着け、より共産主義色が濃いＰＦＬＰ支持者は、白地に赤の豆絞りを身に着けるのが常であった。今やこの区別すらすたれてしまっており、時代の変遷を感じずにはいられない。と同時に、部族の区別が大きな意味を

ディーワーン。レバノン南部サイダの名家ドゥッバーネ家の邸宅。レバノン南部はパレスチナと文化的・歴史的に非常に近似している（筆者撮影）

持たなくなった現代パレスチナの現状を読み取ることもできるだろう。

閑話休題。このように、今ではヤマン族とカイス族の区別が人々の話題にのぼることはまずないが、この部族区分の延長線上にある名家の存在は、現在もなおパレスチナで大きな影響を与えている。例えばエルサレムには、フサイニー家、ナシャーシービー家、ハーリディー家など、いくつもの名家といわれる一族が存在するが、その多くがイスラーム化された後のパレスチナに移住した人々である。例えばフサイニー家はムハンマドの孫にその源を発するとされ、代々エルサレムのムフティーを務めてきた。ナシャーシービー家もまた、マムルーク朝時代の末期にハラム・シャリーフの警護役として、エルサレムに移り住んできた。フサイニー家はヤマン族、ナシャーシービー家はカイス族の系譜に属し、互いに牽制しあってエルサレムの行政を支えてきた。これら名家は商人や地主として、元来富裕であったが、オスマン帝国治下にワクフ制度（第49章参照）を再編し、みずから管理することでますますエルサレムにおける権威を高めていった。しかしながら、エルサレムは宗教的な地位は高いものの、オスマン帝国治下では周縁の一都市にすぎない。また、エルサレムを中心とするパレスチナという地域の概念も当時はまだ育ってはおらず、彼らエルサレムの名家の影響力は限られたものであった。彼らが国際的に注目を浴びるようになったのは、第一次世界大戦によってオスマン帝国が解体され、イギリス委任統治時代に入ってからのことである。当時エルサレム市長であったラシード・ナシャーシービーや、イギリスによる植民地支配やシオニズムに抵抗する指導者となったムフティーのムハンマド・アミーン・アル・フサイニーが、その代表である。

イエの名前は、彼らの故地を知るよすがともなる。例えば、タルハミー（ベツレヘムの人）家の人々はベツレヘム起源、マスリー（エジプト人）家の人々も、当人たちにその記憶がなくとも、祖先はエジプトに住んでいたのであろう。また、イエの名前でムスリムとキリスト教徒を見分けることもできる。フーリー（聖職者）、シャンマース（助祭）、ナッジャール（大工）など、キリスト教に関わる職名や、フランスィース（フランチェスコ）、ジュリエス（ゲオルギオス）、ブーロス（パウロ）など、キリスト教の聖人の名前をイエの名前として名乗る者は、まず間違いなくキリスト教徒である。変わったところでは、ベツレヘムの名家であるジャカマンという一族がある。これはジャックマンがアラビア語に転訛した名前であり、彼らの祖先は十字軍でパレスチナに渡り、そのまま祖国に戻らず定住した騎士であるという。イエは今もなお、パレスチナ人にとっては重要なアイデンティティの要素なのである。

（菅瀬晶子）

コラム2

田浪亜央江

## 結婚式

パレスチナにある程度長く滞在し、友人もできれば、間違いなく誰かの結婚式に招かれる機会があるはずだ。直接の知り合いの結婚式というより、その親戚とか、近所の人のケースのほうが多い。パレスチナの結婚式はそのように、多少の縁があれば誰でも参加できる、コミュニティ全体の行事だ。とくに村での結婚式の場合はそうである。

農村での伝統的なパレスチナの結婚式はよく、一週間にわたって行われるといわれるが、さすがに客が一週間ずっと付き合うわけではない。正式な式の一週間前から毎夜、新郎新婦の家で、親族間や互いを招いた宴会が行われるのである。正式な結婚式の前日は「ヘンナの夜」（ライラトル・ヘンナ）と呼ばれ、新郎の女性親族が歌や踊り付きでにぎやかに村の中を練り歩いて新婦の家に向かう。このときに響くのがザガーリードと呼ばれる、女性が歓喜の表現として舌先を素早く動かして作り出す高い音だ（文字では「ルルルルルルルルルルルーウェイ」などとしか書きようがない！）。そして新郎側の家族が用意したヘンナで、新婦の手に装飾を施す。基本的には女性たちだけによって行われ、とくに中年以上の女性たちの活躍が目立つ、楽しい場面である。

数百人単位の大勢の人が招待されるのは7日目の正式な式で、昼間に大宴会を催し、夜からダンスパーティーになることが多い。新郎新婦の家庭状況や予算、出席者の顔ぶれ等に配慮して、進行の次第や会場にはさまざまなバリエーションがある。最近のパターンでは、昼間の宴会は、長老や有力者も参加するため保守的な格式が守られ、男女の席も分けられている一方で、夜のダンスパーティーは若い世代を中心に比較的自由な雰囲気で行われる、といったメリハリがはっきりしているようだ。とにかく昼の大宴会は数百人が一堂に会して食事をするわけだから、手伝いをする女性親族たちは、朝から大忙しである。大宴会のあと、一般客は一度帰宅し、ダンスパーティー用に着飾ってからまた会場に向かう。ただし最近の、とくに都市部での結婚式は、夜にダンス中心の式をするだけで済ますのが普通になってきた。

ダンスパーティーのほうでも男女別に会場が分かれている場合と、混合の場合とがあるが、いずれにせよ序盤は客だけでダンスを続け、中盤で新郎と新婦が加わる。ダンスには音楽が付き物だが、生演奏をするバンドを呼ぶほどお金をかけた結婚式はまれだろう。ＤＪが呼ばれて音楽をかけ、さまざまな言葉を挟んで場を盛り上げるのが通常のパターンだが、それとは別に歌手が呼ばれることもある。この後半部分で最高の盛り上がりを演出するのは、ザッファと呼ばれる新郎新婦の「ご入場」の場面である。新郎新婦の母親や女性親族は、収穫や家の豊かさを示すような決まり文句に、新郎新婦を称える多少の即興句を混ぜながら、「エーーイハ」あるいは「アーーイヤ」という掛け声を挟んだ独特の抑揚つきの声を上げ、例の「ルルルルルルルルルルルーウェイ」をやる。

新郎新婦やその家族のものであると同時に、共同体の中の行事であり、とくに女性たちがそれを取り仕切るパレスチナの結婚式は、パレスチナの「古き良き日々」についての中心的なイメージとして存在する。近年どんなにかたちが変わろうと、またどんな条件下であろうと、その一夜を最大限に楽しもうとする参加者それぞれの姿勢の中に、パレスチナ人の生への貪欲さを感じずにはいられない。

# 6

# キリスト教徒として生きる人々

## ★多様な宗教文化★

イスラーム世界である中東にあるパレスチナで、もっとも人数が多いのはスンナ派ムスリムであり、パレスチナ・アラブ人口の実に90％以上を占めている。イスラエル建国以前は、北部のガリラヤ地方に若干のシーア派も居住していたが、ナクバによって彼らはレバノンへと逃れ、現在は彼らが居住していた村も廃墟となっている。また、これもガリラヤ地方とゴラン高原であるが、シーア派からさらに枝分かれした、ドゥルーズ派の人々も居住している（第7章参照）。

現在シリアやイラクで起きている、「イスラーム国」（ＩＳ）による非ムスリム弾圧のニュースが頻繁に流れるようになって、中東にもキリスト教徒が存在することは、徐々に知られるようになってきた。レバノンやシリア、エジプトのような周辺諸国とともに、パレスチナは比較的、キリスト教徒の割合が多い地域である。聖書のおもな舞台であり、キリスト教最大の聖地エルサレムを擁することを考えれば、それも当然であろう。

現在、パレスチナ自治区と東エルサレムには約5万、イスラエル側には約14万のキリスト教徒が居住している。しばしば欧米のキリスト教徒は、彼ら中東のキリスト教徒は十字軍や宣教団によって改宗した、歴史の浅いキリスト教徒だと思い込んでいるが、これは大きな誤解である。イエスが生きていた当時からローマ帝国時代にかけてキリスト教徒となり、パレスチナのイスラーム化ののちもキリスト教の信仰を守り続けた彼らこそ、世界最古の歴史を持つキリスト教徒なのである。彼ら自身は、みずからをしばしば「生ける石（ヒジャール・ハイィまたはアフジャール・ハイィ）」と称する。これは新約聖書ペトロの手紙2章4～5節にて、イエス・キリストと信徒が「生きた石」にたとえられた記述に由来し、イスラーム以前からパレスチナの地に根づいてきたことを示す、キリスト教徒の自尊心のあらわれでもある。

パレスチナのキリスト教徒のうち、もっとも多くの信徒を抱えるのが、ギリシャ正教（東方正教）である。これはイスラーム化される前のパレスチナが、ビザンツ帝国の支配を受けていたことに由来する。二番目に多いのが、メルキト派カトリック（ギリシャ・カトリック）である。この教派は17世紀後半から18世紀前半にかけて、レバノンとシリアで起こっていたギリシャ正教の内紛により、親カトリック派が分離し、ローマ・カトリック教会傘下に入ることで誕生した。18世紀中葉にガリラヤ地方で権勢をふるったアッカ総督、ザーヒル・アル・ウマルによって庇護されたため、今でもメルキト派カトリックの信徒は、イスラエル側のガリラヤ地方に多いのが特徴である。

レバノンと国境を接しているだけに、ガリラヤ地方にはマロン派カトリックが意外にも多く居住している。イスラエル建国以前、上ガリラヤにはマロン派の村もいくつかあり、メルキト派やシーア派ムスリムと共存していた。しかしながらこれらの村の多くはナクバによって破壊され、住民たちはディアスポラの憂き目にあった。ナクバ後の混乱期に破壊され、元住民が帰還権を求めて国と争っているクフル・ビルアムとイクリットの両村は、どちらもマロン派がもっとも多い村であった。両村の元住民とその子孫たちは、近隣のジッシュやガリラヤ地方の中心都市であるハイファーに住んでいる。ジッシュもまた、マロン派の多い村である。

ほかに、ローマ・カトリックやプロテスタント諸派の信徒も、数少ないながら存在する。プロテスタント諸派の信徒は、ギリシャ正教からの改宗者が多いことが特徴である。また、プロテスタント諸派は著名人を多く輩出していることも、特徴のひとつである。『悲楽観屋サイードの失踪にまつわる奇妙な出来事』の著者であり、パレスチナ・アラブ人二人目のイスラエルの国会議員となったエミール・ハビービー、『オリエンタリズム』の著者エドワード・サイード、政治家のハナーン・アシュラーウィーなどが、よく知られている。また、さらに人数は少ないが、エルサレムやベツレヘムにはコプト正教／カトリックやシリア正教・カトリックのコミュニティも存在する。都市部にはアルメニア人（アルメニア正教／カトリックの信徒）がおり、パレスチナ人アイデンティティをアラブ人と共有しながらも、アルメニア人としてのアイデンティティも保持している。彼らはアル・アクサー・モスクを飾るタイル作製のために招聘された職人か、あるいはオスマン帝国による1915年のアルメニア人大虐殺を逃れてきた者の子孫である。このように、パレスチナはキリスト教の教派の見本市といった様相を呈している。巡礼者を集めた聖地であるがゆえの特徴といえるだろう。

キリスト教徒の生活は、一見ムスリムとそれほど変わらない。もちろん若い女性が髪を隠したりはしないが、彼女らも原則的に礼拝時にはスカーフをかぶる。頭を覆うことは、神への畏怖の気持ちの表現なのである。また、ラマダーンの断食は行わないが、クリスマスなどの大きな祝祭のときには半日、あるいは日没まで飲食を絶ったり、復活祭前の四旬節には動物性食物や乳製品、オリーブオイルを絶つなど、一種の断食を行う。ラマダーン明けのイードゥル・フィトゥルや犠牲祭の折りにふるまわれる菓子と、キリスト教徒が復活祭の時期に用意する菓子は、どちらも同じナツメヤシの餡を包んだクッキーであり、「イードの菓子」と呼ばれている。互いの祝祭時には、「イードの菓子」や食材を贈りあって、ムスリムとキリスト教徒は互いの宗教を尊重しあって生きてきたのである。

パレスチナにおけるムスリムとキリスト教徒の共存を物語るひとつの事例が、ハディルと呼ばれる聖者への崇敬である。ハディル、すなわち「緑の男」とは、イスラームの伝承に登場する神秘的存在であるが、キリスト教ではローマ時代の殉教者である聖ゲオルギオス、あるいは預言者エリヤであると考えられている。ハディル崇敬はイスラーム世界の各地にみられ、おもに水場を守る聖者として、イスラーム独自のイメージが培われてきた。ところがパレスチナではむしろ、キリスト教徒によるハディルのイメージがムスリムの間に定着しており、ハディルと聞けばムスリムはたいてい、竜を退治する騎士の姿をした聖ゲオルギオスや、白い髭の預言者エリヤの

ハディルに祈る人々（筆者撮影）

姿を思い浮かべるのである。

ベツレヘム郊外にはその名もハディルという村があり、村に古くからあるギリシャ正教の聖堂に、聖ゲオルギオスを祀る聖所がある。ベツレヘムやその周辺のキリスト教徒に崇敬されているが、地元のムスリムにも人気の場所だ。ハディルに祈れば病が癒えると信じられているため、ことに小さな子どもを持つ母親が、わが子の健康を祈る姿がしばしばみられる。聖ゲオルギオスは、母方がこのハディル村出身のパレスチナ人という伝承が地元に残っているため、郷土の英雄として宗教の別なく、崇敬を受けているのである。また、「タイベ・ビール」の醸造で一躍有名になったキリスト教徒村タイベにも、聖ゲオルギオスを祀る聖堂の遺構がある。ここは病気の治癒のほか、雨乞いに効力を発する場所として有名で、地元のムスリムとキリスト教徒が、しばしば羊を供犠して祈願している。

（菅瀬晶子）

# 7

# ドゥルーズ派の人々

## ★イスラエルとアラブのはざまで★

1990年代初めの3年間ほどイスラエルで暮らした経験がある。それ以前からシリアやレバノンのドゥルーズ派を研究対象に据えてきた関係から、イスラエルで暮らし始めて、頻繁に彼らの集落を訪れるようになった。そして、そのたびに驚かされたのは、シリアやレバノンのドゥルーズ派の人々がドゥルーズ派であることをあえて表には出さないように、静かに暮らしているのに対して、イスラエルでは彼らが家屋や参詣対象の廟などにドゥルーズ派を表象する、今風でいえばロゴマークを描き（次頁写真参照）、また旗を堂々と掲げて、あたかも自己主張している対照的な風景だった。このマークや旗は5色（緑、赤、黄、青、白）に色分けされていて、それぞれの色が宇宙の創造原理とそれに対応するドゥルーズ派創成期の宗教指導者たちを表わしているのだが、なぜこれほどまでに自他への対応が異なるのだろうか。それはおそらく、彼らが置かれている政治・社会環境の違いから来ているのだろう。このことに関しては後述したい。

ドゥルーズ派は、11世紀初めシーア派の一派イスマーイール派が興したファーティマ朝の第6代カリフ、アル・ハーキム

イスラエル北部のドゥルーズ派信徒の家屋。　壁には5色に彩られた星マークと旗が描かれている（筆者撮影）

（在位996～1021年）の治世下のエジプトで、このカリフを神格化することによりイスマーイール派から分派して成立したイスラームの一宗派である。しかし、生誕の地エジプトではアル・ハーキムの死去後弾圧され、シャーム地方（現在のシリア、レバノン、イスラエル）に宣教活動の場を移してコミュニティの拡大を図ったが、それからしばらくして突然外界との接触を断ち、閉鎖的な社会を築いて今に至っている。現在、ドゥルーズ派はシリア、レバノンを中心に100万人ほどの人口で、南米などにも移住して独自のコミュニティを形成している。

彼らは、前述したようにアル・ハーキムを神格化してアッラー（アル・マウラー）と見なし、彼の死を「失踪」と捉えて、いつしか彼がマフディ（救世主）として再臨し、「最後の審判」をくだすと考える。また、人間はその「死」後再び人間として生まれ変わる（タカッムス）との死生観を持ち、礼拝所（マジュリス、あるいはハルワ）の内部にはメッカの方角を示す壁の窪みミフラーブもない。このことは、彼らにとってもはやメッカは聖地ではなく、礼拝の方角でもないことを示している。加えて、彼らが居住する地域には数多くのマザール、あるいはマカームと呼ばれる聖者廟（イスラエルではナビー・シュアイブ廟が最も重要なものとされる）があり、多くの信徒の願掛けの場、自らの出自を意識すると同時に、同胞意識を高める場となっている。しかしながら、このような彼らの教義、宗教伝統、慣習などはイスラームから「逸脱」しており、多くのイスラーム教徒から長い間異端視されてきた。他方、ドゥルーズ派の人々は彼らの身を自ら守るために、外界との接触を必要最小限に止め、経典の門外不出を徹底し、ときには自らの信仰を隠し、偽ること（タキーヤ）を認め、これを実践してきた。それゆえ、とくに厳格なイスラーム教徒の間ではドゥルーズ派をイスラームの一宗派と見なさない人もおり、ドゥルーズ派の人のなかには、向き合う相手次第で「ドゥルーズ派はイスラームではない」と公言する人すらいる。

初期コミュニティは、レバノン南部ヘルモン山麓のワーディ・アッタイムに築かれたといわれ、その後レバノン中央部、イスラエル北部、シリア北部の山間部に拡大したと考えられている。彼らが居住する地域は、長くオスマン帝国がアラブ属州として支配していた地域で、コミュニティ間に自由な人的交流が行われていた。しかし、オスマン帝国が第一次大戦に敗北すると、この地域は英仏両国の国連委任統治領となり、イギリスはパレスチナとヨルダンに分割して支配、他方フランスはシリア、レバノンに分割して支配することになる。つまり、ドゥルーズ派のコミュニティはシリア、レバノン、パレスチナの委任統治領の誕生によりそれぞれが分断されることになったのである。

イギリス委任統治領パレスチナでは、１９２８年にドゥルーズ派のカーディー（司法行政権威者）に就き、死去する93年まで精神的な指導者として君臨したアミーン・タリーフや他の宗教指導層とユダヤ勢力指導層との水面下の交流があった。そして、47年11月国連総会はパレスチナ分割決議案を可決、翌48年5月ユダヤ勢力はイスラエルの独立を宣言して第一次中東戦争が勃発したが、その際ドゥルーズ派は基本的に中立の立場を堅守して一部の信徒を除いて戦闘には参加しなかった。その結果、イスラエル建国後、イスラエル政府からは友好的な立場を取ったとして評価され、居住地域からの追放を免れた。しかし他方、パレスチナからの追放を免れたアラブ系住民（スンニー派、キリスト教諸派）、離散パレスチナ人、また周辺のアラブ諸国の人々からは、「シオニストの協力者」というレッテルが貼られ、彼らは微妙な立ち位置に置かれることになった。

イスラエル建国後、同国政府にとって国内に留まったアラブ系住民の扱いは喫緊の課題であったが、建国前からすでにユダヤ勢力の指導層の間ではアラブ系住民との関係が議論されていた。例えば、第2代イスラエル大統領のイツハク・ベン・ツヴィは、1930年のシオニスト団体への報告書の中で、「ドゥルーズ派と友好関係を構築することは重要である。……我々はドゥルーズ派指導層に頻繁に接触し、我々が委任統治行政府やキリスト教徒、イスラーム教徒などから抑圧を受けている彼らの立場に理解を示し、彼らを救い出す意思のあることを伝える必要がある」と述べている。ユダヤ勢力がユダヤ国家建設のためにパレスチナの少数派集団との関係を重視していたことがうかがえる。事実、48年イスラエル建国の年に、政府は南部ネゲブ砂漠に居住するベドウィン（アラブ遊牧民）に兵役に就く許可を出し、56年にはドゥルーズ派に義務兵役制（宗教上の理由から男性のみ）の導入を決定している。この義務兵役受け入れは、民主主義の原則の一つ「義務と権利」の観点から、「兵役の義務を負う者は一国民としての権利を得る」との考えに立って、ユダヤ教徒と同等の権利、例えば国家公務員採用の権利を得ることなどが認められたことを意味する。しかし、それは逆に、義務兵役を受け入れないスンニー派やキリスト教徒の人たちには一国民としての権利は認めないことが正当化され、アラブ系住民間に根深い対立と不信感を生じさせることになった。

その後、イスラエル政府は、１９６１年にドゥルーズ派住民の身分証の民族項目を「アラブ」から「ドゥルーズ」へ改め、彼らをイスラームの一宗派から一民族に分類し、67年にアラブ系住民を管轄していた「アラブ人局」からドゥルーズ派住民を切り離して、ユダヤ系住民同様内務省の管轄下に置く措置を取り、76年には文部省内の「アラブ人局」からドゥルーズ派住民を新設した「ドゥルーズ局」へ移す措置を取った。この一連の措置は、ドゥルーズ派をアラブ系住民から徹底的に切り離し独自性を持たせる「対アラブ人」政策、換言すればドゥルーズ派をパレスチナ・アラブの歴史、文化、伝統から切り離し分断する政策だったことは明らかだ。その結果、ドゥルーズ派は宗派主義的傾向をより強め、他のアラブ系住民との離反を深化させることになる。冒頭で触れた壁に描かれたマークや旗の掲揚シーンは、その一つの表れではなかったか。他方イスラエルはといえば、これら少数派集団への「民主的措置」、つまりユダヤ系住民と同等に扱っているとの「民主主義国家」イスラエルをアピールする道具に利用してきたと見ることもできる。

現在（２０１５年現在）イスラエル国内のドゥルーズ派人口は、13万５４００人（うちシリア被占領地ゴラン高原に2万人）で、全人口に占める割合は１・６％、全アラブ系人口が占める割合は17％で、うちドゥルーズ派は７・７％を占めるにすぎない。そのような少数派でありながら、ドゥルーズ派出身のクネセト（国会）議員もおり、集団としての影響力は他のアラブ系集団に比べて大きい。その反面、１９８７年12月にパレスチナ被占領地で発生したインティファーダに際しては、多くのドゥルーズ派の青年たちが国境警備隊に配備され、その制圧の一翼を担わせられた。その結果、「ドゥルーズ派はアラブの裏切り者」との見方がアラブ系住民を含むパレスチナ人の間に定着した感は否めない。このようなイスラエル国内の少数派としての微妙な立ち位置は、ヨーロッパにおけるユダヤ人迫害に始まり、英仏による帝国主義的分割支配、イスラエルの建国、そしてパレスチナ問題の発生という一連の歴史的事象が生み出した産物ともいえよう。

（宇野昌樹）

## 「3652年間この地に生きる」サマリア人

渡辺真帆 コラム3

ヨルダン川西岸北部の中心都市ナーブルスにあるゲリズィム（ジャリズィーム）山。その頂に、独自の伝統を守り続けるサマリア人の共同体が存在する。彼らはモーセの律法を遵守し、現在も古代ヘブライ語で礼拝や宗教儀礼を行う。といっても周りから隔絶された存在ではなく、普段はアラビア語を話しパレスチナ人と同じ学校に通う、ナーブルスのアラブ人社会の一員だ。

山頂の村にたたずむ小さな博物館で、家系図を前に説明を受けた。「アダムからモーセまでは26世代。モーセの兄アロンの子、エルアザルが、初代の大祭司。彼から現在の大祭司オヴァディアまで137世代、つまりアダムから数えると、私たちは第163代目」

サマリア人の歴史や文化を紹介するこの博物館を開いたのは、現サマリア大祭司の弟で、自身も祭司であるフスニー・サームリー（ヘブライ語名イェフェット・コーヘン）氏だ。灰色のガウンに赤い円筒状の帽子を被り、立派なあごひげをたくわえている。氏によれば、サマリア人は北イスラエル王国の民の末裔で、イスラエル12支族のうちレビ、エフライム、マナセの子孫だという。

現代のユダヤ教徒の多数派であるラビ派ユダヤ教がエルサレムを聖地とするのに対し、サマリア人はゲリズィム山を聖地として信仰する。旧約聖書の初めの五書（トーラー）のみを聖典とするなど他にも相違点はあるが、シャバット（安息日）や過越祭など共通項も多く、サマリア人はしばしば「ユダヤ教徒の一派」とされる。

しかしフスニー祭司に言わせれば、「われわれは3652年間イスラエルの地に残り、ユダ

ゲリズィム山頂の神殿跡からサマリア人の村を望む（筆者撮影）

ヤ人は２０００年間外に出ていた。サマリア人こそが、イスラエルの民の教えと伝統を正しく継承する者」なのである。村のシナゴーグ（礼拝堂）には、世界最古である３６３８年前のトーラーが保存されているという。

２０１５年初めにおける世界のサマリア人人口は７７７人。そのうち約４００人がテルアビブ郊外の町ホロンに、そして残りの半数弱がゲリズィム山に住む。年３回の巡礼や祭事のときは聖地ゲリズィムに全員が集まるため、普段山頂の村には空き家が多い。

繁栄期には３００万人いたというサマリア人は、長い歴史の中でさまざまな勢力による支配や迫害を受けた。１９１７年の統計時の人口はたったの１４６人で、宗派消滅の危機に瀕していた。それから1世紀、この間決して平穏ではなかったこの土地において、サマリア人共同体は再興を果たした。

サマリア人の異宗婚は禁止とされるが、共同体の女性が男性に比べ少数になり、男性の結婚難が深刻化した近年は、改宗した女性との結婚がみられる。「サマリア社会は父系制。これま

サマリア文字（古代ヘブライ文字）で書かれたトーラーの説明をするフスニー祭司（サマリア博物館〈ナーブルス〉提供）

でに約40名の女性が改宗を経てサマリア人男性に嫁ぎ、子どもも生まれている」とフスニー氏は話す。

ともすると「ユダヤとアラブの民族対立」または「ユダヤとイスラームの宗教対立」と形容されてしまう地域の状況下にありながらも、サマリア人は各者と良好な関係を築いている。圧倒的多数の住民がイスラームまたはキリスト教を信仰するナーブルスと、ラビ派ユダヤ教徒が大半を占めるホロン。それぞれの町で、自らの生活文化を実践しながら共同体を維持しているのだ。

ゲリズィム山に住むサマリア人は、パレスチナ自治政府、イスラエル、ヨルダンの3つのパスポートを保持しており、国内外を自由に行き来できる。その特権を活用し、西岸―イスラエル間でトラックやタクシーの運転手として働く人も多い。

「私たちはパレスチナ人でもなく、イスラエル人でもなく、サマリア人。ここゲリズィム山で平和に暮らせれば、それでいい。」ある女性が語ったこの言葉に、サマリア人のしなやかな強さを感じた。

# 8

# 失われた多様性

## ★つくられた「マイノリティ問題」★

イスラエル北部のハイファーはカルメル山が作り出した天然の良港である。カルメル山が一挙に海に落ち込み、湾を形成しているからだ。この坂道の街を散策していると傾斜地にひときわ目立つ美しい庭園が目に飛び込んでくる。バハーイー庭園である。この庭園は海岸線から階段状に上に伸びてゆき、その頂上に黄金色の円蓋をもつ華麗な神殿がそびえる。

バハーイー教はカージャール朝イランで19世紀中頃に生まれた新興宗教である。イスラーム・シーア派（十二イマーム派）のイマーム論の教義に反したため、イランで弾圧の憂き目にあい、教主バハー・オッラーはオスマン朝に逃れた。結局パレスチナの流刑地アッカに落ち着いた。そんな経緯もあってバハーイー教はハイファーとアッカに拠点を置いた。

この壮麗な庭園の設計者がバハーイー教に入信した藤田左弌《さいち》郎《ろう》（1886～1976年）というアメリカ移民の日系一世であることはほとんど知られていない。山口県出身のこの藤田については第一次世界大戦直後の1919年にハイファーを訪れた徳冨健次郎（蘆花）が『日本から日本へ』という旅行記において触れている。バハーイー教の2代目教主アブドゥルバハーに会ったのである。バハーイー教はもともとイラン人が中心であったが、その信徒も世界各地に広がっている。パレスチナにはほんの数百人しか住んでいないが、それでもバハーイー教とはマイノリティ（少数派）集団の一つである。

そもそも、パレスチナの少数派がなぜ問題になるのであろうか。それはやはり19世紀末にはパレスチナでは少数派であった「ユダヤ人」が移民・入植をとおしてユダヤ人国家を建設して多数派になった歴史があるからだ。現在、イスラエルの中のアラブ人の数は全人口の２割強である。ユダヤ人の人口はイスラエル建国直前の１９４７年の時点でも３割強にすぎず、パレスチナにおける少数派だったのである。

ところが、イスラエルは建国に際して「ユダヤ人国家」としての性格を強調し、人口政策としてそのユダヤ人人口を極大化しようとした。そのため、必然的に非ユダヤ人（つまり、アラブ人）を極小化（＝何らかのかたちで非ユダヤ人を「離散」・「追放」）せざるをえない。国民国家としての共通の問題に直面したのである。ユダヤ人国家を標榜しながら、ユダヤ人が少数派であれば、それはユダヤ人の国民国家とはいえない。これがパレスチナ難民問題に関して、イスラエルに「非ユダヤ人」をイスラエルからトランスファー（移送）をする意図があったのか、なかったのかといった議論につながったのである。

イスラエル政府は建国後、国内に残る少数派集団を「ミユート（少数派）」と呼んで、四つの異なる種類のグループに類型化した。それは身分証明書にも記されて登録されることになった。そのグループとは「アラブ」「ドゥルーズ」「ベドウィン」「チェルケス」である。アラブ人とはアラビア語を喋り、アラビア語に基づく文化を共有する人々だとすると、この四つの少数派集団はすべてアラブ人にということになる。というのも、彼らはアラビア語で日常生活を送っているからである。しかし、イスラエル政府の意図は別のところにあった。イスラエル領域内に残るアラブ住民を分断することを目的としたからであった。

したがって、第一の「アラブ」はムスリムとキリスト教徒を指し、第二の「ドゥルーズ」はイスラームの一派としての宗派を意味している。また、「ベドウィン」は生態学的意味での遊牧民である。さらに、「チェルケス」はもともとカフカース（コーカサス）に居住し、19世紀末に移民してきたムスリムの民族である。これらの少数派の集団カテゴリーは政策レベルにおいて恣意的に線引きされて囲い込まれたということになる。

アルバート・ホウラーニー・オックスフォード大学教授は１９４７年に『アラブ世界のマイノリティ』を出版した。その報告書において、アラブ世界の多数派を、アラビア語を喋るスンナ派ムスリムだとして、少数派は言語と宗教を基準に多数派以外の諸集団を分類した。パレスチナに地域を限定していえば、宗教的・言語的な少数派は第一に、アラビア語を喋る非スンナ派ムスリムである。ムスリムではシーア派、ドゥルーズ派が含まれる。また、キリスト教徒ではギリシャ正教徒、メルキト派（ギリシャ・カトリック）、マロン派、アングリカンやルター派などのプロテスタント諸派などである。さらに、ユダヤ教徒ではサマリア人／教徒もこのカテゴリーに入る。第二に、アラビア語以外の言語を喋るスンナ派ムスリムとしては、チェルケス人やチェチェン人がごく少数いる。第三に、アラビア語以外を喋る非スンナ派ムスリムとして、アルメニア人／教徒、バハーイー教徒などがこの分類に入る。

もちろん、イスラエル建国以前にはアラビア語を喋るラビ派のユダヤ教徒も、ヘブロンを筆頭にエルサレム、ティベリアス、サファドなどに居住していたが、１９２９年の嘆きの壁事件以降、アラビア語を喋るユダヤ教徒はムスリム社会の中で共存することがむずかしくなった。そしてアラビア語を喋っていたユダヤ教徒はシオニズムのイデオロギーとバルフォア宣言の「非ユダヤ人諸コミュニティ」の文言の影響もあり、「ユダヤ人」のカテゴリーに入れられることになり、アラブ人とはみなされなくなった。したがって、イスラエル建国のはるか以前にアラブ諸国からユダヤ教信仰の理由から、エルサレムを中心とするパレスチナに移民してきたユダヤ教徒もたとえアラビア語を母語としていても建国後はユダヤ人のカテゴリーに分類されることになったのである。例えば、イエメンのユダヤ教徒は最初シオニズムの第一波ユダヤ人移民と同時期の１８８０年代初頭に聖地にやって来たが、シオニズム運動の文脈では「アラブ人」であるとはみなされなかったのである。

これまで、なぜパレスチナ委任統治期とイスラエル建国後のマイノリティ問題を中心に取り上げたかというと、この状況が現在のパレスチナ人のマイノリティ問題のあり方を規定しているともいえるからである。たとえば、現状においてユダヤ教徒が自らをパレスチナ人とみなすことはない。しかし、かつてはユダヤ教徒もパレスチナに住むアラブ人として位置づけられていた。だからこそ、サマリア人のあり方に注目が集まることになる。

現在のパレスチナ社会の中のマイノリティはキリスト教徒である。というのも、イスラエル建国後、パレスチナのアラブ人からユダヤ教徒が除かれることになって、パレスチナ人とは、宗教的にはムスリムとキリスト教徒に限定されることになったからである。

現在、かつてパレスチナに住んでいたアラブ人とその子孫の人々のあいだで「パレスチナ人」という民族意識が強くなっている。もちろん、パレスチナ解放運動の高まりとともに、政治的な意識として、つまりナショナリズムとしてのパレスチナ人の自覚が広まって、パレスチナ人としての集団的な絆を築こうとしている。換言すれば、集団としての絆をどこに求めるかが問われているのである。もちろん、排外性を伴うナショナリズムのレベルではパレスチナ民族を排他的に捉える傾向性が強くなる。たとえばイスラーム主義運動においてパレスチナのイスラーム性を強調する方向が強くなり、必然的にムスリム多数派がそれ以外の少数派を排斥する動きをも生み出すことになる。どんな社会でも国民国家を目指せばマイノリティ問題が再生産されていく所以《ゆえん》でもある。

（臼杵陽）

# 9

# ハリウッド映画のパレスチナ人像

## ★捏造される「悪いアラブ」★

「ハリウッドのイスラエル・パレスチナ関係の映画には、パレスチナ人を普通の民族として描くヒューマン・ドラマがまったく欠如している。すなわち、パレスチナ人を、コンピューター技師、専業主婦、農民、教師、芸術家として描くといったことである。パレスチナ人を罪のない犠牲者として、またイスラエル人を残忍な抑圧者として提示するハリウッド映画などない。イスラエル人兵士や入植者がオリーブの樹木を根こそぎ抜き、パレスチナの諸都市でパレスチナ人市民を打ち殺すことを描くハリウッド映画も存在しない。占領下の難民キャンプで生活して、生き延びるために闘い、「パレスチナ」と呼ばれる自分の国や旅券を持とうとしようとしているパレスチナ人家族を描写するハリウッド映画も存在しない」(ジャック・G・シャヒーン『映画の中の悪いアラブ――いかにハリウッドによって中傷されているか』、2003年、26頁)。

ハリウッドに代表される映画におけるパレスチナのイメージは、ステレオタイプ化されたアラブ像あるいはムスリム像の一般的イメージとほとんど変わらないと言ってもいいだろう。理性的な「良い欧米人」と理性的でない「悪いアラブ」、あるいは「良いキリスト教徒・ユダヤ教徒」と「悪いムスリム」という二分法的な発想である。この暗黙の前提となっている発想は「敵・味方」の友敵の論理に基づいているが、キリストとサタンとのハルマゲドン（世界最終戦）までも匂わせる。この論理は欧米の「善良な市民」とアラブの「テロリスト」という図式にも重なってくることになって、「悪いアラブ」あるいは「悪いムスリム」は簡単に「テロリスト」のイメージへと転化されることになる。

冒頭に引用したジャック・G・シャヒーンは、「フィルム・リール（reel）」つまりハリウッド映画で捏造された「悪い（bad）」アラブ人と「実際の（real）アラブ人」のイメージの乖離を、近似した二つの単語を使って皮肉っている。このことはアラブ人に限られたことではない。ハリウッド映画の西部劇における伝統的「インディアン」像とも重なってくる。そこには先住民族たるネイティブ・アメリカンの実際の姿は巧妙に捨象されてきた。さらに、エドワード・W・サイード的なオリエンタリズム論におけるオクシデント（ヨーロッパ、西洋）／オリエント（アジア、東洋）、文明／野蛮、先進／後進の二分法にもつながっていく。

もう一つの重要な論点は、悪の権化としてのナチスとその協力者のパレスチナ人（アラブ人）というレッテル貼りである。この図式の下ではナチスの犠牲者のユダヤ人、ナチスの協力者のアラブ人（パレスチナ人）といった二項対立に流し込まれる。2015年10月にエルサレムで開催された第37回世界シオニスト会議において、ネタニヤーフ・イスラエル首相がハーッジ・アミーン・アル・フサイニーこそがヒトラーにユダヤ人虐殺を吹き込んだと発言して物議を醸したが、このような歴史的事実に基づかない発言もパレスチナ人がナチ協力者であるという既成のイメージから出てくる発想である。

ハリウッド映画においてイスラエルあるいはシオニストが描かれるとなると、以上のような問題点が前面に押し出される。とりわけ、イスラエル建国に関わる映画においてはパレスチナの先住民族たるパレスチナ人は、映画では背景化された風景の一部として、あるいはまったく存在しないかのような不在者として描かれることになる。ハリウッドではパレスチナ人は非理性的で「悪く」、イスラエル人を理性的で「立派な」ものとして描写しなければならないという、映画制作上の不文律でもあるのだろうか、と疑いたくもなる。

たとえば、『栄光への脱出』（1960年）はイスラエル建国前夜のパレスチナを舞台にした3時間半もの大作だ。圧倒的に不利な武力しか持たないユダヤ人たちが、知恵と勇気と信念によって、パレスチナを統治する巨大な大英帝国に立ち向かう感動の物語が展開されている。

しかしその物語から、土地と生活を奪われ、追いやられていくアラブ人たちの姿は巧妙に隠されている。登場する数少ないアラブ人たちは、「良いアラブ」と「悪いアラブ」に分けられ、「良いアラブ」には人間の名前があるが、「悪いアラブ」は名前を持たない。人間というよりは、残虐で野蛮な〝暴動〟として描かれる。

アーネスト・ゴールドが作曲した音楽は、読者の多くも耳にしたことがあるだろう。パット・ブーンが歌詞を付け日本でもヒットした。監督のオットー・プレミジャー（1905〜86年）は、オーストリア生まれのユダヤ系アメリカ人で、ほかに『悲しみよこんにちは』などを撮っている。プレミジャーが脚本家として起用したのが、ハリウッドからレッドパージされていたダルトン・トランボ

（1905～76年）だった。トランボは後に反戦映画として名高い『ジョニーは戦場へ行った』の脚本を書いている。この『栄光への脱出』も、美しいヒューマニズムに溢れている。それを実現するために、アラブ人の視点は徹底して排除されている点は見事であり、必見の作品だと言える。

映画の前半は、地中海に浮かぶキプロス島から始まる。終戦後にヨーロッパから流入してきたユダヤ人難民を、大英帝国の植民地省が「収容所」（抑留キャンプ）に詰め込む。人々が輸送されていく様子はナチスによるホロコーストを観客に想起させる。そこに主人公アリ（ポール・ニューマン）が現れ、モーゼの出エジプトさながらに大脱走を指揮するのである。アリは社会主義シオニストのハガナ軍の若きリーダーだ。キプロス島に密入国した碧眼のアリは、ユダヤ人への偏見と差別を逆手にとって英軍人に化け、ユダヤ人難民たちを見事に「エクソダス」号に乗船させる。観客はヒロインのアメリカ人女性キティ（エヴァ・マリー・セイント）の目を通して、ユダヤ人たちの闘いをアメリカ独立戦争に重ねる。つまり、強大な大英帝国を相手に独立を勝ち取ろうとしている開拓者たちのイメージだ。

映画の後半の舞台は、入植者村（キブツ）のガン・ダフナが中心となる。この村の土地は、アラブ人が寄贈してくれたという設定だ。寄贈したのは、この映画で唯一、名前のあるアラブ人として登場するタハ（ジョン・デレク）の父親だ。タハは、アリの家で兄弟同然に育った「良いアラブ」であり、亡き父の後を継ぎ、ユダヤの村の隣でアラブの村の村長をしている。

ユダヤの村とアラブの村が共存するこの谷の在り方、信頼しあうアリとタハという未来のリーダーたちの存在は、パレスチナのあるべき姿として提示されている。

だが、この平和的共存は、ナチスの残党の登場によって突如消える。タハは、謎のドイツ人将校にガン・ダフナ殲滅の協力を求められる。もちろん、ナチスの残党はフィクションであり、レッテル貼りだ。タハは悩みながらも、アリに「悪いアラブ」が村を襲撃することを教える。そのために、裏切りものとして吊るされる。破壊されたタハの村には、ハーケンクロイツが殴り書きされ、殺された「良いアラブ」であるタハの胸にはユダヤの星・ヘキサグラムが刻まれている。こうして物語は、「悪のアラブ・ナチス」対「善なるユダヤ」という物語の構図に落とし込まれていく。西部劇の「インディアン」のように「悪いアラブ」が村を襲撃してくるなかで、アリは殺されたタハとユダヤ人の少女の遺体を一つの墓に葬ると、アラブ人とユダヤ人に平和を訪れさせることを誓い、戦闘に向かう。

この映画には、三つのイメージが織り込まれている。一つは、迫害・虐殺された民の希望の建国というイメージ。二つめは、強大で権威的な大英帝国に立ち向こう独立戦争のイメージ。三つめは、ナチスの残党と結託した「悪いアラブ」が、アラブとユダヤの平和的共存を脅かすというイメージだ。しかし、この三つのイメージはパレスチナを侵略することを正当化するイスラエルの一方的正義をプロパガンダするものである。ここに、パレスチナの地で生活を営んできたアラブ人の視点はない。

こうしたパレスチナ人の表象をめぐる問題は、イスラエル建国をテーマにした『アラビアのロレンス』(1962年)や『巨大なる戦場』(1966年)などにも、共通している。ぜひ、批判的に鑑賞してみてほしい。

(臼杵陽・是恒香琳)

コラム4

是恒香琳

## 映画『ミュンヘン』
### ―9・11後のアメリカ社会とパレスチナ問題

スティーブン・スピルバーグの『ミュンヘン』（2005年）は、1972年のミュンヘン事件への報復として、モサド（諜報機関）に任命されたイスラエル人の主人公アブナーが、パレスチナ人を暗殺していく過程を描いたものだ。原作は、暗殺部隊の元メンバーへの取材を基に描かれたジョージ・ジョナスのノンフィクション小説『標的は11人――モサド暗殺チームの記録』（1984年）だ。しかし、スピルバーグは、原作にないシーンを加えて描きたいものがあった。それは国家によって眼鏡を与えられた人間の姿である。その眼鏡さえあれば、どんなに卑怯で残虐な殺しも、良心を痛めることなく正当化できるのだ。

例えば、最初に暗殺されたパレスチナ人、ズワイテルがローマのカフェテラスで講演会をしているシーンだ。『アラビアンナイト』の翻訳者は、パレスチナ・ゲリラの黒幕イメージから遠い。だからズワイテルが問答無用で射殺されたとき、アブナーの復讐心に同調して見てきた観客は、初めて暗殺への疑問と不安を突きつけられることになる。

また、二人目の標的であるファタハ・フランスのハムシャリの暗殺も、ハムシャリの娘が危うく誤爆されそうになる。インタビュアーを装った暗殺者に対して、少女はピアノを披露し微笑む。幸せな家庭に侵入し、爆弾によって父親を吹き飛ばしたシーンは後味の悪いものだった。

この映画が反イスラエル映画だと批難されるのは、暗殺の標的となった11人のパレスチナ人が、粗野なテロリストとして描かれず、流暢な欧米言語をもってその苦難を語るからだ。

コラム4

## 映画『ミュンヘン』

ハムシャリは、暗殺者に「過去24年間、我々は世界最多数の難民だ。家を奪われ難民キャンプで暮らす。未来も食料もない」と語る。そして、ミュンヘン事件に至った背景と、イスラエルが続けてきた蛮行の歴史が示される。

一方、暗殺を決定したゴルダ・メイア首相は「パレスチナ人」は存在せず、彼らを守る法律もないと言う。これが、暗殺者たちの眼鏡だ。しかし実際、観客はパレスチナ知識人たちが欧米の「法律と文明」を手に、声をあげていることを知り、疑念を抱く。暗殺の真の目的は、パレスチナ人の国際的な発言力を奪うことだと。

映画の中で、強い印象を残しているのが、何度も挿入されるミュンヘン事件の回想映像だ。

この回想映像が、イスラエルにとって都合のよい「野蛮なテロリスト」像だという見方や批判もある。しかし、ポイントは、これがあくまでアブナーの脳内で繰り返される悪夢でしかないということだ。つまり、イスラエルの中で語られてきたミュンヘン事件を、まるでその場で見てきたかのように、繰り返し脅迫的にアブナーが思い描いているだけなのだ。それはアブナーだけではなく、多くのイスラエル人、アメリカ人が作り上げてきたパレスチナ人像である。

スピルバーグはこんな眼鏡をかけた人間のありようを、9・11後のアメリカに重ねている。

アメリカ人はイスラエルに加担してきた。そして、世界貿易センタービルに飛行機が突っ込んだ。その生中継をみていたアメリカ人は、ミュンヘン事件の生中継に釘付けになっていたイスラエル人と同じように、悪夢を繰り返し見るようになった。

スピルバーグは、パレスチナ問題と重ねてひそかに9・11を描き出し、自己正当化する眼鏡をかけたイスラエル人とアメリカ人を描いてみせたのだ。

# 10

# 日本人キリスト教徒のパレスチナ・イメージ

## ★パレスチナへの無関心は何によるのか★

「日本のキリスト教徒」の間で、「パレスチナ」について興味や関心を持っている人は多くはない。なぜなら、彼らにとってパレスチナ人は見えにくい、あるいは見たくない存在だからである。その理由は以下のとおりである。

第一の理由は、旧約聖書にある。日本人キリスト教徒が、ユダヤ人に関する情報を得るのは、ほとんどが聖書による。キリスト教徒にとって、聖書は聖典であり、「神の言葉」である。とくに旧約聖書には、神の救いの歴史が綿々とつづられており、神はイスラエルの民・ユダヤ人を選び、その苦難の歴史にしばしば介入し、恵みと救いを与えたことが記されている。

しかしそれは2、3000年前、あるいはそれ以上昔の伝承を記した書物であり、古代の民が、そのように信じてそれを記したという事である。それを現代の歴史と直結し、古代イスラエルの民と、「現代のイスラエル国」を同一線上に置いて議論するのは、論理的飛躍としか言いようがない。

にもかかわらず、「イスラエルの地は、神がイスラエルの民に与えた地であることは、聖書に明らかに記されている」と信じるキリスト教徒は多い。それ故に1948年に「イスラエルの建国」が宣言されたとき、ローマ帝国によって滅ぼされたイスラエル国家が、2000年の時を経て再興されたと喜び、世界のキリスト者は、その建国を好意的に受け止めた。「イスラエルの建国」は、神の「預言の成就」であるとして歓迎したのは、欧米に限らず日本のキリスト者の間においても一般的な現象ではなかったか。

多くのキリスト教徒は、旧約の時代にはあの地に多様な民族が住んでいたことを認識しながら、近代のユダヤ人が入植したときに、そこにどんな人々が住んでいたのかについては関心を持たなかった。それを認識している者も、のちにパレスチナ人と総称される人々は「聖なる民」を脅かす存在としてしか認識しなかった。

二つ目の理由は、キリスト教徒が持つ聖地へのあこがれに由来する。日本人に限らず、キリスト教徒は聖地に対して特別な関心を寄せる。しかし彼らのイメージするエルサレム、ナザレ、ベツレヘム、ガリラヤ湖は、いずれも2000年あるいは3000年以上昔の地であり、現在それらの地で何が起こっているかについては、興味の範囲ではない。

ベツレヘムの「生誕教会」に行けば、イエスが生まれたとされる、まさにそのスポットがあり、そこを一目見るために多くのキリスト者が長蛇の列を作っている。そのスポットに手を触れて涙を流している人も多い。

しかしその教会の外壁におびただしい銃痕があることに目を留める巡礼者は少ない。それは2002年、イスラエル軍が約200人のパレスチナ人を追い込み、その教会に逃げ込んだパレスチナ人を銃で狙撃した跡である。その現実には思いが至らない。

いったい日本のキリスト教徒100万人弱の、何パーセントが聖地巡礼の経験を持つのか、その統計を私は持たないが、ほとんどの体験者が、パレスチナ人キリスト教徒と出会うことなく、「化石」的、「遺跡」的な聖書の世界を探し求めることに終始する。現実にそこで繰り広げられている出来事やパレスチナ人の苦難に満ちた現状とは出会おうとしない。聖地にキリスト教徒がいることはおろか、2000年来その地でキリスト教を守り続けてきたパレスチナ人がいることにも思いが至らない。

なぜか。その原因の一つは、聖地巡礼を現地で準備・企画している人々が、イスラエル筋の人々であり、その地のパレスチナ人キリスト者には会わせないようにするからである。イスラエル当局から資格を得た観光業者は、決してパレスチナ人の側に立つことはない。ベツレヘムに行けば、8メートルもの分離壁が否が応にも目に入ってくるが、「あれはパレスチナ人のテロから身を守るためのものです」と言われれば、巡礼者は疑わず納得し、帰国後「イスラエルの平和は、かろうじて分離壁のおかげで守られている」などと報告書に書く。そういったものの見方の根底には、パレスチナ人が提起しているような問題は、「知りたくない」という心理が横たわっている。

なぜ「パレスチナ問題」の現実が露見していても、それを意識の外に葬ってしまうのか。その大きな原因は、被迫害の歴史を経験してきたユダヤ人に対する同情である。

ヨーロッパ全域で、歴史を通してユダヤ人は迫害されてきた。その典型的な例が、ナチスドイツによるホロコーストで、数千万人規模のユダヤ人が殺害された。そんな苦難の歴史を持つユダヤ人が、「2000年の時を超えて、故地イスラエルに帰り、建国を果たした」。こうした動きを、1948年当時批判的に見た日本人キリスト教徒は、カトリックであれプロテスタントであれ、ほぼ皆無ではなかったか。

私は、日本聖公会に属する司祭である。私自身、聖公会神学院の学生であったとき（1974年）に初めて「イスラエル」のハデラ近郊で行われた発掘調査に参加した。そのときは、「荒れ地にスプリンクラーを引き、果樹や野菜を作るキブツを構築し、厳しい自然環境にもかかわらず、社会主義的な理念を持って農業共同体を作っているユダヤ人」の働きに、拍手喝采を送った。しかしその地こそ、パレスチナ人の農地であった所であり、ユダヤ人がパレスチナ人を追い出し、あるいは殺害して獲得した農地だったのである。

あの発掘時、私たち日本人は、ユダヤ人の農業学校に寝起きして毎朝現場に通った。発掘を終えた午後、私たちはユダヤ人学生たちとよく話し込んだ。あのときモシェ君が、拳を振り上げて「パレスチナ人は皆殺しにする」と何度も叫んだが、そのときは何ゆえ彼がそんな物騒なことを言うのか、まるで理解することができなかった。しかし1972年は岡本幸三など日本赤軍によるロッド空港乱射事件が起こった年であり、翌73年には第四次中東戦争が起こっている。そういう激動の時代であったにもかかわらず、ユダヤ人に対する迫害の歴史的事実というフィルターが、パレスチナ人の置かれていた現実を恐ろしいばかりに直視させなかったのである。

キリスト教徒がパレスチナ人の存在をあるがままに認めることができない第三の理由として、アメリカで根強いキリスト教右派の影響が挙げられる。

その考えに従えば、近い将来、イスラエルのメギドという所で最終戦争「ハルマゲドンの戦い」があり、その戦いの中でイエスが再臨し、悪魔とその勢力が裁かれ、殲滅されると言う。そして、厄介なことに、このキリスト教原理主義の立場からは、「ユダヤ人が約束の地イスラエルに帰還するのは、キリスト再臨の前兆であり、ユダヤ人がキリスト教に改宗してから、世の終わりが来る。よってアメリカ政府はイスラエルを支持し、異教徒（イスラム教徒）を聖地から追放すべきである」ということになる。このような論を何となく信じている日本のキリスト教徒は少なくないし、そのような見方が背後にあって、パレスチナ人が置かれている非人間的な状況を等身大に見ることができなくなっているのである。

こうした諸理由によって、日本人キリスト教徒のパレスチナ・イメージは、ユダヤ人側に偏ったものとなっているといわねばならない。これらの偏りが正される最も有効な手立ての第一歩は、「聖地」のパレスチナ人キリスト者と豊かな交わりを繰り返す事であろう。

（神崎雄二）

# 11

# 『オリエンタリズム』の衝撃

## ★日本でのエドワード・サイード受容★

日本は特異な国で、近代性と伝統、戦争と平和、依存性と大胆さ、帝国とその喪失などが目まぐるしく交代した、相当に手ごわい矛盾を内包しているようです。

（エドワード・W・サイードとの往復書簡」『大江健三郎往復書簡　暴力に逆らって書く』岩波書店、2003年、271頁）

エドワード・W・サイードはパレスチナ知識人の代表格である。同時代人としてはめずらしく『広辞苑』『大辞泉』といった日本の大辞典にも立項されている。サイード自身が三部作と呼んでいる『オリエンタリズム』（平凡社）、『パレスチナ問題』『イスラム報道』（みすず書房）をはじめとして、時事評論的なものを含めて、サイードの作品のほとんどが日本語に翻訳されている。もとより日本が翻訳大国であることを勘案しても、このようなサイード受容のありようは尋常ではない。

『広辞苑第六版』には「サイード【Edward W. Said】パレスチナ出身のアメリカの批評家・文学研究者。コロンビア大学教授。西欧中心主義をオリエンタリズムとして批判。著『オリエンタリズム』など。（1935～2003）」という説明がなされている。他の大辞典でも同様である。広辞苑には加えて「オリエンタリズム【Orientalism】③」の項目を参照せよとある。その説明は「①ヨーロッパ人が主としてトルコやアラブなどオリエント（中近東）の風俗・事物にあこがれと好奇心を抱く異国趣味。東方趣味。②西洋で行われている東洋、とくに中東地域の学術研究。③西洋の東洋に対する支配の様式（サイードの定義）。東洋に後進性・官能性・受動性・神秘性といった非ヨーロッパ－イメージを押しつける、西洋の自己中心的な思考様式」であり、とくに③はまさにサイードによる「オリエンタリズム」の再定義を説明している。要するに、サイードはオリエンタリズム批判を展開したということで日本でも人口に膾炙《かいしゃ》しているのである。

サイード的なオリエンタリズムが日本の知識人社会において広く知られているのとは対照的に、サイード自身は日本についてほとんど語っていない。ただ、冒頭に引用したサイードが大江健三郎に宛てた公開書簡において記した日本観は短い一節ながら注目に値する。というのも、日本という存在そのものが、東洋にある一島国として欧米によるオリエンタリズムの対象（客体）であったと同時に、アジア・太平洋諸国、とくに中国・朝鮮半島に対して侵略するオリエンタリズム的な主体でもあるという矛盾を指摘しているからである。近代日本は明治以降の脱亜入欧の近代化路線の中で両義的存在たらざるをえなくなった。

このような矛盾に関しては、サイード的な関心に基づいて、たとえば、姜尚中『オリエンタリズムの彼方へ——近代文化批判』（岩波書店、１９９６年）第3章「日本の植民政策学とオリエンタリズム」、第4章「『東洋』の発見とオリエンタリズム」などの研究が日本的オリエンタリズムの問題に切り込んでいる。

さて、サイードが冒頭の引用で指摘する「手ごわい矛盾」というのは、オリエンタリズムの主体であると同時に客体であった日本の両義性であると指摘した。この両義性への漠然とした不安のため、日本人は外国人による「日本人論」に異常なまで拘泥している。外からどう見られているかが気になって仕方がない、ということがオリエンタリズムへの関心を掻き立てている。これは日本人自身、自分がいったい何者であるのかというアイデンティティの揺らぎとその不安の表れなのである。

だからこそ、サイード受容は、１９７０年代にベストセラーとなった『日本人とユダヤ人』に代表されるユダヤ人論ブームと表裏一体をなしているともいえる。この本は「イザヤ・ベンダサン」こと右派の論客・山本七平の筆になる。サイードも自らをイスラエルというシオニスト国家に対置して、パレスチナ人こそが現代のユダヤ人だという戦略的な立場をとっている。さらに、サイードはパレスチナ人として、この世界において安住できる場がないことを繰り返し述べている事実も看過できないであろう。

サイードは、パレスチナでは宗教的少数派の中の少数派である英国教会《アングリカン》の家族に生まれた。父ワディーウは第一次世界大戦に従軍してアメリカ国籍を獲得した。父親は戦後アラブ世界に戻り、事務機器販売の事業で成功した。そのため、サイードは、中等教育はカイロのヴィクトリア・カレッジで、そして高等教育はアメリカのハーヴァード大学というエリート校で受けた。換言すれば、サイード自身もアメリカとアラブ世界という東西のはざまに生きた。英国教会という「西洋《オクシデント》」の一部を構成しながら、アラブ人としては「東洋《オリエント》」に属したという意味では、サイードの存在自体が日本と同様に両義的であり、切り裂かれていたことも忘れるべきでないだろう。

サイードは同時に、オリエンタリズム批判を展開してポスト・コロニアリズムという潮流の中で新たな旗手となった。そのことがむしろ日本で受容された最大の要因であった。もちろん、日本では1950年代から1960年代におけるアジア・アフリカ・ラテンアメリカ（いわゆるＡＡＬＡ諸国）における民族解放運動に熱い眼差しが向けられたという背景がある。とりわけアルジェリア戦争に身を投じたカリブ海のマルチニック出身の精神科医フランツ・ファノン（1925〜61年）がそのシンボル的存在であった。ファノンの仕事はすでに1960年代末には紹介されていた（『フランツ・ファノン著作集』全4巻、みすず書房、1969〜70年）。その意味ではサイードはファノンを思想的に継承するものであった

日本ではサイード受容の土壌がサイード以前から醸成されていた。たとえば、エジプト出身の社会学者アヌワル・アブデルマリク（1924〜2012年）はサイードよりはるか以前にオリエンタリズム批判を展開していた。その著作『民族と革命』『社会の弁証法』（共に岩波書店、1977年）は、論争の書『イスラームと資本主義』（岩波書店、1978年）で知られるフランスの社会学者マキシム・ロダンソン（1915〜2004年）とともに、サイードよりも早くから紹介されていた。サイードはアブデルマリクの議論を忠実に継承していることを自認している。「西洋オリエンタリズムの繁栄を可能にした政治的・文化的環境は、研究対象として設定された東洋や東洋人の劣悪な地位に関心をひきつけることになる。アヌワル・アブデルマリクが完璧に特徴づけたような、あのオリエント化されたオリエントを生み出すものとしては、政治上の主人＝奴隷関係をおいてほかに何があるだろうか」（『オリエンタリズム』平凡社、1986年、98頁）とサイードは述べ、批判の際の引照基準として引用する。

さらに、サイードが『オリエンタリズム』において英仏のオリエンタリズムに限定して議論したため、むしろその後ロシア、ドイツ、オランダといったように他の帝国にも応用されていき（D・S・ファン・デル・オイエ『ロシアのオリエンタリズム―ロシアのアジア・イメージ、ピョートル大帝から亡命者』成文社、2013年）、さらにはアメリカの中国に対するオリエンタリズム（ポール・A・コーエン『知の帝国主義―オリエンタリズムと中国像』平凡社、1988年）のような研究テーマにまで拡大していった経緯がある。問題の射程の広さと汎用性である。そのため、日本でもそのような研究の翻訳が相次ぎ、是々非々の立場からその原点にある『オリエンタリズム』が読み直されるといった傾向も生まれている。

（臼杵陽）

オリーブ山から眺めた岩のドーム（右）とアクサー・モスク（左）（山本健介撮影）

# Ⅱ

# 歴　史

# 12

# オスマン帝国時代のパレスチナ

## ★蒔かれた紛争の種★

エルサレムを含むパレスチナがオスマン帝国領となるのは、第9代スルタン、セリム1世（在位1512〜20年）統治下の1516年のことである。セリム1世統治以前のオスマン帝国は、第7代スルタン、メフメト2世（在位1446〜48、1451〜81年）の統治時代に領土を拡大したバルカン半島とアナトリアの一部を基盤としていた。セリム1世は、それまでバルカン半島に立脚した帝国であったオスマン帝国の領土を、アナトリア全土と東地中海に拡大することに成功する。セリム1世は、マムルーク朝の支配下にあったシリア、エジプトを征服し、さらに1517年にはマッカ・マディーナを獲得し、これによってオスマン帝国のスルタンが「イスラーム世界の盟主」としての役割を担うことになった。オスマン帝国統治下のパレスチナはダマスカス州に組み込まれており、19世紀中頃に至るまで、アッカ、ナーブルス、エルサレムという三つのサンジャク（オスマン帝国の県）に区分されていた。また、オスマン帝国統治下のパレスチナは商業、そして小麦やオリーブを主とした農業の分野で繁栄し、人口も増大するなど、安定を享受した。この時期のパレスチナは、オスマン帝国の中央政府の統治下にはあるが、実質的な権力は部族長であるシャイフ、地方行政官であるアーヤーンが握っていた。

オスマン帝国の衰退が顕著となる19世紀において、帝国の他の領土と同様、パレスチナにも大きな変化のうねりが訪れた。第一の変化は、ムハンマド・アリー朝下のエジプトとオスマン帝国の間で起きた第一次シリア戦争の結果、１８３１年から４０年までムハンマド・アリー朝がダマスカス州を含むシリアを占領したことであった。この時期、シリアではマイノリティであるユダヤ人、キリスト教徒の地位が向上したことにより、経済が活性化した。結局、第二次シリア戦争の勃発、オスマン帝国の窮地に介入したイギリスを中心とした列強の圧力により、パレスチナを含むシリアは再びオスマン帝国の領土となった。その後、アッカとナーブルスは１８６０年代にダマスカス州からベイルート州に組み入れられた。さらにアラビア半島でオスマン帝国と対立していたサウード朝とエジプトのムハンマド・アリー朝に対する緩衝地帯を設置する目的で、１８７２年にエルサレム州がダマスカス州から切り離され、特別行政区となった。

図１　セリム１世による帝国の拡大

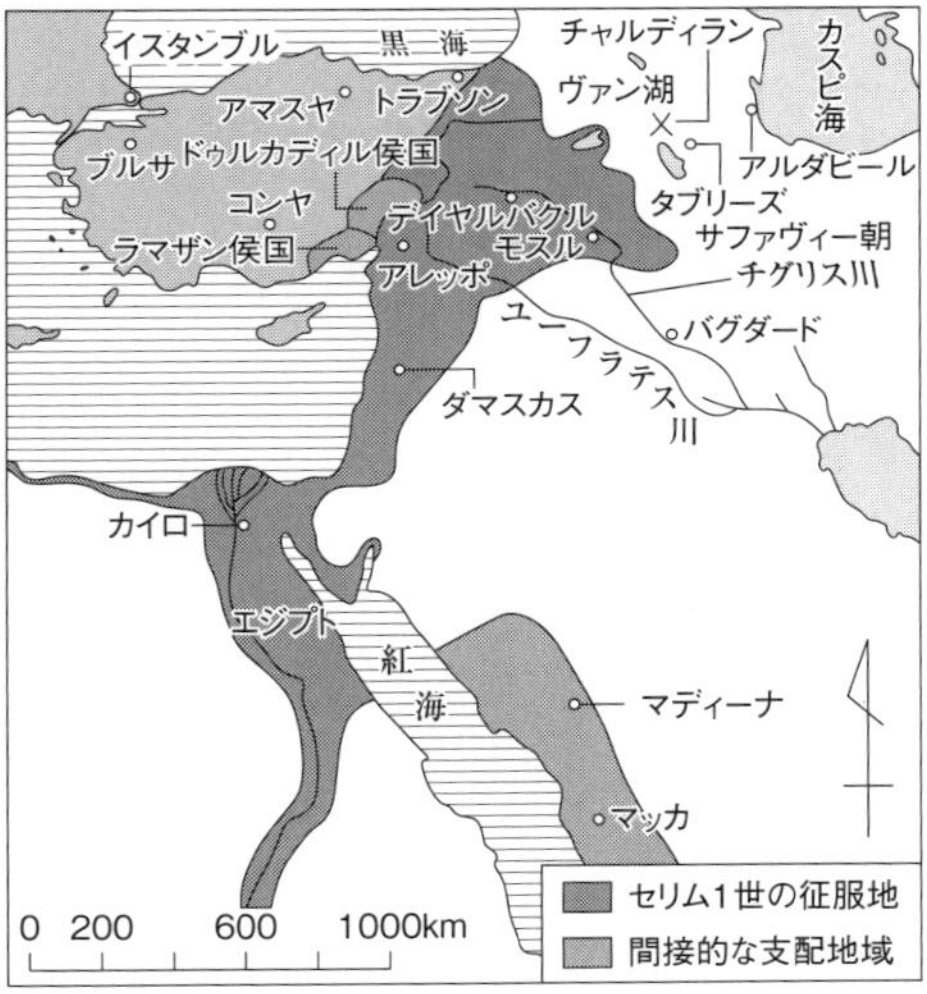


出所：林佳世子『オスマン帝国500年の平和』講談社、2008年、113頁より。

第二の変化は、ヨーロッパのカトリック

教会とギリシア正教会の聖地管理問題が、聖墳墓教会のあるエルサレムにまで飛び火したことである。1853年に起こったクリミア戦争は、ロシアがオスマン帝国におけるギリシア正教徒の保護権を要求したことが内政干渉に当たるとオスマン帝国が拒否したことに端を発している。エルサレムをめぐる問題は、西洋列強がオスマン帝国をめぐって争う、いわゆる「東方問題」においても宗教色を帯びるという点で特別な意味を持っていた。

第三の変化は、パレスチナの経済が国際経済と密接に関わるようになったことである。大型船の発展により、パレスチナはヨーロッパ諸国との貿易が活発になるとともに、レバノン、シリア、エジプト市場の中継地点として重宝された。これに伴い、パレスチナの農業もそれまでの自給作物から換金作物への栽培へと変わった。

第四の変化は、土地法に由来していた。1858年のオスマン帝国による土地法の施行によって大土地所有制が促進、さらに1867年には（ヨーロッパ出身の）外国人による土地売買も解禁された。大土地所有制が促進されたことで、フサイニー家、ナシャーシービー家、アブドゥルハーディー家などの家系が台頭し、外国人の土地購入が可能になったことにより、パレスチナへのユダヤ人とキリスト教徒の流入が活発になった。パレスチナの人口は、1860年頃は35万人であったが、1880年には47万人まで増え、そのうちユダヤ人は約2万4000人であったといわれている。1882年にはユダヤ人の最初の「アリヤー」（「イスラエルの地」への移住）が始まり、オスマン帝国の崩壊までにヨーロッパから約11万5000人の移民がパレスチナに押し寄せた。とくに多かったのがユダヤ人に対する集団的な襲撃、いわゆる「ポグロム」が激化していたロシアからで、約2万5000人ものユダヤ人が移住した。この時期のアリヤーの中には、イスラエルの初代大統領となるダヴィド・ベングリオン、第2代大統領となるイツハク・ベン・ツヴィなどが含まれていた。パレスチナの人口増加はその後も続き、第一次世界大戦が始まる1914年には66万人に達した。

とはいえ、パレスチナに住むアラブ人がこのユダヤ人の入植を必ずしも快く思っていたわけではない。たとえば、ハイファー、ヤーファー、ベイルート、ラタキアといった港では1882年にロシア、ルーマニア、ブルガリアからのユダヤ人の入港を禁止する手続きがとられた。また、多くの入植地が現地のアラブ人からの攻撃を受けた。さらにハイファー、ヤーファー、ベイルートでは1908年から1914年にかけてユダヤ人の土地購入に抗議する反シオニズムの新聞が発行された。

図2　オスマン統治下のアラブ・ユダヤ紛争

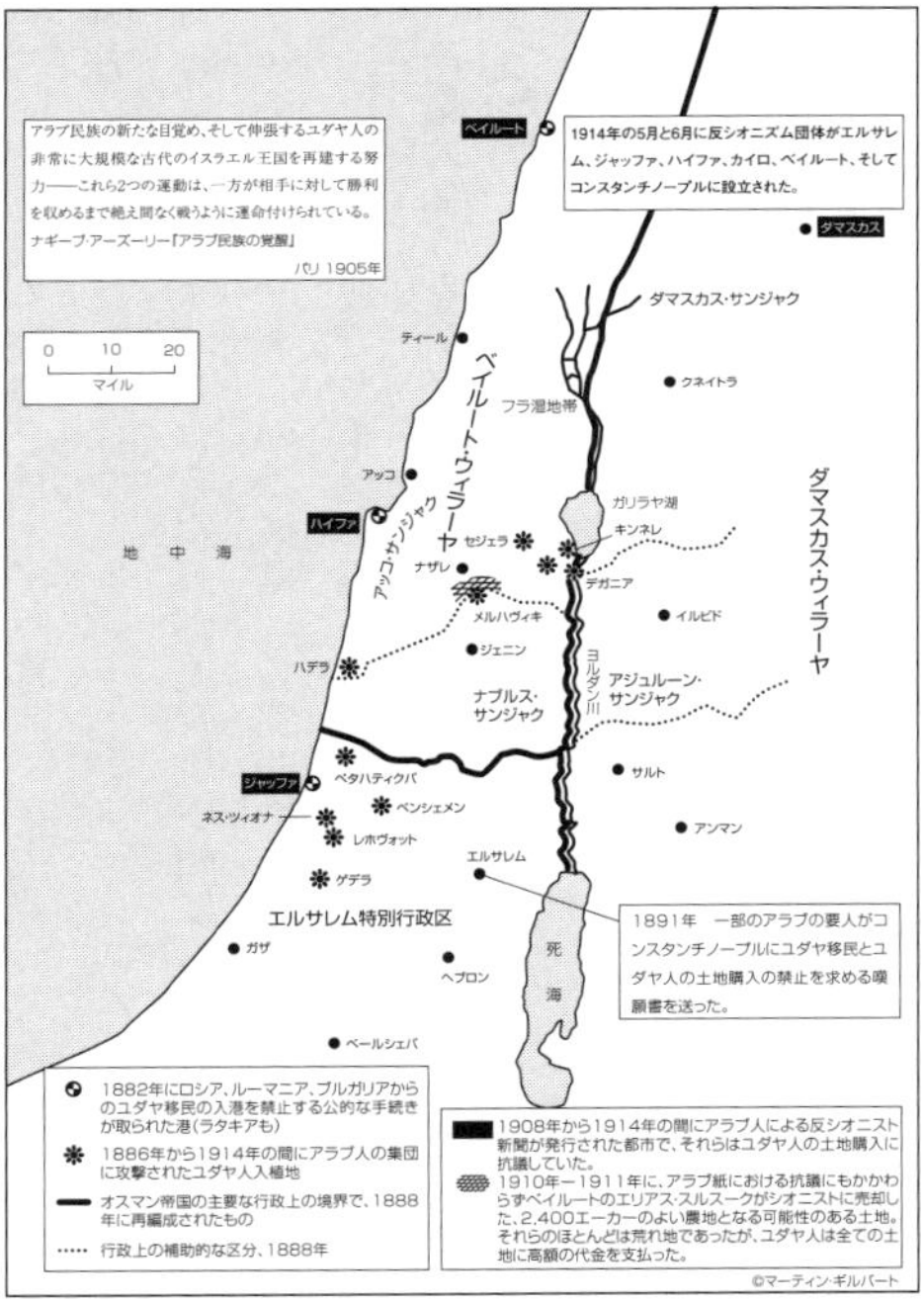


出所：マーティン・ギルバート『アラブ・イスラエル紛争地図』小林和香子監訳、明石書店、2015年、18頁より。

1908年の青年トルコ革命で実権を握った統一と進歩委員会は、

帝国内の全臣民の融和を目指す「オスマン主義」とトルコ人の優位を唱えるトルコ・ナショナリズムの両方を標榜した。後者のトルコ・ナショナリズムは、アラブ人のアラブ・ナショナリズムを刺激することになり、ダマスカス州、ベイルート州にもナショナリズムの波が押し寄せることになった。アラブ・ナショナリズムの勃興は、必然的にユダヤ人のシオニズム運動との摩擦を強めることになった。

第一次世界大戦でドイツ側に立って参戦したオスマン帝国は敗北し、アナトリア以外のバルカン半島、中東の領土を失った。そして、最終的に1923年10月29日のトルコ共和国建国とともに完全に消滅した。

オスマン帝国期のパレスチナは歴史家から「暗黒時代」と軽視されていたが、現在は再評価される傾向にある。そして、最も重要なのは、オスマン帝国統治時代の1882年にパレスチナに対するアリヤーが始まるとともに、20世紀初めにアラブ人のナショナリズムの萌芽が見られたことである。アラブ・イスラエル紛争の直接的な種はオスマン帝国末期に蒔かれたのである。

（今井宏平）

# 13

# イギリスによる支配

## ★パレスチナ委任統治期★

オスマン帝国との戦争が開始されたとき、それまでの状況は一変した。パレスチナに新たな運命がもたらされたために、大英帝国はその中東における重要な戦略的利権によって、（パレスチナと）直接的にかかわることになった。

（H・サミュエル『回顧録』より）

第一次世界大戦期後、イギリスによる委任統治によって「パレスチナ」という領域が作り出された。１９１７年末、アレンビー将軍指揮下の英帝国軍エジプト遠征軍は、エジプトから北進してパレスチナを占領し、ここを１９２０年まで軍政下に置いた。この間イギリスでは、パレスチナを支配するための準備が着々と進められている。その中心には、イギリス自由党政権閣僚のハーバート・サミュエルがいた。彼は、１９１７年のバルフォァ宣言草案作成において、内閣が第一に意見を求めた人物であり、１９１８年にはパレスチナ支配体制を検討するための非公式会議を召集し、シオニストの役割や政府・経済システムなどを構築した。

サミュエルは、イギリスとオスマン帝国との戦争開始直後か

らシオニストを利用したパレスチナ支配を提案していた人物であり、大戦の講和会議においてイギリスのパレスチナ統治に関する議論においても主導的な役割を果たした、イギリスのパレスチナ委任統治の最重要人物といえる。そして、パレスチナにおけるサミュエルの最も重要な関わりは、1920年から5年間、委任統治領パレスチナの初代高等弁務官として赴任し、現地の社会システムの基礎を構築したことである。

イギリスのパレスチナ支配体制は、高等弁務官サミュエル統治下において確立された。イギリスはバルフォア宣言を根拠にユダヤ人移民を正当化していたが、現地アラブ人のコミュニティ（主にムスリム、キリスト教徒）は強く反発していた。アラブ系住民は、自分たちの了解なしに欧米ユダヤ人のパレスチナ移住を約束したイギリス政府に対し、1917年以降、異議申し立てを続けていた。しかし、委任統治政府は、パレスチナの統治を国際連盟に委任されたことを盾に、アラブ系住民の意見は現地のすべての人々の声を代表するものではないと断じた。現地住民の大多数を占めるアラブ人たちと、少数者の移民を同等のものとして扱うという、非対称的な委任統治政策はこの時期からパレスチナ社会に組み込まれていった。

カルメル山から見た現在のハイファー港（筆者撮影）

サミュエル指導下の委任統治政府は、現在にまで続く土地問題に関しても重要な法整備を行っている。彼らは旧オスマン帝国時代の土地法を引き継ぎながら、イスラーム法下では外国人に売却できなかった土地（国有地《ミッリー》）を、パレスチナ開発を理由として売買可能なものとした。シオニスト機関は、北部の港町ハイファーを基点として南北の沿岸部と内陸のダルアまで続く鉄道線上の土地を次々に買収していった。この鉄道線上の地域とは、現在のヨルダン川西岸地区の北に位置する地域であるが、肥沃な土地として農業や流通の要衝であった。そして1930年代にはこの鉄道線に沿ってイラクからの石油パイプラインが敷設される。パレスチナの人々は、小作農として先祖代々耕作してきた土地が、委任統治政府によって「合法的」に接収され、ユダヤ人移民によって、入植地やパイプライン用地として作り変えられていくのを目の当たりにしており、イギリスの帝国主義政策とその先兵たるシオニストへの怒りを募らせていった。

こうした委任統治政府の「親シオニスト」的な政策基調とその帰結としての現地住民との衝突は、すでにサミュエルが1914年にシオニストを利用した支配システムを提唱したときから政府内でも予見されていた。とくにこのような事態を予見した当時のイギリスユダヤ教徒社会出身の名望家やイギリス政府関係者は、シオニストを媒介としたパレスチナ支配は現地住民と重大な問題を引き起こすとして警鐘を鳴らしている。無論、サミュエルや他の政策担当者はこの危険性を認識していなかったのではない。彼らもまた委任統治以前からその可能性を認識し、慎重に制度設計を試みている。だが、彼らにとって重要なのは、現地住民の都合ではなく、オスマン帝国解体後、どのように帝国全体の利権を守るのか、という点に尽きた。彼らは、危機には対処が可能であるが、帝国の利権は一度失われれば戻らないと確信していたのである。

イギリスがパレスチナを事実上の植民地として統治できるのは、バルフォア宣言とそれを基にした委任統治政府体制によって、イギリスがユダヤ教徒の庇護者であることが国際的に承認されているからであった。イギリスの至上命題は、オスマン帝国解体後の新たな中東地域における利権確保であり、パレスチナにおいてそれは「親シオニスト」的な政策と同義であった。サミュエルをはじめとしてイギリス政府関係者は、もしパレスチナがアラブ人を中心とした政治領域となれば、スエズ運河防衛の要衝であり、新たな重要政策課題である石油資源の拠点として見込まれていたパレスチナにおける英帝国の利益が著しく毀損されると考えていた。イギリス政府に必要だったのは自立した主体による政府ではなく、英帝国の利権に従って土地を提供し、防衛に参加し、イギリス支配の正当性を裏付けてくれる、帝国主義への協力者であった。当時のシオニスト指導者たちはこうした植民地主義的な要求を自ら進んで受け容れることをイギリス政府に度々進言している。シオニストは、英帝国のエージェントとなることでパレスチナ統治に参入したのである。

英帝国のパレスチナにおける最重要課題は、インドへの道の安全保障である。これは不可分の二つ

図　イギリスの中東委任統治——石油の流れる道

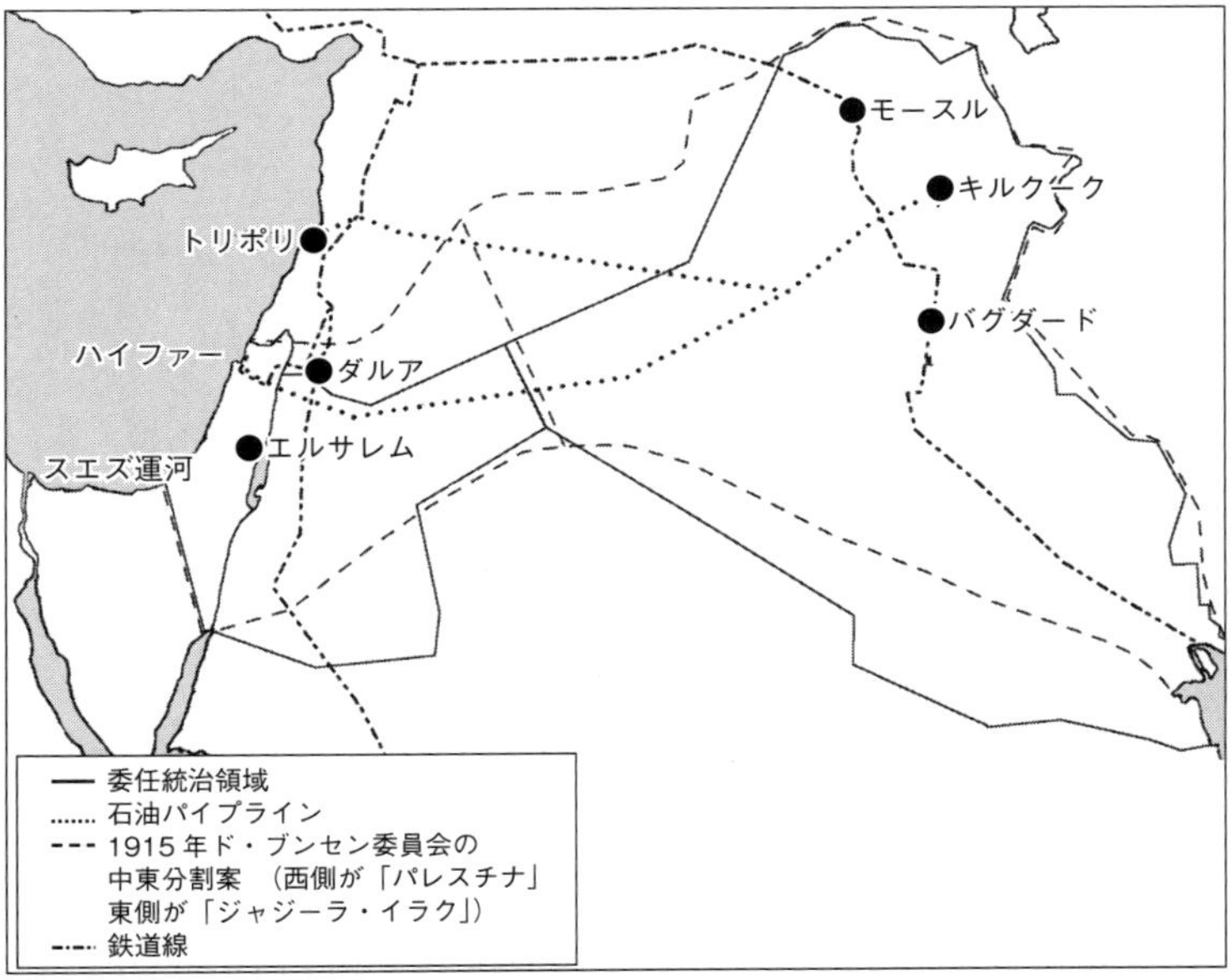


出所：イギリス政府内閣史料（CAB16/4、CAB27/1、CAB50/7）より著者作成

の政策からできていた。一つはスエズ運河を中心とした海路の安全保障、もう一つはイラクの石油資源をパイプラインによって地中海に引き込み、海軍の展開能力を向上させることである。前者はスエズ運河防衛の要衛地域であるシナイ半島以北と内陸部を確保することで達成された。後者は1915年にはすでに重要な政策として海軍で石油政策担当のスレイドが「ド・ブンセン委員会」において言及していたが、1930年代になってようやく実現した。

1927年末にイラクのキルクークで石油資源が採掘されると、イギリス政府は即座にパイプラインをハイファーに引く計画に着手した。この計画が実行に移される時期にパレスチナ高等弁務官を務めたのは英帝国軍のアーサー・ウォーホープ将軍であった。彼はサミュエルよりも長く高等弁務官の地位にあり、キルクーク・ハイファー間のパイプライン敷設に伴う法整備において重要な役割を果たしている。イギリス本国政府の指導の下、彼はパイプラインをユダヤ民族基金によって所有されていた地域上に敷設するように計画することで、石油会社に委任統治政府の土地借用税がかからないようにし、その敷設を担当するイラク石油会社とハイファー石油施設建設を担当するアングロ・ペルシャ石油会社には石油通過と保持、流通に関するあらゆる税を免除する特権を付与する布告を出した。

この二つの石油会社はイギリス政府が株の大多数を取得しており、１９１２年以降軍艦燃料を石炭から順次液化燃料に移行させていた海軍はイギリスの石油政策決定の中心にいた。これによって海軍は、長年の希望であった地中海における石油燃料の補給・貯蔵拠点確保を極めて低コストで実現することができた。パレスチナのハイファー港は、戦前から地中海内陸に至る鉄道線の基点であったが、戦後キルクークから流れる石油パイプラインの終端ともなり、英帝国の生命線ともいえる要衝になったのである。

こうしたイギリスのなりふりかまわない帝国主義政策は、現地アラブ人たちの怒りを買うことになった。イギリス政府とシオニストはパレスチナ開発を建前としていたが、現地アラブ人たちには恩恵が及ばないシステムとして設計されていた。とくにパイプライン敷設後、パレスチナの貿易上大きな比重をしめた石油資源が無課税で通過していったことは特筆すべきだろう。ハイファーには海軍の強い希望によって石油精製基地が建設され現地住民も雇用されていたが、パレスチナ経済全体でみると石油資源無課税の損失を補うものでは到底なかった。

シオニストはこうしたパレスチナでの帝国主義政策を正当化するためのイギリスの媒介者であり、その政策に抵抗するアラブ人たちの攻撃から英帝国利権を守るために配置された先兵であった。シオニスト急進派がイギリスの「親シオニスト政策」によって増長し、非常に挑発的な形でユダヤ人国家建設を唱道していたことも現地住民との衝突を激化させた。第二次世界大戦に伴う欧米からのユダヤ系不法移民が増加すると、イギリス政府は１９３９年マクドナルド白書を公布して移民規制に乗り出した。これによってイギリスとシオニストの関係が悪化、急進派シオニストは不法移民推進と委任統治政府への攻撃を拡大させ、これに対し委任統治政府はこのメンバーをテロリストとして指名手配している。やがてそれは英帝国軍とシオニスト急進派の諜報、誘拐、破壊工作の応酬となって現地の社会情勢を悪化させることになった。この時期のシオニストを中心とした対イギリス破壊工作によって、石油関連施設はもとより、イギリス委任統治政府の施設までも安定して利用することが困難となっている。

１９４８年にイギリス政府は委任統治を放棄した。それはシオニストとの関係破綻というよりも、シオニストを利用したイギリスの中東地域における帝国政策がオスマン帝国期から委任統治期へと長い時間をかけて立案され、失敗していった過程として議論されるべきものであろう。


（武田祥英）

コラム5

# ド・ブンセン委員会
## ――イギリス中東分割政策の青写真

武田祥英

〔オスマン帝国のアジア地域におけるイギリスの利権は〕アングロ・ペルシャン〔石油会社〕の権益を保全する観点から考えられるべきものである。〔…〕〔モースル地区から ペルシャまで広がる〕これらの石油鉱床地域をパイプラインで地中海と結ぶ必要があるだろう。〔…〕ハイファーはその末端の港として非常に適している。

（E・スレイド海軍中将1915年4月15日ド・ブンセン委員会第3回会議にて）

イギリスにとってパレスチナの重要性とは、港町ハイファーの重要性ともいえる。イギリス政府のスエズ防衛に関する英帝国防衛委員会下部委員会1909年報告書は「エジプトの地理的状態は島のようなものと考えられており、イギリスが海を制している限り侵略は不可能とされていた」と回顧し、オスマン帝国軍がヒジャーズ鉄道を南下してエジプトを陸路から攻撃することが可能となったことに危機感を示している。

報告書はオスマン帝国軍が鉄道を使って南下してきた場合、ハイファーから上陸して東のダルァまで続く鉄道線を防衛線とする計画をまとめている。この計画は第一次世界大戦までイギリス政府の対パレスチナ政策の基礎となった。

イギリスにとって東方貿易の保全は帝国全体の政策の中でも最重要課題であった。特に19世紀末からドイツ帝国経済にリードされ欧米での経済的な地位を脅かされるようになると、東方貿易は帝国の生命線になった。右と同年に提出されたバグダード鉄道とペルシャ湾に関する英帝国防衛委員会下部委員会報告書では、ドイツ

## ド・ブンセン委員会

資本とオスマン帝国協力の下、建設されていたバグダード鉄道が東方貿易に与える影響について、政府だけでなく経済界からも強い危機感が示されていたことが議論されていた。イギリスとドイツの欧米における経済的な優勝劣敗が明らかになりつつあった20世紀初頭、ハイファーは東方貿易保全の観点から注目されていった。

また20世紀初頭は技術革新の時期であった。英帝国海軍はいわゆるフィッシャー改革に伴って軍艦燃料を石炭から混合燃料、次いで液化燃料への移行を決定した。その計画の中心人物の一人が、海軍のスレイドである。彼は液化燃料の調達と配備展開の計画における責任者であり、中東の石油資源調査も担当していた。ドイツを仮想敵国とした政策立案で頭角をあらわしたこともあり、スレイドは石油・対外政策で大きな発言力をもっていた。この石油とドイツの問題が交差したのが、バグダード鉄道建設に伴って表面化した中東石油問題である。メソポタミアに莫大な石油が埋蔵されていることは１９１０年代に既に明らかになっており、イギリス政府は海軍と商務院、インド省を中心に、すでにドイツが手中にしていた石油開発権をめぐってオスマン帝国と交渉を重ねていた。第一次世界大戦前の国際的な緊張のなか、イギリスとの関係を良好なものとしたいと考えていたオスマン帝国とドイツの思惑もあって、大戦直前にイギリスは大半の株式を占有するアングロ・ペルシャ石油会社を通じてこの権益を確保することに成功している。この交渉のなかでイギリス政府内では商務院とインド省、海軍省が石油問題において強い発言権をもつようになった。

第一次世界大戦においてオスマン帝国に宣戦布告すると、イギリスは即座に仏露とオスマン帝国領土分割を画策し、１９１５年３月に三国合意に至る。翌月にはイギリス政府内でオスマン帝国領土分割計画に関する統一見解をまとめるために「ド・ブンセン委員会」が発足した。

委員会はこの大戦を、中東からドイツを排除するまたとない機会ととらえていた。委員会の議事を主導したのは、中東利権に詳しい商務院とインド省、そして石油利権に関する機密情報をもっていた海軍であった。彼らは諸々の反対意見を削ぎ落とし、イギリスがパレスチナとメソポタミアを確保するという結論へ委員会を導いた。冒頭に挙げた文章は、その議事において石油利権に関する意見聴取のために召喚されたスレイドが、ハイファーを防衛拠点としてだけではなくパイプラインの出口とする政策の重要性を訴えたものであり、会議の方向性を決定した発言である。

ド・ブンセン委員会は、大戦までのイギリスの対中東政策で主導的な役割を担っていた海軍省、インド省、商務院の知見を他省庁に伝達し、大戦後の英帝国の繁栄のために中東がいかに重要であるか知らしめた。特に旧来の軍事的な安全保障政策の観点のみならず、帝国全体の経済的利益にとって中東がどのような含意をもつのか、という情報を共有する場を提供したことは、対中東政策立案において重要な基礎となった。委員会が結論付けたパレスチナとメソポタミア確保政策はイギリスの対中東政策の重要な基礎となった。この二つの地域は、一つながりのものとみなされており、いずれかが確保できないのであれば、もう一方の利益も著しく損なわれる。この地域は、東方に続く海路・陸路の要衝であり、石油を地中海に流す経路であった。

ここでは詳述する紙幅はないが、当初のサイクス＝ピコ協定ではフランス領とされたモースルが、大戦末期に改定されイギリス側とされたのはこうした文脈の上にある。イギリスはパレスチナとメソポタミアを確保することに血道をあげ、委任統治領として確保することに成功した。

# 14

# パレスチナ難民はなぜ生まれたか

## ★忘却されるナクバ★

1948年、イスラエルの建国の前後にかけて、400〜500ものパレスチナ人村落が破壊され、約75万人のパレスチナ難民が生まれた。この出来事はパレスチナ人の間では「ナクバ（大災厄）」と呼ばれ、パレスチナ人に共通する故郷喪失の記憶となっている。ナクバから約70年になろうとする今日でも、パレスチナ難民の多くにとっては、ナクバ以前に存在していた故郷に戻ることは長年の夢となっている。しかし、「ユダヤ人国家」を謳うイスラエルは難民がイスラエル領内に戻ることを許しておらず、彼らの帰還は見果てぬ夢のままとなっている。

イスラエル占領下に住む難民たちのなかには、機会があればもとの村を訪れる人も少なくない。「この泉はエイン・ファルハーン（喜びの泉）というんだ。この湧水は今でも飲めるよ。この木になっているアーモンドの実も、とても美味しいんだよ」。エルサレム近郊のカルニヤ村出身の難民2世である私の友人は、故郷を訪問したときにこのように言っていた。そのとき私は、村で生まれ育っていないはずの彼が、村の風景を記憶し、破壊された土地に残る自然の恵みを体に取り入れ、故郷とのつながりをかみしめる姿にたいへん驚いたのだった。

なぜ、パレスチナ難民は故郷を追われ難民となったのか。なぜ、彼らは故郷に戻れないのか。しばしばパレスチナ難民は、イスラエルとアラブ諸国間の戦闘から生まれたと説明される。１９４８年5月14日、当時パレスチナを支配していたイギリスの統治終了前日、ユダヤ人国家イスラエルの独立が宣言された。翌日、近隣アラブ諸国（ヨルダン、エジプト、イラク、シリア、レバノン）が宣戦布告し、第一次中東戦争が始まった。長きにわたる「アラブ・イスラエル紛争」の勃発である。パレスチナ難民はこうした「民族・国家間紛争」から生まれたと説明されるのである。

そもそも中東地域では、アラブ系住民が多数派を占め、ムスリム・キリスト教徒・ユダヤ教徒たちが歴史的に共存してきた。そこにヨーロッパからのユダヤ人移民がパレスチナにやってきてユダヤ人国家を建設したために、パレスチナのアラブ系住民が難民となったのである。そして、この人口変化の理由には反ユダヤ主義と帝国主義という近代ヨーロッパで生まれた問題が無視できない。

もともとヨーロッパのユダヤ人は、文化的自治や宗教的暮らしを目指したり、キリスト教社会への同化を目指したりなど、さまざまな生き方をしていた。しかし、19世紀後半にはこうした多様なユダヤ人を一様な「ユダヤ人種」に仕立てあげ、かつその人種を「劣等」と見なす人種主義思想である反ユダヤ主義が生まれた。この反ユダヤ主義を受け、ヨーロッパの一部ユダヤ人の間からは、古代イスラエル王国のあった「シオンの丘」（パレスチナ）に移住してユダヤ人国家を作ろうとするシオニズム運動が生まれ、これがイスラエル建国の原動力になっていった。一般に、ホロコーストが起きたからイスラエルの建国が必要だったといわれることも多いが、実はこの二つの出来事は直接には結びつかない。なぜなら、反ユダヤ主義に直面したユダヤ人にとってシオニズム運動は唯一の解決だったわけ

## 第14章

# パレスチナ難民はなぜ生まれたか

ではなく、パレスチナ以外への移住（とくにアメリカ）を望む人や、あくまでもヨーロッパ社会内での解放や自治を求めた人もいたからである。

しかし、ここにユダヤ人問題は自国の外で解決してほしいという欧米各国の思惑が働き、欧米各国でユダヤ移民の受け入れが制限されたり、ユダヤ人の権利向上が阻まれた。この選択肢のない状況で避難を余儀なくされた多くのユダヤ人が、難民となってパレスチナにやってきたのだった。他方、シオニズム運動の指導者たちは、アラブ系住民が多数であるパレスチナでユダヤ人口を増やすためにユダヤ難民たちを受け入れ、イスラエル国民になるよう動員していった。

同時期に帝国主義的動機で中東に進出していった英仏列強は、人種主義思想を各地に輸出し、パレスチナのアラブ系住民も「アラブ人」にくくられていった。シオニズム運動はこの人種主義思想の体系のもと、「アラブ人」は「ユダヤ人」より劣るというように人種を序列化して「アラブ人」の排除を正当化したのだった。このように実は初期のシオニズム運動では、パレスチナのアラブ系住民は「パレスチナ人」という明確な民族集団とは見なされておらず、そのためパレスチナのアラブ系住民の民族自決権は無視されたのだった。

パレスチナの「アラブ人」の排除は、第一次中東戦争開戦の約半年前より着々と準備が始まっていった。１９４７年11月29日、パレスチナの将来についての決定権をイギリスから委ねられた国連では、総会決議１８１号が採択され、パレスチナをユダヤ国家とアラブ国家に分割し、エルサレムを国際管理下に置くことが決定された。パレスチナのアラブ系住民たちはこの決議に大反発し、他方でシオニズム運動の指導者らはこの決議を追い風ととらえ、領土獲得にむけた軍事作戦を進め、パレスチ

ナクバ当時、アラブ系住民の虐殺が起こったデイル・ヤースィーン村跡地。現在はユダヤ人居住地となっている（2010年3月、筆者撮影）

ナは内戦状態になった。

パレスチナ難民の発生はこの内戦の中から始まったが、それにシオニスト指導部がどう関わったのか、つまり、シオニスト指導部は先住者アラブ系住民の追放を決定したのか――この点について、長らくイスラエル人・パレスチナ人歴史家の間では正反対の主張が行われてきた。パレスチナ人歴史家たちは、シオニスト指導部が明確な意図をもってアラブ系住民の追放作戦を実施したことを主張してきた。だが、イスラエル人歴史家たちは、アラブ系住民を戦火にまきこまないためにアラブ諸国の指導者たちが住民に退去命令を出したことが難民発生の原因だと主張してきた。

１９８０年代以降、イスラエルでは公文書公開を受けて「新しい歴史学」と呼ばれる新しい研究潮流が生まれ、１９４８年当時にアラブ人の村落や都市でシオニスト軍が虐殺、追放、財産略奪、そして一部ではレイプなどの残虐行為を行ったことが公に語られるようになった。これはイスラエル建国の正当性を揺るがしかねないものとなり、イスラエルでは大論争になった。

# 第14章
## パレスチナ難民はなぜ生まれたか

なかでもシオニズムを最も鋭く批判するイスラエル人歴史家イラン・パペは『パレスチナの民族浄化』（2006年）という著作において、1948年3月の時点でシオニスト指導部がアラブ系住民排除のための軍事マスタープランである「ダレット計画（D計画）」を策定したことを示し、パレスチナでの難民発生を「民族浄化」という国際法上の犯罪としてとらえ直すべきだとした。だが、第二次インティファーダ（2000年）以降、イスラエルでは世論が再び強硬になり、パペの研究はイスラエルで激しく攻撃され、パペはイギリスに移住するという結果になった。

また、「新しい歴史家」たちの研究からは、イスラエルのみならずアラブ側にも列強の思惑に寄りそうかたちでパレスチナ難民の発生に加担する動きがあったことも明らかになった。1940年代、当時のヨルダン国王アブドゥッラーがシオニスト指導部と密約を交わし、イスラエル建国を認める代わりにパレスチナの一部をヨルダン領とすることに同意していたのだった。

パレスチナ人のナクバは、イスラエルとの紛争の敗者という点においてのみ大災厄なのではない。それは反ユダヤ主義と帝国主義というヨーロッパの問題と、そうした構造に寄りそっていったイスラエルとアラブ諸国という中東の地域的問題がもたらした大災厄だった。また、こうした戦争犯罪がなされたナクバを忘却している点で、私たちの生きる現代が解決を先送りし続けている大災厄でもある。

（金城美幸）

# 15

# イスラエルに残ったパレスチナ人

## ★差別・分断と新たな機運★

多くの場合、彼らは「48年アラブ」と自分たちのことを呼ぶ。１９４８年のイスラエル建国前後に追放されて難民となった他の多くのパレスチナ人と違い、さまざまな経緯からイスラエル領内に残ったパレスチナ（アラブ）人のことである。その数は現在約１７６万人（２０１５年）で、イスラエル人口の約20％を占める。「残った」といっても、いったん追い出されてからイスラエル領内に戻ってきたケースや、自分の村から強制的に別の村へと移住させられた「国内難民」も多い。他方、ドゥルーズ派のコミュニティをはじめとして、対イスラエル協力を表明したために村全体が残されることになったケースもある。こうした経緯一つを見ても、イスラエル国家との関係のあり方は、非常に多様であることがわかるだろう。同様に、被占領地や国外に離散したパレスチナ人に対する見方や彼らとの関係も、親戚の有無や政治的なスタンスによって、非常に幅がある。したがって、この集団を一括《ひとくく》りにして一般的な傾向を語るにはどうしても無理がある。

少なくとも明らかなのは、彼らはイスラエル国籍を付与されているものの、ユダヤ系イスラエル人と比べると、さまざまな

「土地の日」のデモ（サフニーンにて、筆者撮影）

市民的権利が制限された「二級市民」の立場にある、ということだ。イスラエル建国後、残ったアラブ人たちは一部の地域に囲い込まれ、１９６６年までは移動に許可を必要とする軍政下に置かれた。その間アラブ人の住む町村の周辺地域は、建物を建てたり居住したりすることのできない保護地区として指定されたり、軍用地として収用されていった。つまり人口が増えても広がる土地がなくコミュニティの拡大が抑制された状態が作られており、開発や発展から疎外されてきたのである。イスラエルの公共交通の要《かなめ》であるエゲッド・バスはアラブの町村を通り過ぎ、近くのユダヤ人の町にしか停まらない。代わりに乗り合いタクシー（セルビス）が活躍し、アラブ系バス会社の路線も一部で増えたが、いまだに自家用車以外の手段のない場所も多い。

イスラエル政府による土地収用の決定に抗議し、何とか土地を守ろうと、彼らがはじめて集団的に取り組んだ行動が、1976年3月の「土地の日」のゼネストだった。今日まで続く「土地の日」は、アラブ社会の中ではナショナルホリデーのようなものとして位置づけられ、各地でデモと集会が行われる。近年はとくに、南部のネゲブ砂漠に住むベドウィンの土地の強制収用と家屋破壊が問題になっているほか、イスラエルのアラブ人を国外（占領地）に移送せよという主張がイスラエルの政治空間の中で平然と語られており、彼らが抗議や抵抗の声をあげなくてはならない課題は、増えるばかりだ。

また、イスラエルの求人広告を見ると、ほとんどの場合、「兵役を終えた者」というのが採用条件として示されている。兵役が「免除」されているイスラエルのアラブ人が、イスラエル社会の主流コースで生きる道は、事実上閉ざされているのだ。中東一の軍事国家イスラエルにおいて、兵役は技術を身につけさまざまなコネを作り、将来イスラエル社会で活躍するための基盤を得る場所ともなっている。というわけで、ベドウィンの場合は、イスラエル建国直後から志願制の下で多くが兵役に就いており、近年ではクリスチャンやムスリムにも、兵役に志願する者がごく少数だがいるという現実がある。一方ドゥルーズ派の男性に限っては1956年以降兵役が課されているのだが、逆に兵役拒否をする者もおり、近年その数は増えているといわれている。いずれにしても、兵役によってアラブ社会は分断され、イスラエルに都合よく利用されてきた。

パレスチナ人は一般に教育熱心であるが、それは48年アラブも同様である。そこで問題になるのが、イスラエルにおける言葉の壁だ。建前としてはヘブライ語とアラビア語の二言語が公用語だが、カナダのように二言語が対等なバイリンガリズムとは程遠く、ヘブライ語ができなければ役所や病院での手続きも難しい。アラビア語で教育を行っている大学が存在しないこともあって、小学校低学年から必修のヘブライ語を、ほとんどの生徒は熱心に学ぶ。それでも大学に入りたてのアラブ人学生にとって、ヘブライ語の講義を受けることは負担が多く、アラブ人同士でノート交換などをして必死に協力しあう。そうやって苦労して大学を出ても、就ける職業は限られているわけだ。したがって優秀な若者の中には、欧米に留学したまま帰国しない者も多い。彼らの存在で国外とのネットワークは増すものの、アラブ社会の将来を担う人材という意味では損失だ。

１９９３年、イスラエルとパレスチナ解放機構（ＰＬＯ）が結んだ「オスロ合意」は、48年アラブにとって、大きな転機となった。互いを承認し、被占領地の住民が自治を行うために交渉を開始すると宣言したこの文書の中では、イスラエルのアラブ人について一言も触れられていなかったからである。イスラエル国内のアラブ人政治家は、完全に蚊帳《かや》の外に置かれた格好だった。それまでユダヤ人社会との共存を訴えながらアラブ人社会に対する利益誘導を図り、48年アラブからの圧倒的な支持を受けてきたイスラエル共産党の影響力がはっきりと低下しはじめたのも、オスロ合意以降のことだった。

次なる転機は、２０００年、いわゆる「10月暴動」といわれる事件である。被占領地で第二次インティファーダが始まるきっかけとなった事件がエルサレムで起きた直後、イスラエル国内でも48年アラブたちが抗議のデモを行ったが、統制能力を失った警察が群衆に発砲し、13人のアラブ人が死亡するに至った。かつてのナクバや軍政下の記憶を持たず、アラブ諸国に比べて経済的に進んだ「民主主義国家」で暮らしていると思っていた若い世代のアラブ人たちが、自分たちがイスラエル国家の中でいかに疎外されているのかを思い知ったのである。というわけで、この10月の出来事は、48年アラブのとくに若者たちの意識を大きく変えたといわれる。たとえば、それまでイスラエルの街中などでは面倒を怖れてアラブ人同士でもヘブライ語を使っていたのだが、「もうそんなことはしない。我々はアラブ人なのだからアラビア語を堂々と使う」と言い始めた、というようなエピソードは象徴的である。

彼らは、現在に至るまで被占領地のパレスチナ人や離散パレスチナ人と同じ「パレスチナ人」であるという意識は手離さないながらも、イスラエルのパレスチナ（アラブ）人として独自の将来ビジョンを打ち立て、彼らの集団的権利をイスラエル国家に承認させる、という課題に取り組んでいる。対イスラエル政府や国際機関に差別解消を訴えるロビーイングを熱心に行う一方で、自分たちで豊かな文化を作り出してゆくほうが確かな成果が望めるという考えから文化活動も盛んになっており、その質も高い。

オスロ合意の前後、イスラエルのアラブ人たちを「イスラエルとパレスチナの架け橋になる」とする言説が乱れ飛んだが、そのような可能性は将来もありえないし、彼ら自身、そうした役割にはすでに関心をもっていないように見える。そもそも外の社会からの紋切り型の期待を当てはめて、イスラエルのアラブ社会をその枠から評価しようという姿勢にこそ問題があったのではないだろうか。それがどのような志向を持つものであれ、彼らの社会の中から次々に生み出される新しい取り組みそれ自体に、まずは目を向けるべきだろう。

（田浪亜央江）

# 16

# アラブ・ナショナリズムとパレスチナ・ナショナリズム

## ★シュカイリー初代PLO議長★

私はわが祖国パレスチナで生まれたが、ユダヤ人は5万人を超えてはいなかった。私は今（１９６９年）、自叙伝を書いているが、ユダヤ人の数は50倍になって、２５０万人である。この増加率だけでも人類史において他に例を見ない事態である。／私はわが祖国で生まれたが、ユダヤ人は２％も満たない土地しか所有していなかった。ユダヤ人が地中海から50年間で不在地主から土地を購入した。ユダヤ人が地中海からヨルダン川まで、シナイ半島からゴラン高原まで、パレスチナを「所有」しているのを私は今、目撃している。

（アフマド・シュカイリー『アラブ世界と国際社会での生活の40年』（アン・ナハール新聞社、１９６９年、16頁）

アフマド・シュカイリー（１９０８〜８０年）は今では忘れられてしまったパレスチナ人指導者であるが、パレスチナ解放機構（ＰＬＯ）初代議長（１９６４〜６７年）である。「ユダヤ人を地中海に突き落とせ！」と叫んだ狂信的アラブ・ナショナリズムの指導者として記憶されてきた。ファタハのアラファートがＰＬＯの政治的主導権を握ってからＰＬＯはその性格を大きく変えていった。アラブ民族主義とともにパレスチナ民族主義が叫ばれるようになったからである。アラブ統一を通じてパレスチナを解放する路線からパレスチナ人自らが闘ってパレスチナ解放を目指す自主路線への転換である。

パレスチナ解放運動がアラブ統一運動（汎アラブ主義）の一部であるという言い方もすでに歴史の一コマになってしまった。ただ、アラブの解放があってパレスチナの解放が達成されるというアラブ民族主義を改めて考えるとき、シュカイリーという人物は思い出すべきだろう。彼は武装闘争を否定したわけではない。パレスチナ解放軍を設立したのもこの人物であった。冒頭に引用したように、社会的地位を築いた40歳代にパレスチナ喪失を体験した世代の一人として改めて思い返す必要がある。

１９６７年６月の第三次中東戦争後、シュカイリーの「ユダヤ人を地中海に叩き落とせ」という発言が歪曲されたかたちでイスラエルのメディア戦略の中で最大限に利用された。パレスチナ人はイスラエルに対していかに攻撃的であり、そのためイスラエル側の電撃的先制攻撃も正当化されることになったのである。それだけにとどまらず、パレスチナ人のあいだでも、さらにはアラブ諸国でも、彼はその不用意な発言の責任を問われるとともに、政治指導者としての資質をも疑問視されることになった。

シュカイリーの発言が実際に行われたのは開戦直前の１９６７年６月２日のエルサレムでの記者会見だった。６月３日付レバノン紙『アル・ヨウム』は次のように伝えている。アラブ側が戦争に勝利したらイスラエル市民はどうなるのでしょう、という記者の問いに対して、シュカイリーは次のように答えたという。「われわれはユダヤ人が海路で出身地に簡単に戻れるよう助けてあげるだろう」と。

また、イスラエル生まれのユダヤ人の運命に関しては「生き延びた人は誰であってもパレスチナに留まることになるだろうが、私の考えでは、誰も生き残ることはできないだろう」と発言したというのである。

当時はこの発言は注目されることもなかった。だが、戦後、イスラエルがこの発言を報道したヨーロッパの新聞などの記事に基づいてキャンペーンを開始し、発言が「ユダヤ人を地中海に突き落とせ！」と歪曲されたかたちで喧伝され始め、新たな「神話」が生まれたということをイスラエル人の研究者が明らかにしている。

シュカイリーは青年トルコ革命直後の１９０８年、現在レバノン領になっているタブニーン村に生まれた。父アスアドはもともとアッカー出身であるが、当時に政治的理由で追放されていた。父はカイロのアズハル出身のウラマーの一人であった。シュカイリーはベイルート・アメリカ大学で学んでいたが、アラブ民族運動組織に属し、１９２７年に反仏デモに参加したために退学処分になったうえ、国外退去処分となった。

シュカイリーはその後、エルサレム法律学院で学ぶとともに新聞編集にも関わった。卒業後、パレスチナのイスティクラール（独立）党創設者の一人で指導者でもあったアウニー・アブドゥルハーディーの弁護士事務所に就職した。その影響でシュカイリーはアラブ統一を目指す独立党に加わった。この党は短命であったが、その人的ネットワークによって１９３６年４月にアラブ大反乱は引き起こされたことで知られている。彼は弁護士として反乱に加わった者たちの弁護活動に当たった。

シュカイリーはイスラエル建国後、祖国喪失者として政治的に活躍するが、当時のパレスチナとアラブ諸国との緊密な関係を象徴している。彼はアラブ諸国の外交官として活躍することになるからである。1945年にはワシントンDCに赴いてパレスチナの大義を宣伝するためのアラブ情報事務局を設立し、その後、エルサレムにあるアラブ中央情報事務局長としてナクバを迎えて、レバノンのベイルートに拠点を移した。シリア国籍を取得していたので、駐国連シリア外交団のメンバーに加わった。さらにアラブ連盟事務次長（1950～56年）、そして駐国連サウジアラビア大使（1957～62年）に就任するのである。輝かしい外交官としての経歴である。

PLOは、1964年にナセル大統領の肝いりで開催された、カイロでのアラブ首脳会議において、アラブ統一を目指す地域統合機関アラブ連盟の一翼として設立された。この設立当初の経緯はアラブ民族主義とパレスチナ民族主義の関係を見事に示している。パレスチナ解放はアラブ統一の達成によって成就するという考え方である。シュカイリーこそがこのような考え方を体現した人物であった。

もちろん、アラファートですらもPLO議長就任当初は「アラブの心を以てパレスチナの解放に向けて闘う」と述べたように、シオニスト国家イスラエルに対するアラブ解放とパレスチナ解放という二つの政治目標は解放戦略の両輪をなすものであった。しかし、1970年代を通じてパレスチナ解放運動が自ら武装闘争を展開して初めてパレスチナ・ナショナリズムを前面に押し出す自力解放の路線が明確化されていって、1970年のヨルダン内戦（黒い九月事件）や1975年以降のレバノン内戦、そして1982年のイスラエルによるレバノン侵攻といったような事件が起こって、PLOとアラブ諸国との利害関係が一致しなくなっていったのである。

第三次中東戦争での大敗北後、シュカイリーはその責任を負うかのようにPLO議長の職を辞した。

以降、一切の公職に就くことをせずに、カイロに居を構えて執筆活動に専念した。エジプトが1978年、イスラエルとキャンプ・デービッド合意、翌年平和条約を結ぶと、シュカイリーは抗議の意思を込めてチュニスに移り、そこで生涯を終えた。

シュカイリーの著作はアラブ統一研究所から全集として出版されている。その代表作は『エルサレムからワシントンへ――アラブ事務局設立のため旅行記』（1947年）、『アラブ問題』（1961年）、『敗北への道』（1972年）、『大敗北』（1973年）、『アラブの闘い』（1975年）などである。今日ではインターネット上でもその著作はPDFで簡単に手に入れることができる。

シュカイリーはパレスチナ解放という目標を、アラブ統一を通して達成するというアラブ・ナショナリストとして生きた。アラファート以前のPLO指導者として顧みられることが少ないが、アラブ統一という理念は「アラブの春」以降、改めて問い直す必要があろう。1967年までのパレスチナ解放運動の歴史的諸側面を考えていくうえで今日でも問われている課題なのである。

（臼杵陽）

Ⅱ

歴　史

# 17

# パレスチナ解放運動の昂揚

## ——★ヤーセル・アラファートとパレスチナ解放機構（PLO）★——

「これは私たちの革命（サウラ）だ」。1948年イスラエルが建国を宣言すると、70万人ものパレスチナ住民が故郷を追放され、難民キャンプに押し込められた。あのナクバ（第一次中東戦争）からおよそ20年後、難民としての受難と困窮、ホスト国での差別待遇に喘ぎながらも、劣悪な生活環境の中で日々生き残りをかけてきた、多くのパレスチナ人がこの革命に祖国帰還への願いを託し、誰もがこう言った。

パレスチナ・ハイファー出身のファワーズ・トゥルキーは難民キャンプでの心境を次のように綴る。

「祖国帰還まで待とう。ディアスポラは一時的なものだ。祖国帰還まで待とう。帰還に関する歌や詩が難民キャンプ中に響き渡る。我々の内にある空間を反響する。私は言う、ハイファー、愛しい町よ……」（『パレスチナ人であること』）

パレスチナ難民は、難民キャンプの中でUNRWA（国連パレスチナ難民救済事業機関）による一か月に一度の食糧配給に頼り、粗末なテントで過ごした。彼らのほとんどは、故郷で農民、非熟練労働者であった人々だ。彼らがイスラエルに収奪された故郷への帰還を願って、自ら武器を取り、武装闘争の主体を形

アッザ難民キャンプ前の壁に描かれたヤーセル・アラファート（2015 年、筆者撮影）

成・強化していったのがパレスチナ解放運動であった。こうしたパレスチナ人ゲリラのことをアラビア語で「フェダーイーン（パレスチナの大義に自らを犠牲にする者）」と呼ぶ。

他方で、パレスチナ解放運動の指導部については、１９６９年以降、パレスチナ解放機構（ＰＬＯ）内で政治的影響力を強めたゲリラ組織が牽引していった。最大の組織は、ファタハ（パレスチナ民族解放運動）で、１９５０年代後半から１９６０年代前半の間に、ヤーセル・アラファートを中心に設立された。さらに主な組織として、全アラブ解放の始まりとしてパレスチナ解放を唱えるＰＦＬＰ（パレスチナ解放人民戦線、代表はジョルジュ・ハバシュ）と、ＰＤＦＬＰ（パレスチナ解放人民民主戦線、代表はナーイフ・ハワートメ、１９７４年ＤＦＬＰと改称）が挙げられよう。両組織とも、１９７０年代初頭に一連の航空機ハイジャックで、パレスチナ人の存在を世界に知らしめた。

だが、そもそもＰＬＯは１９６４年アラブ連盟において設立された。この時点では、「アラブ諸国の統一がパレスチナ解放への道である」というアラブ・ナショナリズムのイデオロギーが、パレスチナ人コミュニティの間で支配的であり、ＰＬＯ内でも同様であった。したがって、多くのパレスチナ人は、アラブ諸国が祖国を奪還してくれるだろうと希望を託していた。１９５９年ファタハは、他のゲリラ組織に先駆けて、雑誌『フィラスティーンナー（我々のパレスチナ）』を発刊する。パレスチナ人の政治活動への厳格な取締りが続く中、ファタハの地下組織は次第に、アラブ世界の難民キャンプとパレスチナ人コミュニティの間に実体を現し始めたのである。

１９６５年1月1日ファタハの軍事部門アーシファァ（嵐）が、イスラエルに対する初の軍事活動を行い、コミュニケ第1号を発布した。この日は、パレスチナ革命の誕生日として記念される。

「国境で待つ我々の抵抗する人民の中から、革命的前衛は、武装革命がパレスチナと自由への道であると信じて前進した。……わが敵は、わが強さと革命の歴史とを忘れていようが、我々はどんな障害があろうとも、すべての陰謀が挫かれるまで武装闘争に訴える決心である」

つまり、ファタハは「パレスチナ人自身による武装闘争がパレスチナ解放への道である」と宣言したのである。イスラエルと国際社会に対して、忘れ去られていたパレスチナ人の存在を想起させ、パレスチナ人自身のアイデンティティを訴えたのだ。

こうした状況の中、１９６７年6月アラブ諸国とイスラエルとの間で勃発した、第三次中東戦争は大きな転機となった。イスラエルがアラブ諸国に6日間で圧勝し、シナイ半島、ゴラン高原、ガザ地区、ヨルダン川西岸をも占領した。その結果、イスラエルが領土を5倍に拡大したため、30万人ものパレスチナ人が新たに故郷を追放された。この戦争を契機に、アラブ・イスラエル紛争が変質した。国連安保理決議２４２号「領土と和平の交換」原則に基づき、イスラエルがこうした占領地から撤退する代わりに、アラブ諸国はイスラエル国家の生存権を承認することを強要されたのだ。したがって、アラブ諸国はパレスチナ解放を目指す戦力たりえなくなったのである。

さらに、パレスチナ解放運動が高揚する契機にもなった。ファタハ指導部のアラファートらは、同年7月パレスチナ被占領地（ヨルダン川西岸地区・ガザ地区）を武装闘争の拠点にしようと赴いたが、イスラエル当局の徹底的な弾圧を受けたため、断念せざるをえなかった。そこで、武装闘争の拠点を隣国のヨルダン、1970年にはレバノンに移し、難民キャンプとイスラエル国境付近を本拠地として解放運動を展開していった。

アラブ諸国に敗北ムードが漂う中、アラブ世界に衝撃が走った。1968年3月21日ヨルダンで、ファタハのアラファート率いるパレスチナ・コマンドが、ヨルダン軍の援助を得ながら、イスラエル正規軍を撃退するという、カラーマの戦いが起こったのだ。このニュースで、ファタハの知名度が一気に高まり、何千人もの若者がフェダーイーンに志願していった。

ゲリラ組織は、人々の支持を獲得し、PLOの実権を握っていく。1969年2月ファタハのヤーセル・アラファートがPLO議長に就任した。これをもって、アラブ世界の難民キャンプで形成された抵抗運動と、PLOが一つとなり、パレスチナ人を代表する組織として、パレスチナ解放運動を主導していくことになったのだ。1974年には、アラブ連盟首脳会議において、PLOはパレスチナ人の唯一正統な代表として承認された。

一方、難民キャンプのパレスチナ人は、解放運動を熱烈に歓迎した。レバノンで1969年11月3日に締結されたカイロ協定では、レバノン政府がPLOに対して、レバノンの主権と安全の枠内で、パレスチナ人の武装闘争への参加、パレスチナ難民キャンプ内の自治権を認めたのだ。これを契機に、難民キャンプは革命模様に一変する。すなわち、レバノン当局によるパレスチナ人への抑圧が解かれ、その代替に、ＰＬＯ内のゲリラ組織が難民キャンプに事務所を構えたため、キャンプは武装闘争の大衆基地化し、動員拠点となっていった。

解放運動の到来当時、人類学者ローズマリー・サーイグは、レバノンの難民キャンプでオーラルヒストリーを行った。その中で、ラシーディーエ難民キャンプの男性は次のように証言した。「フェダーイーンに勧誘されたくない人や、自宅を事務所として提供したくない人を見つけるのは不可能だった。第一に彼らに食糧、水、シェルターを与えない者は恥であると感じられた。人々は革命のためにすべてのものを犠牲にする準備が整っていた」

ファタハやＰＦＬＰを始めとするゲリラ組織は、イスラエルに対する武装闘争を行う一方で、難民キャンプのインフラを整備し、人々の生活に必要不可欠な医療や労働、教育などを提供するサービスを行った。武装闘争は、国も身元も奪われた人々に、パレスチナ人としてのアイデンティティを復活させ、人間らしい生活を取り戻していったのである。しかし、１９７０年代になると、イスラエル軍、レバノン軍双方からの難民キャンプへの攻撃は一層強まっていく。南レバノンにおけるイスラエルへの越境攻撃も激化した。フェダーイーンに身を投じたのは難民キャンプ出身者が多かったために、家族を送り出した当事者として戦場報告が最大の関心事になった。ただいまだにパレスチナ難民の帰還権は認められず、彼らの願いは切り捨てられてしまったのが現状である。

（児玉恵美）

# 18

# アラブ諸国との軋轢

## ★黒い９月とレバノン内戦★

「あれは敵ではなく身内でした！」。私が言うやいなや、アラファートは私の口を手でふさぎ、落ち着くように促した。

（フート『ＰＬＯでの日々』）

パレスチナ解放機構（ＰＬＯ）の駐レバノン代表であったシャフィーク・フートは、１９７６年のある日、コラムを寄稿していた新聞社で武装集団に襲われた。名指しで投降を求められた彼は、命からがら隣のビルに飛び移って難を逃れる。しかし、そこで目にしたのは、パレスチナ人の一派が周囲を封鎖する様子であった。そこでフートは初めて、同じパレスチナ人によって、自らが襲われたと気がつく。ＰＬＯ代表のヤーセル・アラファートのもとになんとかたどり着き、やっと発したのが冒頭の一言である。敵対するイスラエルやその他のレバノン人武装組織ではなく、パレスチナ人組織に襲われたことが、フートにとっては衝撃だったのだ。なぜ、このようなパレスチナ人同士の争いが起こってしまったのだろうか。本章では、周辺アラブ諸国との対立の中で、パレスチナ人がレバノンで身内同士の争いへと追いやられていくまでを見てみたい。

パレスチナ人の武装組織がレバノンを拠点とするまでには、少し経緯がある。アラファート率いるファタハ（パレスチナ解放運動）をはじめとしたパレスチナ人武装組織は、当初はヨルダンを解放運動の拠点として、ここからイスラエルへの越境攻撃を行っていた。イスラエル軍と、こうしたパレスチナ人フェダーイーン（闘士・ゲリラを意味するアラビア語）の戦闘の中で、とくに有名なのが「カラーマの戦い」である。ヨルダン領内の町「カラーマ」にイスラエル軍の部隊が侵攻したが、待ち構えていたフェダーイーンが激戦のすえにこれを撃退した。フェダーイーンの人気はパレスチナ難民のみならず、アラブの人々の間で高まり、武装組織には志願者が殺到したのである。しかし、こうしたパレスチナ人グループが国内で自由に活動するようになると、ヨルダン当局との対立は避けられなくなった。とくに、1970年にパレスチナ人武装組織のひとつであるPFLP（パレスチナ解放人民戦線）が実行した民間機ハイジャック作戦によって、両者の対立は決定的となる。ヨーロッパなど各地でハイジャックされた3機の大型旅客機が首都アンマーン郊外に集められ、乗員乗客を降ろした後に、集まった海外メディアの目の前で爆破された。

こうした事態を受けて、1970年9月にヨルダンのフサイン国王はパレスチナ人武装組織の追い出しを計画する。通称「黒い9月」と呼ばれるヨルダン内戦の始まりである。1カ月の戦闘の中で、パレスチナ人武装組織は劣勢となり、エジプトのナセル大統領の仲介の下で多くがレバノンに逃れた。これを境に、レバノンがパレスチナ人武装組織の最大の拠点となっていったのである。

冒頭に登場したフートは、当時のレバノンについて、「柵のない庭」と描写する。彼がこう述べるには理由がある。ある新聞のスクープで、1969年11月にレバノン当局とパレスチナ人武装組織の間で秘密合意が結ばれていたことが明らかになった。「カイロ協定」と名づけられたこの合意では、レバノン軍の代表が、国内のパレスチナ人難民キャンプ内での事実上の自治を認め、パレスチナ人の武装闘争の権利、キャンプ内での武装組織の活動も容認していた。レバノンでのパレスチナ人の武装闘争は、国家権力すら及ばない地位を確立していたのである。この時代には、PFLPと日本赤軍の合同作戦であるロッド空港襲撃作戦（通称「リッダ闘争」、1972年5月）や、ファタハが指揮したテルアビブ襲撃作戦（通称「ダラール・モグラビー作戦」、1978年3月）などが実行された。また、レバノン南部地域ではイスラエルに対する武装攻撃も頻繁に行われていた。これに対して、イスラエルも越境攻撃を含めた武装手段で攻撃を行った。当初は標的を絞った暗殺作戦が行われ、1972年には著名な作家であったガッサーン・カナファーニーも爆殺されている。しかし、攻撃は徐々に集団懲罰的となり、ダラール・モグラビー作戦への応答としては、一週間にわたりレバノン南部にイスラエル軍が侵攻した。

レバノンを拠点にパレスチナ人武装組織がさまざまな活動を展開する一方で、1974年には国連総会でPLO代表のアラファートが演説するなど、パレスチナ人の国際的な地位が確立されていった。しかし、このレバノンという国では、パレスチナ人の存在をやっかいなものと捉える勢力も多かったのである。レバノンは、世界的に見ても特殊な「宗派体制」をとる国家として知られる。国内の各宗派グループに国家権力の特定のポストがあてがわれ、それぞれのグループは、建設業や漁業などに利権を持ち、互いに争う関係にあった。そこに大量のパレスチナ人難民が押し寄せることを、歓迎しないグループが少なくなかった。とくにパレスチナ人に対して厳しい姿勢で接したのが、マロン派キリ

破壊されたタル・ザアタル（写真／ビールゼイト大学アーカイブ）

スト教グループを中核とした「カターイブ」（ファランジスト党）である。非常に先鋭的なレバノン・ナショナリストであったこのグループは、武装組織をもって実力でパレスチナ人と対立した。このカターイブなどの武装集団が１９７５年にパレスチナ人フェダーイーンの乗ったバスを襲撃したことをきっかけに、レバノンは１９９０年まで続く長い内戦へと突入する。

レバノン内戦では、それまでもライバル関係にあったレバノンの各グループが、お互いに連合したり外国勢力と手を結んだりして、複雑なパワーゲームを繰り返した。パレスチナ人勢力もこの例外ではなく、この内戦に介入したシリアと行動を共にするものや、レバノンの有力政治家と連携するものなどが見られた。そうした連合と分裂の中で、冒頭に見たパレスチナ人同士の武力衝突が発生するのである。内戦の最大の犠牲者は難民たちであった。内戦の中でパレスチナ人難民キャンプが攻撃され、ベイルート郊外のタル・ザアタル難民キャンプは、文字通り灰燼に帰した。レバノン

第18章

# アラブ諸国との軋轢

のパレスチナ難民の悲劇としてとくに有名なのが、１９８２年9月の「サブラー・シャーティーラー虐殺事件」である。内戦で消耗したパレスチナ人武装組織を標的として、イスラエル軍が１９８２年にレバノンに大規模侵攻を行った。いわゆる「レバノン侵攻」、または「(第一次)レバノン戦争」である。当初の作戦計画を越えて首都ベイルートにまで北上したイスラエル軍は、劣勢となったパレスチナ人武装組織に国外退去を迫った。軍事的に完全に敗北したパレスチナ人武装組織は、第三国の仲介の下でチュニジアやシリア、イラク、イエメンなどに離散する。このとき、イスラエル軍が包囲した二つのパレスチナ難民キャンプ(サブラーとシャーティーラー)にカターイブの民兵が入り込み、多数のパレスチナ人を殺害したのである。しかし、レバノンのパレスチナ難民の悲劇はこれに終わらない。レバノン侵攻の終了後には、シリア軍と連携したレバノン人組織と一部のパレスチナ人の武装集団が、難民キャンプを標的として長期の包囲戦を展開した。この通称「キャンプ戦争」では、キャンプ内で餓死者が出るなど、悲惨な状況が続く。内戦による疲弊、パレスチナ人同士での対立など、パレスチナ解放運動は大きな課題を抱えながら、１９８７年の大衆蜂起インティファーダを迎えるのである。

(鈴木啓之)

# 19

## 石の蜂起《インティファーダ》

### ★幻の独立宣言から孤立へ★

インティファーダに立ち上がったパレスチナ人は、心身を痛めつけられ、骨をへし折られ、殴られ、あげく殺され、それでも耐えたが、そこには高揚した感情がみなぎっていた。（…）この大規模で自発的な民衆蜂起は、それまで隠されていたか抑圧されてきた私たちの生来の素質やエネルギーを解き放ち、それを変えていった。（ハナン・アシュラウィ『パレスチナ報道官　わが大地への愛』猪股直子訳）

ヨルダン川西岸地区とガザ地区では、物価上昇や土地接収、イスラーム教聖地への冒瀆行為に対する抗議活動がたびたび起こっていた。抗議の相手は、イスラエル当局である。1967年の第三次中東戦争の結果、西岸地区とガザ地区は、エジプトのシナイ半島、シリアのゴラン高原とともにイスラエルの占領地となっていた。イスラエルの軍政府が両地域を長らく統括し、行政もイスラエルの管轄下へと変更された。1987年に始まった大衆蜂起「インティファーダ」は、こうした占領下で重ねられたパレスチナ人の怒りや不満、願いなどが集まって始められたものである。きっかけは、ガザ地区での小さな交通事故にすぎなかった。イスラエル人の車両との衝突でパレスチナ人労働者が死傷したことへの抗議デモが西岸地区にも広がり、その後5年間つづく蜂起が始まったのである。占領開始の頃に西岸66万人、ガザ地区36万人であったパレスチナ人の人口は、その後の20年間で西岸１００万人以上、ガザ地区も50万人以上に増えていた。女性や子どもを含めてほとんどの住民が蜂起したことで、武器による威嚇でこうした圧倒的多数の人々を管理していたはずのイスラエル軍は、占領政策の見直しを迫られた。また、建設業や農業を中心に安価なパレスチナ人労働者に頼っていたイスラエル国内の労働市場も、課題を突きつけられた。

第１次インティファーダの様子（写真／ビールゼイト大学アーカイブ）

インティファーダでとくに注目されたのが、パレスチナ人による投石である。銃器を持ったイスラエル兵士や軍用ジープに投石するパレスチナ人の姿がメディアを通じて世界に伝えられた。この投石というシンボル的な抵抗手段から、インティファーダは別名「石の蜂起」とも呼ばれる。その他にも、座り込み、デモ行進、労働ボイコット、不買運動、商店スト、国際機関へのアピールなど、20年間の占領下で培ってきたあらゆる抗議手段が総動員された。地域でのコミュニティ活動や職能団体、女性団体、福祉団体、大学などでつくりあげられたネットワークが最大限に活用され、インティファーダは展開されたのである。また、「インティファーダ統一民族指導部」というPLO支持者らによる地下指導部や、「ハマース」などが新たに設立され、行動計画がリーフレットの形で回覧された。「6月9日はゼネスト、11日は座り込みとデモ」といった、具体的な呼びかけがなされ、実際そのように行動する住民も多かったのである。隣国ヨルダンは蜂起の長期化を受けて、1988年7月に西岸地区への領土的主権の放棄を宣言する。第一次中東戦争で西岸地区を自国領として併合したヨルダンだが、インティファーダの混乱がパレスチナ人口を多く抱えた自国に波及することを恐れたと伝えられる。

国際的なパレスチナ問題への関心の高まり、イスラエルへの圧力、そしてヨルダンの西岸切り離し宣言によって、パレスチナ解放機構（PLO）は大きな決断へと踏み出した。それが、1988年11月の「パレスチナ独立宣言」の発表である。インティファーダに後押しされるかたちで開催された第19回パレスチナ民族評議会（PNC）の場で、詩人マフムード・ダルウィーシュ起草による独立宣言がヤーセル・アラファート議長によって読み上げられた。これに続いてアラファートはヨーロッパ諸国や日本を含めた各地へ精力的に訪問し、PLOがイスラエルとの政治交渉に前向きであることをアピールしていった。

こうしたPLOの外交路線の強化は、しかし1990年8月から始まる湾岸戦争によって岐路に立たされる。イラクが侵攻した当時のクウェートには、40万人近いパレスチナ人が居住していた。その多くは出稼ぎ労働者であり、彼らの送金は西岸・ガザにとって重要な収入源となっていた。政治経済学者のサラ・ロイは、蜂起で消耗した占領地経済において、湾岸諸国での出稼ぎパレスチナ人からの送金が地域のＧＮＰの15％近くを占めたと分析している。しかし、パレスチナ問題への深い関与とパレスチナ人住民の中でのイラク人気に押され、ＰＬＯはイラクを支持する立場を明らかにする。イラクの大統領サッダーム・フセインが、クウェートからの自国の撤退と引き替えにイスラエルの占領地からの撤退を求めた、いわゆる「リンケージ論」を展開したことも、パレスチナ人の間でのイラク人気を後押しした。ところが、この決断は、大きな代償をもたらした。というのも、クウェートに味方したサウジアラビアをはじめとする湾岸産油国がＰＬＯへの資金援助を削減し、さらにクウェートから避難したパレスチナ人には再入国拒否が、避難しなかったパレスチナ人には国外追放の措置がとられたからである。これによって、占領地への送金が止まったばかりか、無職となった人々が大量に占領地に戻り、疲弊した経済をさらに圧迫した。この危機の中で、福祉団体がもともとベースであったハマースへの人気が占領地で高まっていくことになる。資金援助削減による困窮、徐々に高まるハマース人気などが、ＰＬＯをオスロ合意署名へと導いたといわれる（和平合意に関しては第20章を参照）。

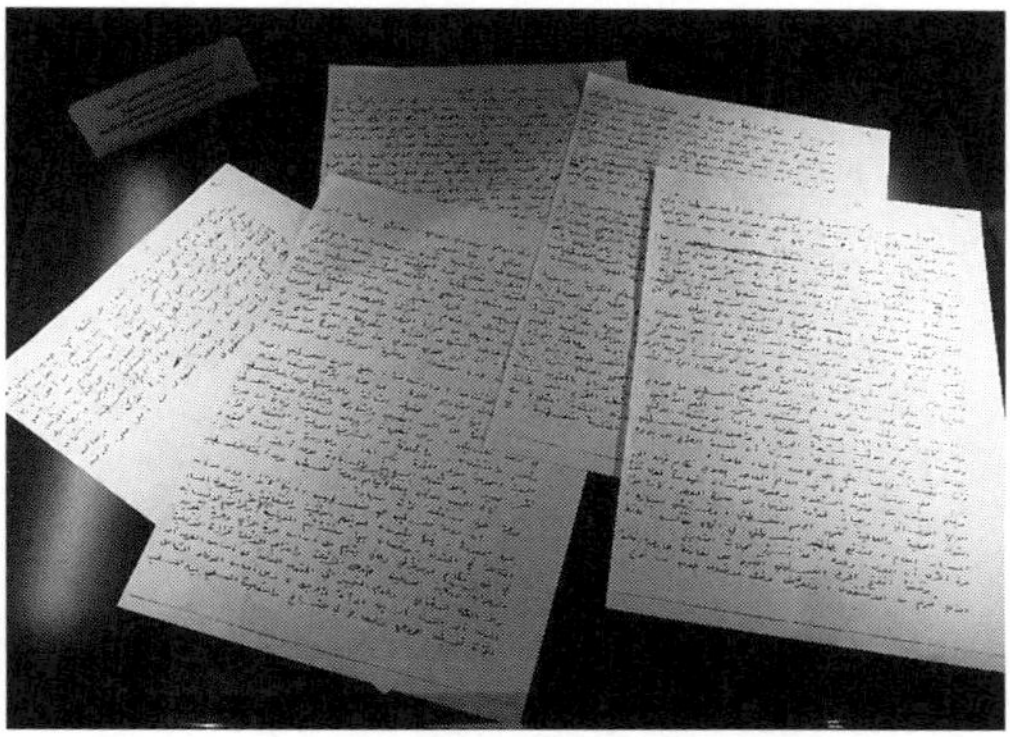
ダルウィーシュによる独立宣言の手書き草稿（筆者撮影）

追い詰められたＰＬＯが結んだオスロ合意の結果は、当然ながらインティファーダが目指したゴールと大きく異なるものになった。前者が一部地域での自治を実現したのに対し、後者は占領の完全な終結を目指していたからである。「和平」の名の下に占領状態が継続する矛盾は、2000年代に悲劇的な事態となって現れる。それが、「第二次インティファーダ」、または「アル・アクサー・インティファーダ」と呼ばれる蜂起である。この2000年から始まった蜂起の中では、ハマースやファタハ系の武装組織の行動が目立った。イスラエルの市民を標的とした攻撃も多く、とくに爆発物を用いた自爆攻撃が国際的な非難を浴びた。一方で、イスラエル軍の軍事侵攻が西岸地区とガザ地区にもたらした破壊は凄まじく、西岸地区の都市ジェニーンでは「虐殺」とさえいえる事態が発生した。1987年のインティファーダ（その後の第一次インティファーダの発生を受けて、「第一次インティファーダ」と呼称されるようになる）で苦戦した都市や難民キャンプ内部での取り締まりに替わって、イスラエル軍は地域を結ぶ検問所の閉鎖と戦車も動員した軍事行動によって事態の収拾を図った。さらに、2002年にはイスラエルのアリエル・シャロン首相によってパレスチナ自治区を取り囲む分離壁の建設が始められ、建設は2016年現在も続けられている。巨大なコンクリート壁や鉄条網、柵などで地域が分断された光景は、まさにイスラエル社会とパレスチナ社会が完全に分断されていく姿であった。新たな和平交渉の試みが続けられるなか、「顔の見えない相手」同士となった両社会の関係性が課題となっている。

（鈴木啓之）

## アメリカン・コロニーの変遷

コラム6

南部真喜子

エルサレム屈指の豪華ホテル、アメリカン・コロニー。オスマン朝時代の石造りの建物を正面玄関から入ると、緑豊かな噴水つきの中庭が見える。館内は白い壁に木の調度品が、暖かでクラシカルな雰囲気を醸し出す。

東西エルサレムの縫い目に位置したこの場所は、これまでさまざまな政治情勢に翻弄されてきたエルサレムの中でも特異な空間を保ち続けてきた。今では著名人らも集う一流ホテルだが、もともとそうだったわけではない。

アメリカン・コロニーの歴史は、19世紀末にシカゴとスウェーデンから訪れるキリスト教巡礼者のために、エルサレムでの集団生活の場として創設されたのが始まりである。その中心となったのが、後に教団の指導者としてコロニーの母と呼ばれた、アナ・スパフォードだ。

1871年のシカゴ大火災をはじめ数々の不幸に見舞われたアナは、キリストへの信仰を深めるなかで、夫とともにシカゴで「勝者たち」という教団を発足する。そして、近くキリストがオリーブ山に再臨することを信じ、1881年に信者たちを引き連れてエルサレムに移住した。

同じ頃、シカゴ出身のスウェーデン系アメリカ人宣教師ウーロフ・ラーソンが、スウェーデンのダーラナ地方に「スウェーデン福音教会」を発足した。アナからの強い勧誘を受けて、ラーソンもまた同教会の信者たちにキリストの再臨とエルサレムへの移住を説く。1896年、37人のダーラナ農民とその家族たちが、先祖代々の土地を捨て故郷を後にエルサレムへと渡った。同地でアナたちと合流した彼らは、もとはオスマン帝国高官の邸宅だった現在の場所で共同生活をスタートさせたのだった。

ダーラナ農民の集団移住は、当時のスウェー

アメリカン・コロニーの創設者アナ・スパフォード（写真／The Library of Congress）

デンでも大きな注目を集めたようである。スウェーデン人初のノーベル文学賞を受賞した女性作家のセルマ・ラーゲルレーヴは、1900年に自らアメリカン・コロニーを訪れ、住民たちとの交流をもとに、長編小説『エルサレム』を執筆した。この作品は1996年に、デンマーク出身の映画監督ビレ・アウグストによる同タイトルの映画にもなっている。

コロニーでは独自の規則のもと、共同体としての生活を送るためのさまざまな活動が行われた。それらは次第に慈善活動や商業活動へと幅を広げ、地元のアラブ、ユダヤ人コミュニティとも交流を深めていった。孤児のための学校、女性によるレース作り、家具製造などがその例である。

なかでも、コロニーに住む写真家たちが結成した写真部、アメリカン・コロニー・フォトグラフィは、パレスチナ各地の日常風景や政治的出来事を撮影してまわるフォトジャーナリストとしても活動した。写真はアメリカン・コロニーが所有していた旧市街ヤッファ門近くの土産物店で観光客向けに販売もされた。現存する写真は、当時の情景を知る貴重な画像史料にもなっている。

一方、アナはオスマン帝国高官やイギリス統治指導者、アラブ名望家やシオニスト活動家らの外交サークルとも忙しく交流し、コロニーは巡礼客のためのホスピスや戦争で負傷した兵士たちの休養所としても機能した。

コロニーはアナの死後、内部対立が原因で

## コラム6

## アメリカン・コロニーの変遷

アメリカン・コロニーの正面玄関から眺める中庭（筆者撮影）

1934年に分裂した。そこを去った住民たちのその後は、今もよく知られていない。

建物自体はアナの一族により管理され、ヨルダン支配下にあった1960年代前半に旅行客を対象とした現在のホテルに再建された。今ではパレスチナ側とイスラエル側が集うことのできる数少ない場所として、政治家たちの会談の場にも利用されている。

第一次、第二次インティファーダの際は、中東情勢をカバーするジャーナリストたちのたまり場にもなった。

現在、ホテルの内部は創設当時の面影を感じさせる資料や展示が常設されている。オスマン帝国の衰退、二度の世界大戦、イスラエル建国など、歴史の転換期を過ごしたアメリカン・コロニーから、エルサレムのそれほど遠くはない過去に思いを馳せてみるのも、贅沢な時間である。

# 20

# オスロ和平プロセス

## ★誕生・展開・挫折★

「ありがとう、ありがとう、ありがとう…。パレスチナの人々に代わって礼を言います」。1993年8月18日の未明、パレスチナ解放機構（PLO）のアラファート議長は、ノルウェーのホルスト外相に対し、電話口でこのような謝意を表明した。チュニスにいたアラファートは、イスラエルのペレス外相の要請を受けてスウェーデンに飛んだホルスト外相を挟み、ペレスとの夜通しの交渉を決着させたのだ。電話を切り終えたアラファートは、その場にいた側近らとともに安堵と幸福感の中で声をあげて泣いたという。

その2日後、ノルウェーの首都オスロでは、PLOとイスラエルの労働党政権の代表団がアラファートとペレスの承認を受けた和平案に署名した。ここに誕生したのが両者による初の和平合意、「パレスチナ暫定自治に関する諸原則合意」だ。この合意は、1993年1月にノルウェーの支援を受けてPLOとイスラエルの労働党政権が開始した秘密交渉の成果だった。ノルウェーの首都オスロで交渉が重ねられたことから、「オスロ合意」と略称される。

オスロ合意によればパレスチナ人は、ヨルダン川西岸地区およびガザ地区で5年間の暫定自治を実施する。そのために、パレスチナ自治政府が発足する。また、5年の暫定自治期間は、西岸の街エリコおよびガザからのイスラエル軍の撤退に伴い開始されることになっていた。

パレスチナ人の自治が暫定的であるのは、パレスチナ人が自治期間の終了後にどのような政体となるのかが「成り行き任せ（オープンエンド）」だったからだ。ＰＬＯは、１９８８年11月にパレスチナ国家の独立を宣言していた。しかしＰＬＯは、オスロ合意において、パレスチナ独立国家に対するイスラエルの承認を引き出すことができなかった。またオスロ合意は、パレスチナ人の自治に関する交渉（自治交渉）を優先し、パレスチナ難民の処遇やエルサレムの帰属などパレスチナ人の最終的な地位に係る諸問題の交渉（最終的地位交渉）を先送りしていた。さらにオスロ合意は、パレスチナ人の総意を事前に取り付けることなく開始されたイスラエルとの直接かつ秘密の交渉によって生み出されていた。

オスロ合意をめぐるこうした「欠点」ゆえに、アラファートは、同合意を受け入れるようＰＬＯ関係者を説得することが自身の人生の中で最も困難な仕事になることを自覚していた。アラファートは、１９９３年9月3日にＰＬＯ執行委員会を開催し、出席者にオスロ合意について説明したうえでその批准を求めた。これに対し、出席者からは批判が相次いだ。その筆頭が詩人で２００８年に他界したダルウィーシュやＰＬＯの「外務大臣」を務めていたカッドゥーミーであった。採決を棄権する者も多かったが、投票の結果、賛成票が反対票をわずかに上回ったことでオスロ合意はパレスチナ側においても批准された。こうしてオスロ・プロセスは継続されていった。

ヘブロンに向かう途中、オスロ合意Ⅱで定められたA地区へのイスラエル人の侵入を禁止する看板が立っていた（2009年８月、ヨルダン川西岸地区にて筆者撮影）

１９９４年５月、ＰＬＯは、イスラエルと「ガザ地区とエリコ地区に関する合意（カイロ合意）」を締結した。これにより、パレスチナ自治政府が発足するとともに、ガザとエリコでの先行自治が開始された。７月には、アラファートがガザに帰還し、住民の熱烈な歓迎を受けた。

１９９５年９月には「ヨルダン川西岸地区およびガザ地区に関するイスラエル・パレスチナ暫定合意（略称オスロ合意Ⅱ）」が締結され、パレスチナ人の自治領域が拡大された。オスロ合意Ⅱは、イスラエル軍が撤退する西岸の領域をＡ地区、Ｂ地区およびＣ地区の３つに区分けしている。その基準は、「誰」がどの「権限」を有しているのかという点である。パレスチナ自治政府は、Ａ地区で民政・治安の両方に関わる全権限を、Ｂ地区で民政のみに関する権限を有する。イスラエルは、Ｂ地区の治安およびＣ地区の民政・治安の権限を有する。

イスラエル軍は、１９９５年10月に西岸からの撤退を始めた。11月半ばにはイスラエル軍が西岸北部の街ジェニーンから撤退を終え、自治政府が治安権限を有する最初の都市が誕生した。

## 第20章
# オスロ和平プロセス

1996年1月にはオスロ合意Ⅱに基づき、第1回パレスチナ立法評議会選挙が実施された。同時に自治政府の大統領選挙も実施され、アラファートが初代大統領に就任した。こうして自治政府は、パレスチナ自治区の統治主体として自らの足元を固めていったのだった。

自治政府の課題は、オスロ合意およびその後の和平諸合意を履行し、自治区を統治していくことだった。なかでもイスラエルが重視していたのは、自治政府がイスラエル市民を標的とするテロ活動に関与していた武装勢力を取り締まることだった。そのため自治政府には、警察を中心とする治安組織の設立と最低限の武器の保有が認められていた。たとえばカイロ合意によると、任務を遂行するパレスチナ人警官の総数は9000名が上限であり、自治政府は、軽銃器7000丁、戦車45台などを保有することができる。

自治政府の取締り対象となった代表的な組織は、「イスラーム抵抗運動（略称ハマース）」だった。ハマースは、1987年12月にガザ地区で発生したインティファーダによって登場したイスラーム色の濃い組織だ。オスロ・プロセスに対しては、それが自らを弱体化させるものであるとして反対していた。こうしたハマースの立場は、イスラエル国内での自爆テロの実行からも明らかだった。

イスラエルにとってハマースなどによるテロ攻撃の発生は、自治政府による武装勢力の取締りが徹底されていない、すなわち自治政府による合意の履行が不十分であることを意味した。オスロ合意Ⅱの締結後にイスラエルで政権が交代すると、パレスチナ人との和平に反対していたリクード政権は、このことを理由にオスロ・プロセスを減速させていった。

その後、イスラエルでは再び労働党政権が発足し、オスロ・プロセスを決着させる試みがなされた。それが2000年7月にアメリカの仲介で実施された最終的地位交渉、「キャンプ・デービッド交渉」だった。アラファートは、自治交渉でイスラエル軍が撤退するとした領域がすべてパレスチナ側に返還されるまで、最終的地位交渉を実施すべきではないとしていた。ただしアラファートは、オスロ・プロセスの継続こそがイスラエルによる領土の返還につながることを認めざるをえなかった。最終的にアラファートは、交渉への参加を決断したのだった。

キャンプ・デービッド交渉は、和平合意を生み出すことなく決裂した。アラファートの誤算は、アメリカがイスラエルの提案内容を高く評価する一方、それをアラファートが一蹴したと非難したことで、パレスチナ側が劣勢に立たされたことだった。アラファートは、パレスチナ難民問題が据え置かれるなかで、イスラエルの提案を受け入れるわけにはいかなかった。

オスロ・プロセスは、2000年9月にアル・アクサー・インティファーダ（第二次インティファーダ）が発生し、危機的な状況に陥った。その後2001年12月、イスラエルのリクード政権が「今後一切アラファートを交渉相手とみなさない」ことを決定し、オスロ・プロセスは崩壊してしまった。オスロ・プロセスは、PLOとイスラエルが相互に交渉主体としての相手の適格性を認めてきたことに支えられていた。リクード政権の動きは、両者の間の相互承認に終止符を打つものとなった。

（江﨑智絵）

# 21

# なぜパレスチナ人はハマースを支持するのか

## ★暫定自治政府の限界★

1994年、パレスチナ暫定自治政府（以下、自治政府）が、パレスチナ解放機構（PLO）とイスラエルの間で結ばれた「パレスチナ暫定自治に関する原則の宣言」（オスロ合意）に基づき設立された。この政府は、イスラエルが1967年戦争（第三次中東戦争）以降占領するヨルダン川西岸地区（以下、西岸）とガザ地区（以下、ガザ）のパレスチナ人を暫定的に統治するために作られた。PLOとイスラエルの和平交渉は、イスラエルによる土地収奪と入植地建設が止まらず、パレスチナ難民の帰還権やエルサレムの管轄権の問題も解決しなかったために決裂した。にもかかわらず、自治政府は法的根拠を欠いたまま、ガザではハマース主導、西岸ではPLO最大党派のファタハ主導という分裂状態の中で存続している。

現在（2015年）、この分裂した自治政府が西岸の約40％の地域とガザ全域で行政権と警察権を持つ。これらの地域は、1995年に締結されたカイロ合意とオスロ合意Ⅱに基づき設定されたA地区とB地区と呼ばれる区域にほぼ対応する。政府の名称に「暫定自治」という冠が付いているのは、オスロ合意から5年間、PLOとイスラエルの間で西岸とガザの「最終的な

図1ヨルダン川西岸の現状

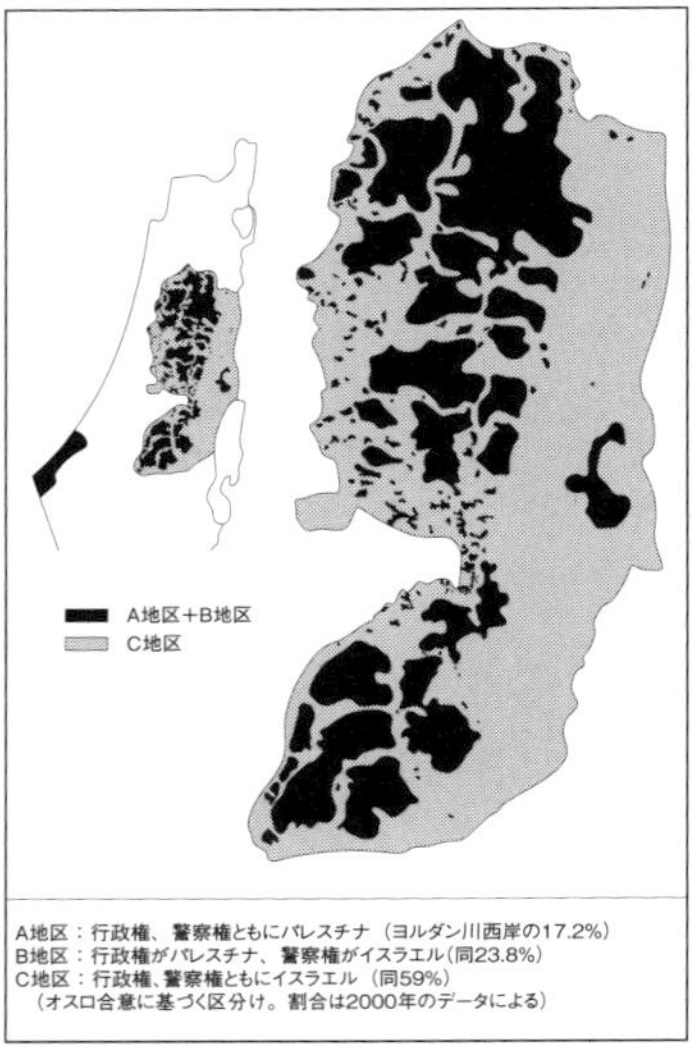


図２　ヨルダン川西岸の入植地

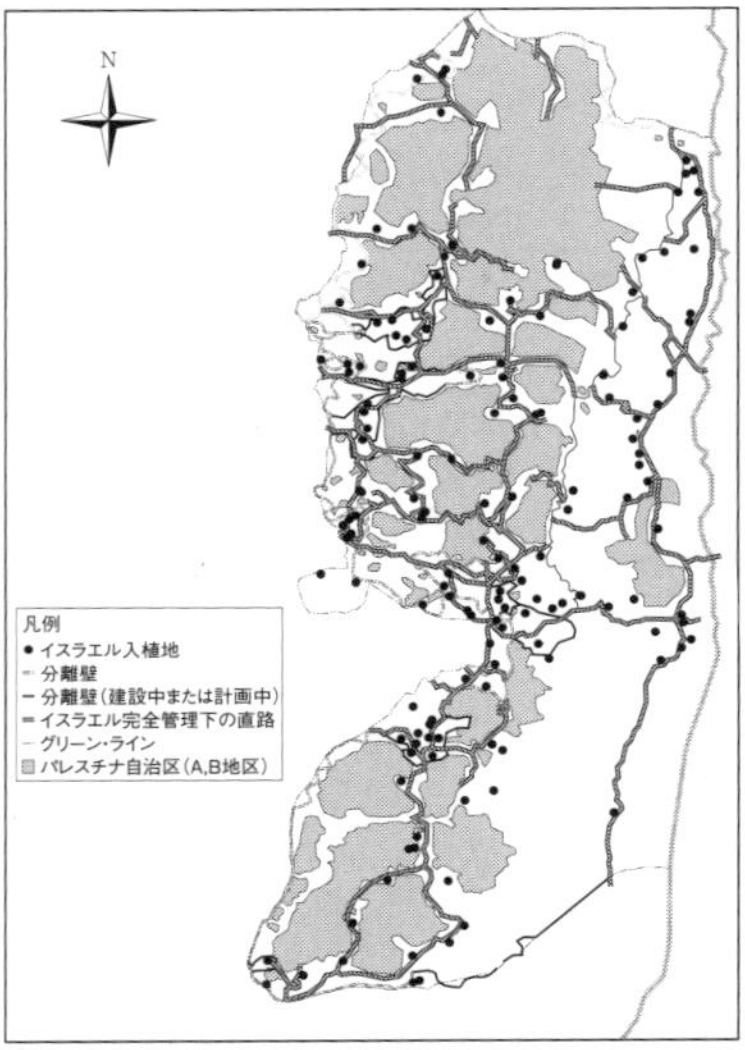


地位」を決める交渉を行うとされ、その間だけ「暫定」的に「自治」を行うとされていたためである。

　しかし、ファタハとハマースによる自治の傍らで、イスラエル軍は西岸・ガザのどこにでもいつでも派兵する権利を持つと主張し、C地区と呼ばれる西岸の約60％の地域で行政権、警察権、住宅・インフラ建設の許認可権を握っている。さらに、パレスチナ側が自国の首都であると主張する東エルサレムの占領も続け、西岸・ガザと域外の間のヒトとモノの出入りも一方的に管理する。そのため、国際法上、イスラエルによる西岸とガザの占領は終わっていないと見なされている。

　２００６年にハマースが自治政府の内閣を組閣してからは、イスラエルはガザを完全封鎖し、ガザ内の産業やインフラを破壊し、石油やガスなどの生活必需品や戦争で破壊された住宅や工場を再建するための建設物資の搬入も厳しく制限する。そのため、ガザの失業率は50％近く、貧困、栄養不良、水・電力の不足が深刻な問題となっている。西岸のファタハ率いる自治政府は、こうした国際人道法に違反するイスラエルの政策に対して何らなす術がないどころか、イスラエルのためにパレスチナ人の不満を押さえ込む警察のような役割を果たし、オスロ合意以降に流入した国際援助を着服して私腹を肥やしてきたと批判されている。そのためパレスチナ人の多くは、オスロ合意は「占領を常態化する試み」で、ファタハ政府は「イスラエルの傀儡政権」であると見なす一方、それらを批判するハマースを支持している。

2014 年 7-8 月のイスラエル軍の攻撃によって破壊されたガザの集合住宅（写真／今野泰三）

すでにふれたように、ハマースは、1987年にパレスチナ人の民衆抵抗運動であるインティファーダが開始されると同時に、占領終結とパレスチナ解放を目指す政治運動として、ムスリム同胞団のパレスチナ支部を主体に結成された。ハマースは一般にイスラーム主義運動として理解されるが、パレスチナ人の民族的権利の回復を目指すナショナリズム運動としての性格が強い。確かにハマースは、ムスリム同胞団を基盤に生まれた運動で、西岸・ガザにイスラエル領（１９４８年パレスチナ）を加えた領土をムスリム共同体（ウンマ）の共有財産（ワクフ）であると見なし、その解放を目指す「ジハード」がムスリムの義務であると呼びかけてきた。しかし、ハマースが大きな支持をパレスチナ人の間で得てきたのは、イスラーム主義運動だからではなく、貧困層への教育や医療の支援を続ける一方、ＰＬＯがイスラエルに不当に譲歩してきたと批判し、パレスチナ全土の解放のための武装闘争の継続を呼びかけてきたからである。そのため２００６年には、自治政府の国会にあたる民族評議会選挙でファタハを破って第一党に選ばれ、内閣を組閣したのである。

だが、イスラエルと欧米諸国が主導する「国際社会」は、ハマースがオスロ合意を受け入れていないという理由で、ハマース率いる自治政府への資金援助を止め、外交関係を断絶した。パレスチナ人の大部分は、こうした国際社会の対応を不当で、パレスチナの民主主義を否定するものだと反発した。だが、イスラエルと欧米諸国に財政的・政治的に依存するマフムード・アッバース大統領率いるファタハは、アメリカや国際社会からハマースとの対立関係を明確にすることを迫られ、ハマース政府を潰すために超法規的措置を取り、独自の内閣を樹立した。

しかし、ファタハによる政権奪取の試みはガザでは失敗し、ハマースがガザを統治する一方、ファタハが西岸を統治するという二重統治状態が生まれた。そのためパレスチナ人民衆は、西岸ではファタハ主導の自治政府に従い、ガザではハマース主導の自治政府に従い、西岸・ガザの出入りや輸出入に関してはイスラエルによって管理されるという、三重統治の中に暮らす。そして、こうした三重統治の隙間に落ちて十分な支援や行政サービスを受けられない人々や、敵に属すると見なされて弾圧される人々が跡を絶たない。

２０１４年夏には、ガザに対するイスラエル軍の大規模な空爆と軍事侵攻があり、１４８３人の民間人を含む２２０５人のパレスチナ人が殺された。この戦争中も地下に潜り、頑強に抵抗を続けたハマースは、パレスチナ人民衆からの支持をさらに高めた。パレスチナ人の多くが、武力闘争は圧倒的な軍事力を行使するイスラエルに対し、パレスチナ人に残された唯一の自衛手段だと感じているからである。ハマースは、非合理的な理由で武力闘争を続けるテロリストではなく、いかなる犠牲を払っても民衆を守るために戦い続ける英雄としてパレスチナ人の目に映ったのである。

オスロ合意と自治政府は、現在イスラエル領とされた領土を含むパレスチナ全土の解放を諦め、西岸・ガザでの独立を目指す「ミニ・パレスチナ国家案」で妥協しようというPLOの決断から生まれた。それは、イスラエル国家を武力で消し去ることはできないという現実主義的な判断であると同時に、自分たちの民族・難民としての権利を妥協する苦渋の決断でもあった。ハマースもまた、「停戦（フドナ）」というイスラーム法の概念を用いてイスラエル国家の存在を実質的に認め、エルサレムを含めた西岸とガザに

ガザの市役所内に掲げられたハマース政府のイスマイール・ハニーヤ首相の写真とパレスチナの地図（写真／今野泰三）

独立国家を作るという現実主義路線を取っているといわれる。

だが、イスラエル政府・軍が、パレスチナ人の本来の意味での「独立国家」を認める用意がなく、自国の「安全」のためには占領下のパレスチナ人を傷つけることを厭わない現状では、こうしたパレスチナ人の苦渋の選択が彼らの真の独立と安全をもたらす可能性は低い。それは結局、パレスチナ・イスラエル紛争の根本原因が、シオニズム思想に基づくイスラエル国家の民族的排外主義、軍事主義、領土拡張主義にあるからである。「アパルトヘイト」と非難されるイスラエルの現体制が解体され、オスロ合意の「不正」と自治政府の「腐敗」がなくならない限り、パレスチナ人民衆は自らの自由と安全を獲得するための武力闘争の可能性を放棄せず、ハマースへの支持は今後も続くだろう。

（今野泰三）

コラム7

## アフマド・ヤースィーン
### ――創設者が描いたハマースの原点と広がり

清水雅子

「平和を拒むパレスチナ人はいない。誰もが平和を愛している。ただ、あなた方が望む平和は、私が望むものとは違う。それぞれに、平和のための手段と方法がある」。これは、ハマースの創設者の一人、アフマド・ヤースィーンの言葉である。

ヤースィーンは、アラブ大蜂起が始まった1936年、イギリス委任統治下パレスチナのジューラ村で生まれた。3歳で父を亡くし、12歳のときに第一次中東戦争で故郷を追われ、ガザの難民キャンプに移り住んだ。16歳のときのけがにより、生涯車いすで生活した。勉学や同世代の若者との交流に熱心で、教師として働きながらカイロ留学を目指した。

65年、エジプトのイスラーム運動・ムスリム同胞団（以下、同胞団）への所属をエジプト当局に疑われ投獄されたとき、人間の尊厳や自由が尊重される社会への思いを強くした。67年以降イスラエル占領下で困窮し抵抗意欲を失っていく人々の姿に、抵抗の準備の必要性を痛感する。しかし彼は、当時すでに活発な武装闘争を行っていたファタハではなく、45年からパレスチナに支部を置いていた同胞団に加入した。ヤースィーンにとって、同胞団の活動はイスラーム的価値の実践であり、かつ将来の抵抗運動のための基盤づくりであった。とくに70年代に活動を活発化させた同胞団は、モスクを建設し、そこに学校、保育所、診療所、病院、血液銀行、慈善協会、スポーツクラブ、若者や女性のクラブ、看護学校などを併設し、社会的ネットワークを構築した。とくに73年にヤースィーンが設立したイスラーム・センターは、そうしたネットワークの統括に中心的な役割を担った。

同胞団の内部には、社会のイスラーム化を優先する古参の指導者がいる一方、占領下の社会で政治活動に従事し武装闘争を求める若い世代や、以前から将来の闘争を見据えてきたヤースィーンら指導者がいた。インティファーダの勃発は、こうした若者やヤースィーンらの組織内の立場を強め、１９８７年12月９日夜、ヤースィーン宅に集まったガザの同胞団指導者６名とヤースィーンは、ハマースの結成を決断した。

幾度の投獄・解放を経て視力や聴力を著しく失いながらも、ヤースィーンはハマースの中心的指導者の一人であり続けた。ハマースは、オスロ和平プロセスに一貫して反対しつつ、冒頭の言葉のように、それは平和に対する反対ではないと繰り返し主張してきた。とりわけヤースィーンは、人々の生活に密着した社会活動の経験を踏まえ、柔軟な選択肢を提示していた。パレスチナ全土解放という長期目標を堅持しながら、93年にはイスラエルとの短期停戦の可能性を初めて示唆した。また、88年時点で複数政党制の民主主義を支持していた彼は、96年のパレスチナ立法評議会の第１回選挙開催時、参加を拒むよりもむしろ現行の和平プロセス反対の立場で選挙に参加することを主張した。彼は、現実策を目的の放棄と同一視せず、目的に忠実でありながら現実的に対処するという組み合わせを見出していた。公式の短期停戦は２００３年から断続的に実施され、選挙への公式参加は２００４年の地方選挙から実現している。

２００４年３月22日、早朝の礼拝を終えてモスクから出てきたヤースィーンは、ミサイルによる暗殺で67年の生涯を閉じた。ハマースの指導者であった彼の人生は、評価も一様ではない。ただ、ヤースィーンが描いたハマースの活動の原点と広がりは、その後のハマース、そしてパレスチナ社会に、確かに影響を及ぼしている。

# III

# 生活と文化

# 22

# ヘブロンの都市生活

## ★イスラーム的伝統の復興★

ヘブロンの顔は、なんといっても旧市街である。この旧市街は、城壁などに囲まれているわけではなく、明確な境界は存在しない。しかし、ひとたび旧市街に足を踏み入れると、いくつかの点から、周辺部との違いを感じることができる。第一は、趣深い町並みである。ヘブロンの旧市街は、13世紀から16世紀にパレスチナを支配したマムルーク朝の時代に骨格が形成された。この時代の建築物が現在も残されており、旧市街の風景は、中世のイスラーム王朝期におけるヘブロンの繁栄を今に伝えている。第二に、現在のヘブロン旧市街を特徴づけるのは、そこに漂う暗い雰囲気である。ヘブロンの旧市街は、その周囲に拡がる新市街と比べれば、人けがまばらであり、シャッターを閉じてしまった商店も多数見受けられる。四六時中にぎわうエルサレムの旧市街とは似ても似つかない。イスラーム王朝期の栄華の歴史が深く刻まれながら、現在大きな衰退を経験しているヘブロン旧市街は、いかなる歴史を辿り、今日の状況に至ったのであろうか。

ヘブロンは、三大一神教の祖である預言者アブラハム（イブラーヒーム）にゆかりの深い町として知られる。それは、ここヘブロンに、預言者アブラハムとその妻や息子たちが眠っているからである。預言者たちの墓所は「マクペラの洞窟」、その上に建立されているモスクは「イブラーヒーム・モスク」と呼ばれ、ユダヤ教徒とムスリムにとっての重要な聖地となっている。

　ヘブロンと預言者アブラハムの深い結びつきは、町の呼称にも明確にあらわれている。「ヘブロン」は、英語圏でも一般に用いられるヘブライ語の名称であるが、この町はアラビア語で「ハリール」と呼び慣らわされている。これらの語の原義はいずれも「友」であり、「神の友」と尊ばれたアブラハムを指している。イスラームの聖典クルアーンの中には、「アッラーはアブラハムを親しい友（ハリール）となし給うた」（女性章125節）という章句がある。

ヘブロン旧市街（2013年9月、筆者撮影）

　聖地ヘブロンの都市形成が本格的に進むのは、13世紀以降のマムルーク朝、16世紀以降のオスマン朝の時代である。この頃には、パレスチナ各地へのムスリムの巡礼が盛んに行われ、ヘブロンにも預言者たちの墓所を目指す多くの巡礼者が訪れた。そこで、彼らのための宿泊施設や食事配給の施設、公衆浴場などを整備する必要が生じ、アッラーに寄進された慈善財産であるワクフ（寄進地）がその運営に活用された。聖地イブラーヒーム・モスクの周囲は多くの人々で賑わいはじめ、それに付随するかたちで、工芸品や農作物を売る市場も発達していった。このようにして、今日

イブラーヒーム・モスク（2013年9月、筆者撮影）

のヘブロンの核となる都市部、すなわち現在の旧市街が形作られたのである。

ヘブロンの旧市街は、マムルーク朝の時代から、人々の活気にあふれる都市空間であり続けてきた。その情景が大きく変容していくのは、第三次中東戦争（１９６７年）以降のことである。この戦争によって、ヨルダン川西岸地区とガザ地区はイスラエルによる占領政策を受け始めたが、とりわけヘブロンは、過激なユダヤ人による活発な入植活動の場となった。

ユダヤ教徒にとっても極めて重要な聖地であるヘブロンは、しばしば世界最古のユダヤ共同体の町ともいわれている。ヘブロンのユダヤ教徒とムスリムは、イスラーム王朝支配期を通じて共存関係を築いてきたが、１９２９年に起こった「嘆きの壁事件」において、暴徒化したムスリムがユダヤ教徒を襲撃し、ユダヤ共同体は消滅した。１９６７年以降のヘブロンのユダヤ人入植者たちは、かつてのユダヤ共同体の回復を旗印として、パレスチナ人の生活の中心である旧市街にも入植地を建設していった。

入植者とパレスチナ住民の間の軋轢《あつれき》はたびたび激しい武力衝突に発展した。１９９４年には入植者による礼拝中のムスリムへの銃撃事件（イブラーヒーム・モスク虐殺事件）が発生し、１００人以上の死傷者を出した。この事件の衝撃は極めて大きく、ハマースなどのイスラーム運動が報復として自爆

第22章

# ヘブロンの都市生活

攻撃を敢行するきっかけともなった。この事件を受けて、１９９７年には、イスラエル政府とパレスチナ自治政府の間でヘブロン合意が結ばれる。旧市街は、その外部と切り離され、イスラエルの支配区域に組み入れられることとなった。旧市街周辺に住むパレスチナ人たちは、入植者による散発的な暴力にさらされるとともに、民衆蜂起の発生時のように、政治的緊張が高まった際には、厳格な外出禁止令や封鎖政策にも苦しめられている。

このような政治展開の中で、ヘブロンの旧市街は紛争の前線と化し、大きく荒廃が進んだ。旧市街に住むパレスチナ人の移住が進むと同時に、旧市街を社会経済生活の中心として活用してきた人々の数も大幅に減少したのである。いきいきとした都市生活の場であった旧市街はゴーストタウンと化し、その姿を大きく変えた。

しかしながら、紛争による旧市街の荒廃を食い止め、再び都市生活の中心として再生しようと試みるパレスチナ人の運動も顕著に見られる。その代表は、１９９６年に設立されたヘブロン再生委員会（Hebron Rehabilitation Committee, 略称ＨＲＣ）であろう。ＨＲＣは、マムルーク朝・オスマン朝時代の、老朽化した建築物の改修事業を中心とするＮＧＯであり、アーガー・ハーン建築賞などの受賞歴もある。しかし、ＨＲＣの活動は建築の分野にとどまるものではなく、その組織目標は旧市街の包括的再生という点に据えられている。ＨＲＣにとっての復興されるべき旧市街とは、イスラーム王朝の支配下で、多くの人々で賑わってきた生活都市としてのそれである。事実、ＨＲＣは廃墟となったイスラーム王朝期の建物に修繕を施し、それを住居として格安の価格で売り出すことで、旧市街を離れてしまった人々の再居住を斡旋している。また、建物を商店として再利用し、イスラエルによる占領の

タキーヤ・イブラーヒーミーヤの活動風景（2013年9月、筆者撮影）

中で衰退が進んだ旧市街を経済的に復興させる計画も進めている。

さらに、ＨＲＣのほかに、ヘブロンのイスラーム王朝支配の歴史に根差した組織がある。マムルーク朝以来の食事配給の伝統を現在まで受け継ぐ、タキーヤ・イブラーヒーミーヤ（アラビア語で「アブラハムの旅人休憩所」の意）である。タキーヤ・イブラーヒーミーヤは、現在もワクフの慈善的システムによる運営が続けられており、毎日の昼食の配給が無料で行われている。この施設は、旧市街周辺に住む多くのパレスチナ人が日常的に利用しており、とくに、毎日肉類が振る舞われるラマダーン月には、連日数千人が訪れる。かつて、ヘブロンを訪れる巡礼者を施しの対象としていたタキーヤ・イブラーヒーミーヤは、現在では、厳しい経済状況に置かれたパレスチナ人に、旧市街で生き続けていくための糧を与えている。

ヘブロンでは、ユダヤ人入植地やイスラエル軍の駐屯所が、パレスチナ人の生活空間である旧市街と極めて近接しており、パレスチナ問題の長期化は旧市街の衰退を招いている。しかし、こうした状況下でも、ＨＲＣやタキーヤ・イブラーヒーミーヤなどのように、イスラーム王朝期の伝統を保持・継承し、旧市街を守ろうとするパレスチナ人の姿がある。彼らの活動がある限り、旧市街に深く刻まれた、イスラーム王朝期の都市発展の歴史は、その根底に流れ続けるのであろう。

（山本健介）

# 23

# オリーブと生きる

## ★土地とのつながり、人々の暮らしの象徴★

青い空、オリーブの樹々の緑の葉、宝石のようなオリーブの黒い実、肥沃で黒い土。休日、家族揃っての収穫では、お昼には樹の下でお弁当を広げる。素晴らしく美しい初冬の風景である。

2000年10月、アル・アクサー・インティファーダ（第二次インティファーダ）が始まった直後、ガリラヤ地方でのオリーブ収穫に参加したときにも、同じ風景があった。しかし、ふと見上げれば、丘の上の町からユダヤ系イスラエル人が双眼鏡でこちらを監視していた。パレスチナ人にとって特別なシンボルであり、実際にも生活に密着しているオリーブは、パレスチナの状況を映し出している。

パレスチナ地域におけるオリーブの歴史は古い。ジェリコからは1万年前のオリーブの種子や8000年前のオリーブオイルの容器が出土している。ペリシテ人の町エクロンからはオリーブ圧搾機などが発見されており、3000年前、ペリシテ人は広大なオリーブ林を持ち、オリーブオイルを交易品として出荷していたと考えられている。古代から民族・文化が混じりあい一貫しているわけではないが、オリーブオイルは、古くから、食用、薬用、美容、儀式、ランプの燃料などさまざまな用途に使われてきた（若い緑色のオリーブの実を塩漬けに、油分の多い熟した黒いオリーブの実をオリーブオイルにすることが多い）。

また、オリーブオイルの二番搾り（搾りかすをもう一度搾る）からオリーブ石けんを作ってきた。500年前のイブン・バットゥータの旅行記にはナーブルスのオリーブ石けんに関する記述がある。ナーブルスの石けんは何百年も前から近隣諸国にも輸出されてきた特産品である（現在は、遠心分離機などを使うので油分はたいして残らない。石けん用の質の低い輸入オリーブオイルから作ることが多いが、地元の食用オリーブオイルを使った高品質のオリーブ石けんを製造している工場もある）。

オリーブの木細工は、ベツレヘムの特産品である。木皿などもあるが、クリスマスの馬小屋や、十字架、イエス・キリストの像など、宗教的なものが多い。

オリーブの搾りかすや葉は燃料、畑の肥料、羊のえさなどに使われ、無駄がない。

もともと生活に根ざしていたオリーブだが、イスラエルの建国、占領に伴い、オリーブはさらに、土地とのつながりの象徴、抵抗の象徴の意味を強めていく。

村に住むパレスチナ人は、たいてい、先祖代々のオリーブの木を所有している。村の郊外にオリーブ林が広がっていて、その一部が自分たちの家族のものだ。何の区切りもないが間違えることはないそうだ。他の相続と同様に、オリーブの樹（その土地）は子どもたちに等しく分割相続されるが女性は相続を放棄し兄弟に譲ることが多い。また、オリーブの木を数多く所有するが人手がないというときには、畑を貸して収穫したオリーブを折半するという（収穫だけ手伝ってもらい、オリーブの実で支払う、ということもある）。シェアクロッパー（分益小作）の仕組みはオスマン帝国時代にもあった。

## 第23章
## オリーブと生きる

また、いまはなくなったようだが、以前は、学校にオリーブ収穫休みがあったという。日本にも、昔は田植えや稲刈りのための休暇があったのと似ている。現在は、平日はおじいさん、おばあさんが収穫し、休日には家族総出で収穫する、というパターンだ。若者たちには面倒くさいお手伝いという面もある。そもそも、オリーブ収穫は見ている分には美しいが、実際にたくさんの小さな実を穫っていくのは意外に重労働で、朝はみんなでおしゃべりしながら収穫していても、夕方には無口になっていく。

なお、この場合、収穫したオリーブの実を数日分まとめて圧搾工場に持っていくことになり、オリーブが酸化してしまう。高品質なオリーブオイルを生産し出荷する農家は、オリーブ収穫後、24時間以内に工場に運んで圧搾する。しかし、土地と水が奪われている現状では、農業だけで食べていくことは困難だ。

イスラエルに故郷を追い出された人々とその子ども・孫たちは、オリーブの木を所有していない。しかし、故郷にあった美しいオリーブ林の話は、イチジク、レモンなどとともに、受け継がれている。そして、パレスチナ人のオリーブ林は、イスラエル建国前後から、絶え間なく、破壊され続けている。「セキュリティのため」という名目で、ユダヤ人の町・入植地の建設地とその周辺、分離壁や入植者用道路の建設地のオリーブ林が伐採され、土地が没収されていく。また、入植者の嫌がらせで、オリーブの樹々が抜かれたり、オリーブ林が焼かれる事件も頻発している。オリーブ林で収穫しているパレスチナ人を入植者が襲う事件も何年も前から続いている。破壊されたオリーブの木は、アル・アクサー・インティファーダ以降だけで100万本といわれる。

破壊された自分のオリーブ林の前に立つ人の写真はよく見られるが、どの写真でも、人々はとても悲しい苦悩した表情をしている。経済的な打撃だけでなく、先祖代々受け継いできた大事なオリーブの木を守れなかった、という深い精神的な打撃を受けるのである。だからこそ、イスラエル軍、入植者はオリーブ林を意図的に破壊しているという側面もある。

伐採されたらまた植える。地元の団体だけでなく、YWCAなど国際組織の支援による植樹キャンペーンも行われている。入植者の嫌がらせを防ぐため、イスラエル人や外国人ボランティア・活動家が収穫に参加している。また、殺害や逮捕により男性の人手が足りなくなった第一次インティファーダ時には援農で収穫の手伝いがあったという。その流れを受けてなのか、ビールゼイト大学では、オリーブ収穫の手伝いがボランティア単位になっていた。筆者自身、留学中に母子家庭のオリーブ収穫に他の学生たちとともに参加した経験がある。

そして、人々は詩や歌、絵画にオリーブを描いていく。それらは、美しく、誇らしく、悲しみも背負いながら、パレスチナにあり続けることの象徴だ。一例を挙げれば、詩人でありナザレ市長でもあったタウフィーク・ザイヤードは「逮捕状が出て家宅捜査の危険もあるから、中庭のオリーブの樹にすべての苦難と秘密を刻もう」という内容の詩を書いた（「オリーブの幹の上に」）。

町や村のマーク、大学の紋章などにオリーブの樹が使われていることもある。オリーブの木をかたどったペンダントトップのネックレスもよく見かけるが、プラスチック製の安価な子ども用のものもシルバー製など大人向けのものもある。これは、パレスチナの旗、地図、ハンダラ君（ナージー・アル・アリーの風刺画のキャラクター）、カギ（奪われた故郷の家の象徴）などを組み合わせたキーホルダーなどの「パレスチナ・グッズ」と一緒に売られていることが多い。

いま、世界のオリーブオイル需要が増える中、美味しい高品質なオリーブオイルを生産し、フェアトレードで海外に輸出する動きも広がっている。パレスチナ農家の置かれた厳しい条件の中で、付加価値の高い農業をしていかないと立ち行かなくなるという農家の危機感、瓶詰め・出荷などで仕事を作り出すこと、オリーブオイルをてこに地域を活性化する試みなどが重なりあった活動である。筆者自身、15年以上パレスチナとのフェアトレードにかかわる中で、世界に誇れるいいモノを輸出し、世界の人たちとつながることは、パレスチナの人々を本当に元気にする、と感じる。そして、パレスチナは本来、作物も文化も豊かな地域であることがオリーブオイルを通じて世界の人々に伝えられる。いまや、オリーブは、パレスチナと世界の人々をつなぐ存在でもあるのだ。

（皆川万葉）

# パレスチナのビール・ワイン

コラム8

小池絢子

パレスチナ自治区にも美味しいビールやワインがあるのをご存じだろうか。パレスチナは、イエス・キリストの生まれ育った場所であり、キリスト教徒も人口の7％と少数だが、イスラーム教徒に次ぐ割合で存在している。そうしたキリスト教徒が多く暮らす地域では、ビールやワインが作られ、愛飲されているのである。ここではそんな美味しいパレスチナのビールとワインについてご紹介したい。

パレスチナ自治区の中心地ラーマッラー近郊のタイベ村。ここでパレスチナの地ビール、タイベビールが作られている。村の醸造所で生産されるこのビールの特徴は、ドイツ産ホップ、ベルギーの麦芽、地元の水といった原料に、添加物や保存料が一切使われていない点が挙げられる。飲み口は爽やかでとても飲みやすい。また、味によってたくさんの種類が用意されている。

このタイベ村では、10月に毎年村を挙げてのオクトーバーフェストが開かれており、パレスチナ、イスラエル双方からたくさんの人々が訪れる。イベント会場にはタイベビールの樽が山のように並び、生タイベビールをたっぷり堪能できるほか、ファラーフェルやコナーフェ等、パレスチナ料理の屋台も並び、会場はビールと食べ物のよい匂いに包まれる。ステージでは、パレスチナ内外のアーティストによるライブやダンスもあり盛り上がる。その他、筋肉自慢がステージに上がり、タイベビールの特大ジョッキを持つ時間を競うという、シュールなイベントも毎年行われている。

ベツレヘム郊外の丘にある、クレミザン修道院で作られているのが、パレスチナのワイン、クレミザンワインだ。標高900メートルの丘の上にそびえる美しい修道院では、ミネラル分の多い土と、清らかな空気と水の下、美味しいぶどうが育っており、そのぶどうを使って、自然で素朴な味わいの美味しいワインが作られている。種類も多様で、近郊で採れるブドウの名前が付けられた、バラディ、ハムダニー・ジャンダリー、ダブーキ、聖書にあるイエスが水をワインに変えたエピソードにちなんだ、カナ・オブ・ガリレー等、豊富に取り揃えられている。

しかし美味しいワインの裏側には、占領下の深刻な問題が存在する。クレミザン修道院はちょうどイスラエルとパレスチナの境目に位置しており、イスラエルが安全保障の名目で建造している分離壁問題の影響を大きく受けている。実際、クレミザン修道院全体をイスラエル側に取り込むような分離壁建設計画も存在していたが、昨今イスラエルの裁判所で否決された。こうした状況により、現地での売り上げは激減しているそうだ。同じヨルダン川西岸地区で作られているタイベビールも、同様に販売の困難さを抱えている。

分離壁によって土地が奪われ、昔からの伝統・文化が破壊されていく。こうした真綿で首を絞められるような状態が、紛争下のパレスチナの現実だ。そうした困難な中で、地元の味を守り続けること、これが私たちの誇りであり希望なのだと、クレミザン修道院の方が語っていた。ぜひパレスチナを訪れた際には、そんな彼らの想いがこもった、クレミザンワインやタイベビールを堪能して欲しい。

最後に、タイベビール、クレミザンワイン共に、セーブ・ザ・オリーブという会社が輸入しており、日本でも味わうことができる。詳細な情報が知りたい方は、ぜひ下記のホームページをチェックしていただきたい（セーブ・ザ・オリーブ〈http://savetheolive.main.jp/〉）。

# 24

# パレスチナの刺繍

## ★モチーフが映し出すパレスチナ★

8月中旬バーゲンの時期とも重なり、アンマーンの下町はにぎやかであった。歩いていると店頭に高くつりさげられたサウブ（ドレス）の胸の刺繍が私の目を引いた。パレスチナ刺繍である。黒のサウブに赤を基調とした色鮮やかなクロス・ステッチ刺繍は遠くから見てもたいへん華やかであった。立ち並ぶ店先にサウブを着たマネキンがいた。かつては目にすることのなかった光景である。ある1軒の店主に尋ねてみると、店内のサウブの刺繍はすべてミシン織で、以前は日常着として着られていたドレスも、今は主に婚礼など特別な日に着用されるという。一面「ダマスカスの花」（写真①）のモチーフで覆われ、「杉の木」（写真②）をネックレスのように垂れ下げた五角形の胸模様が多く見られた。「ダマスカスの花」は両側面などにも汎用され、「星」（写真③）や外国から入ってきた初のモチーフ「軽やかな妖精」などもあったが、これまでにない新しいモチーフが多数であった。

パレスチナ刺繍の中心になるクロス・ステッチは、アラビア語で「農民のステッチ」と呼ばれ、パレスチナ中部南部で広く用いられるが、ベツレヘムは金銀糸で曲線の美しさを表現した

第24章

# パレスチナの刺繍

コーチング・ステッチで有名である。その豪華な刺繍が施されたドレスは、婚礼衣装として女性たちの間でとても人気が高かった。刺繍される部分は、胸、肩、袖上部、袖口、前身頃、後ろ身頃、両側面と決められている。緻密なほど豪華で、胸部分はとくに刺し手の思いが込められ、出身地を表すともいわれる。各地域が独自のモチーフや名称、色合いなどを持っているからである。すれ違ってそっと振り返りみる後ろ身頃下部分もまたたいへん美しく見事である。

もちろん手製の刺繍も売られている。かつて高級住宅地であったシュメサーニーには、店として開放された一室にコースターやクッションカバー、バッグなど手製の刺繍の小物類が売られていた。壁に飾られたタペストリーとともに店主の人柄を感じさせるように刺繍製品がつつましくきれいに並べられていた。バカアやワハダートなどの難民キャンプで刺繍されたものだという。伝統的なモチーフも多く「ダマスカスの花」「星」「杉の木」に加え、「S」（写真④）、「羽」（写真⑤）、「パシャのテント」（写真⑥）、「生命の樹」（写真⑦）、「ミル」などのモチーフも見られた。「星」は、8つの明礬《みょうばん》から構成された八ボウ星（八角星型）で、ビーナス金星、または最愛の女性を表していたとされる。文字Sで表された「ヒル」は、民間療法（瀉血療法）に用いられ、古い時代に崇拝されていた蛇を表すとも、命と健康のシンボルともいわれる。「馬の頭」説もある。「パシャのテント」からはオスマン帝国時代の影響がうかがえる。邪視除けとされるラクダの「羽」は割礼の際男子が身につけたとされるなど、刺繍は1948年以前のパレスチナの村の自然の豊かさ、人々の生活や慣習、信仰、歴史などさまざまなものを映し出しているといえよう。

正方形、長方形、平行四辺形、三角形、線から構成されたモチーフは幾何学模様が多く、刺繍のデザインは連続模様や複数のモチーフの集合体である。

他に伝統的なモチーフとして「月」「魔除け」（写真⑧）などが挙げられる。「月」は、実際は四角形でその中に「星」「羽」などさまざまなモチーフが入る。「羽」が入ると「羽と月」（写真⑤）と呼ばれ、各地域で変化に富んでいる。逆三角形で表された「魔除け」は、邪悪な目から身を守ると信じられ、二つが向き合うデザインが多い。「魔除け」を使ったヤーファァーの村の「魔除けまたは杉の木とポケット」（写真⑧）は有名である。

女性たちは針と糸を手にする頃から刺繡を学び、その刺繡は母から娘へと代々受け継がれていく。そして、刺繡は、刺し手の技量の素晴らしさ、感性、社会的地位など個々のアイデンティティの表現方法の一つともなっていく。

個々のアイデアから生まれ出るモチーフはユニークで、皆から認められると村で共有し、さらには村の誇りやアイデンティティをも表すようになる。ついには隣村へと地域が広がっていく。市場《スーク》もまた他村のモチーフを知る絶好の機会で、見てコピーするため正確には伝わらないが、かえって新しい刺し手の感性が加えられ、その村の新しいモチーフになる。結婚すれば嫁ぎ先の村のモチーフを学び、自分が育った村のモチーフと組み合わせ、時代のさまざまな影響を受け、次第にモチーフは変化していく。背景を映し出すモチーフはある種語りかけているようにさえ見えてくるから不思議なものである。

地中海沿岸のヤーファァーやガザ、丘陵地のラーマッラーやエルサレム、ベツレヘム、ヘブロンなど比較的経済的に豊かな地域に刺繡が盛んで、数々のモチーフが生まれている。糸の色にもこだわりを

## 第24章
# パレスチナの刺繍

パレスチナの刺繍。左上から、①ダマスカスの花、②杉の木のネックレス（ガザ）、③ベツレヘムの星、④S／ヒル、⑤羽と月（ヤーファー）、⑥パシャのテント（ヘブロン）、⑦生命の樹、⑧魔除け、⑨ナツメヤシ

持つ余裕があったのであろう。糸を売る商人は買い手の好みの色を見ればどの村出身かわかったといわれる。48年のナクバ以降、政治的意味合いを含んだものも作られている。

また、「老人の歯」(写真④縦の連続幾何学模様)、「ヒルの腹」(写真⑥ふちの連続模様)などユニークな名がモチーフにつけられていることもパレスチナ刺繍の特徴の一つである。女性たちにとって刺繍は日々の楽しみの一つであったのであろう。刺繍は平和で幸せな日常を送っていた「過去」のパレスチナを護る大切な文化遺産であり、「未来」のパレスチナの人々を結びつける絆となっている。同時に数々の刺繍製品はパレスチナの人々にとって収入を得るための重要な手段の一つであり、女性たちにとってエンパワーメントの一つともなっていると考えられる。多種多彩なモチーフは、前述の「老人の歯」のように共有されるものもあれば、地域によって微妙に異なる「地域の独自性」を作りあげているものもある。ラーマッラーの「ナツメヤシ」(写真⑨)はその一つである。独自のモチーフを持ち、地域性を大切にするところにパレスチナの姿があるのではないであろうか。

今日、刺繍は「パレスチナの文化遺産の一つ」として、パレスチナの女性の「個」のアイデンティティの表象から「村」のアイデンティティの表象へ、今離散した個を結びつける「パレスチナ」の一つの表象となっていると考えられる。

(山縣良子)

## コラム9

# パレスチナの衣装

山縣良子

ジャバル・アンマーンの住宅街の一角に四方に大きな窓ガラスがはめられた少々異彩を放った二階建ての建物がある。学芸員アミーラに導かれて中に入ると、あたかも女性が両腕を広げて立っているかのような美しいパレスチナとヨルダンの民族衣装や装身具などが多数展示されていた。

ここティラーズ・センターは、パレスチナとヨルダンの文化遺産とウィダード・カーメル・カワール・コレクションの保護を目的として設立された。創設者カワールさんが50年以上かけて収集した衣装などの展示場でもある。その衣装には、丹精を込めた刺繡が施されている。日本でも1993年に文化学園服飾博物館で特別展『パレスチナとヨルダンの民族衣裳』が開催された。読者の中にも訪れた人がいるかもしれない。

パレスチナの民族衣装は、一般に丸襟で筒袖または先のとがった三角袖のドレスである。生地は主に木綿や亜麻、絹であるが、光沢のある絹など種類は豊富でときには縞模様も入る。色は白や藍、黒が多い。ドレスは皆美しい刺繡で装飾されているが地域ごとに特色もあり、見ていて興味深い。

例えば、ナーブルスには三角袖で赤と緑の縞模様が特徴的な「天国と地獄のドレス」がある。緑色が天国を赤色が地獄を表すとされ、「緑のドレス」と呼ぶ地域もある。ラーマッラーには白の亜麻布地に動植物や幾何学模様を赤糸で刺繡したドレスが多い。ピンクなど色鮮やかな縞木綿で、V字の襟元にネックレスのような刺繡が施されたドレスはガザの代表作である。砂漠が広がるビール・サブアのベドウィンのドレスは黒の木綿に前後身頃とも多彩で緻密な刺繡が多い。

婚礼衣装としては、ベツレヘムの「マリク・ドレス」が人気を博した。ドレスは光沢のある絹や絹の縞織物、ビロード生地に金銀糸や多彩な絹糸で緻密に刺繍され、その上には同じく豪華な刺繍の付いた短袖で丈が短い上着が重ねられた。その華麗な刺繍はエルサレムなど周辺地域のドレスに影響を与えた。

次に人気の高い「ジェッラーヤ」は、短袖の前開きのコート・ドレスで、藍色や赤錆色の木綿地に刺繍に加え黄色や緑の絹や繻子地のアップリケがつく。ガリラヤを中心にヤーファー、ラーマッラーまで広く着用された。

また胸元の切込みを隠すように糸を束ねて作った真珠のような房飾りがつくドレスもある。

パレスチナ衣装に出会ったとき、どの地域のドレスか推測する楽しみがうまれる。

観覧後、私たちは隣に居を構えるカワールさんにお会いすることになった。こだわりを持った調度品は落ち着いた部屋のたたずまいを見せる。そのとき下町で見つけたという刺繍の図柄がプリントされた中国製のドレスを彼女は見せて下さった。改めて伝統的衣装を保存することの大切さを私たちは痛感した。談笑後、優に2000を超える衣装や装身具が整然と並べられた地下倉庫に彼女は案内して下さった。傷まぬよう細心の注意を払って保管されている衣装はどれも素晴らしく感嘆するばかりである。

近年伝統的ドレスは結婚式など特別な日のみと着る機会が減っているという。その点では私たちの和服（着物）に近いかもしれない。

# 25

# 難民女性ガーダ

## ★占領と強権の圧力に抗する★

２０１４年7月、イスラエルはガザに侵攻した。空爆から始まり、7月半ばからは地上侵攻を始めた。そのときの気持ちをカナダ在住のパレスチナ難民女性ガーダは語った。

「すべてのガザの人々は攻撃で危険にさらされている。次の朝には恐ろしいニュースを聞くことになるかもしれない。家族の一人を、近所の人を、友人を失うかもしれない。パレスチナの人を失うことは辛いことにかわりないけど、自分に直接つながりのある人を亡くすほど辛いことはない」

ガーダは現在自分の家族とともに3年前からカナダにいる。イギリスに留学後、封鎖によりガザに帰る道を絶たれたガーダは、後に妹のいるカナダに移り住んだ。ガーダの生まれ故郷ガザには彼女の家族が暮らしている。今、そこがまさに攻撃されていた。

「家を出るときには、皆反対したの。こんなときに子どもたちを連れてガザに入るなんて危険すぎる、どうかしていると。行ったところでガザに入れるかどうかもわからない」

ガーダは悩みぬいた。

「やはり母や兄弟に会いたい。もしこれが最初で最後のチャ

破壊されたガザの町を歩くガーダと次男アズィーズ（2014年８月、筆者撮影）

ンスだとしたら？　どうしたらいいのか感情が入り混じって、難しい決断だった。子どもたちを連れて行くのかどうか」

私がガーダに出会ったのは１９９３年、彼女が数日後に婚約を控え、その撮影に来てと招待された時だった。彼女は私の通訳として働き始めていた。婚約式は滞りなく終わり、その日からガーダの家族との付き合いが始まった。

私と出会う前、ガーダは大学を断念していた。当時イスラエルの占領に反対する第一次インティファーダが燃え盛っていた。ガザにある大学はすべてイスラエル軍によって閉鎖されていたのだ。

１９９３年、イスラエルとＰＬＯ（パレスチナ解放機構）が和平を結んだ年、ガーダはナセルと出会った。最初は乗り気ではなかったが、ナセルの熱意と人柄にガーダはだんだん惹かれていった。

ガーダとナセルが初めての子ガイダを産んだとき、暫定自治区で総選挙があり、アラファートが初代自治政府議長になった。これでガーダはすべてはうまくいくと思っていた。

しかし２０００年、第二次インティファーダが起こり、ガザは再びイスラエルに軍事攻撃されるようになる。ガーダはこの第二次インティファーダの中で、従兄弟や親戚の子どもを亡くし、深い悲しみに落ちた。

第二次インティファーダが下火になった頃、成績が優秀だったガーダは夫と子どもを残し、イギリスに留学する。夫はガーダを支え、後に家族4人で暮らすようになる。

2006年、ガザ地区はパレスチナ評議会選挙で勝利したイスラーム組織ハマースが政権を握る。イスラエルはハマースを政治のパートナーとしては認めず、敵対勢力として、ハマースを選挙で選んだガザの人々に対して集団懲罰としてガザ地区全域に封鎖を敷く。一部の許可を持つ人たちを除き、一般のガザの人々はガザから入ることも出ることも許されず、燃料や生活物資、医療品や子どものミルク製品にいたるまで、ガザに入れるのを制限された。

イギリスの大学院を卒業したガーダは家族を連れて故郷のガザに帰ろうとする。しかしガザの境界はその頃、エジプト政府によって閉鎖されていた。待っても待っても開かず、40日が経ったとき限界を感じたガーダたちはあきらめ、イギリスに戻るしかなかった。

2014年7月、ガザはイスラエルの侵攻を受けた。侵攻以前、ガーダは母の看護のためのガザに戻ることにしていた。ガーダはもし侵攻が続けば、子どもたちをエジプトの親戚に預けて、自分だけガザに入るつもりにしていた。

8月11日、イスラエルとハマースは一時的停戦に合意、ガーダは長男のターリク、次男のアズィーズを連れて、ガザに入った。荒れ果てたラファハの街並みを見て、ガーダは愕然《がくぜん》とした。

ガーダの家の周りにも被害が及んでいた。今回の侵攻でガーダの叔父の家と近隣の家が壊された。爆撃されたとき、あまりにも大きな衝撃で、ガーダの家の上階や祖母の家の窓が壊れた。

今回、ガーダが子どもたちを連れて帰るのには多くの人たちが反対した。友人だけでなく、ガザの家族ですら反対した。ガーダは迷いに迷ったが、どうしても今の状況を子どもたちに見せたいという思いがあった。兄の子どもはガザの子どもとしてたくましく育っていた。ターリクは従兄弟に比べ、ひ弱で、ガザのことも何も知らないで育ってきた。少しでもガザのことを知らせたい。たくましくなってほしいという願いを込めて連れて来た。

幸い停戦は続き、ガーダたちは体が動かなくなった母親の世話をしながら毎日を過ごした。家にばかりいる母親を時には外に連れ出し、海に連れて行った。夜は昔歌った歌を皆で歌い、落ち込みがちな母親を慰めた。

ガーダたちが訪ねたのは今回の被害の大きかったガザ南東部のフザア村だった。壊された家の中にあった玩具の人形を見つけたときに、ターリクは「何で子どもが、何で狙われるんだ」と怒りと驚きの入り混じった表情を見せた。

その後訪ねたのはガザ北東部のシジャイヤだった。まるで一帯が瓦礫の町になっていた。大きな建物にはたくさんの人たちが住んでいただろうと思える。歩いているとお店も家も壊されたという親子に出会った。店主はイスラエル軍の攻撃が激しく、店のスナック菓子を食べながら凌ぎ、おさまってから塀を飛び越えながら逃げたと言う。

ガーダと取材先の女の子を訪ねた後、通りに出ると「どかーん」という音がした。停戦が破られたのだ。車に乗り込んだガーダの顔色が変わった。

その夜、ガーダたちは地獄を味わったという。母親が寝ている一室にガーダと2人の子どもたちが寝ていたが、やまない爆撃の音に4人とも怯えきり、部屋の隅に固まっていた。怯えながら4人で話し合った。

「どうしたらいいの？　避難しないと」

「どこにも行けない。病院も。ただ何かが起こるのを待っているだけ。こちらに行くことも出来ないし、あちら側にもいけない」

「お祖母ちゃんは？　お祖母ちゃんは走れるの？」

アズィーズがそう言ったとき、ガーダは子どもたちのことを考えていて、一瞬、母親のことを忘れていた自分に気がついた。

50日間のイスラエルによる侵攻は、8月26日、イスラエルとハマースの長期停戦が結ばれ、終わりを告げた。

そしてガーダたちがカナダに帰る日が近づいたある日、ガーダはガザに帰って来た心境を語った。

「たとえ肉体は外にあっても、私の魂はここにいる。祖父母の時代、66年前まで彼らが過ごした幸せな懐かしい家のこと。思い出話を何度も話して聞かせてくれた。その気持ちが今はもっとよくわかる。懐かしい故郷を思う気持ちはむしろ強まりつつある。カナダは美しい国。イギリスも素晴らしい。だけど、そこは私の故郷ではない。故郷はここにしかない」。


（古居みずえ）

# 26

# 「同胞の“痛み”を我が“痛み”として生きる」

## ★人権活動家ラジ・スラーニとその活動★

ガザに拠点を置く人権団体「パレスチナ人権センター（PCHR）」から毎週、メールで英文の「ウィークリー・レポート」が届く。いま手元にある「2015年7月30日—8月5日」版は、分量が24ページにも及ぶ。内容も「銃撃」「侵攻」「移動制限」「ユダヤ人入植地の動き」「エルサレムにおけるユダヤ人人口の多数派化への動き」など多岐にわたる。さらにその週の日々に起こった事件が詳細に記述されている。たとえば「7月31日」の記述の一部はこう記されている。

「PCHRの調査によれば、およそ7月31日18時40分ごろ、ガザ地区北部のベイトラヒヤ地区の北西部の境界フェンス沿いに駐屯するイスラエル軍が、海岸近くのフェンス沿いを歩いていた住民を銃撃した。その結果、ベイトラヒヤのマンシヤ通り在住のモハマド・ハメッド・アブドゥルマスリ（16歳）が、左脇腹から右脇腹を貫通した銃弾によって殺害された。さらにガザ市内のアルダラジ地区在住のモハマド・オマール・アブドゥラアルシェン（21歳）が左脚を銃弾で負傷し、救急車でカマール・アドワーン病院に搬送された。状態は安定している」

これらの報告書は、ガザ地区やヨルダン川西岸の各地に駐在するPCHRの調査員たちが事件直後に現場に駆けつけ、つぶさに調査し記録したものである。

「ウィークリー・レポート」の特徴の一つは、犠牲者や負傷者たちの個々人の名前と年齢を必ず明記することだ。それは「パレスチナ人」という顔の見えないマスで描くのではなく、固有名詞で記述することで、世界中の読者に、その当事者が世界中の読者個々人と同じく〝一人の人間〟であることを喚起させる。

PCHRは設立から20年間、この「ウィークリー・レポート」を休みなく世界に向けて発信し続けてきた。そのPCHRを創設し率いているのが、人権活動家、ラジ・スラーニ弁護士である。

だが、スラーニ氏が20年前（1995年）にPCHRを創設した経緯は平坦なものではなかった。PCHRの前身、人権擁護団体「法と人権のためのガザ・センター」の代表だったスラーニ氏は、95年4月、突然、「ガザ・センター」の理事たちによって解雇された。彼らはその理由を明言しなかったが、当時のパレスチナ自治政府とりわけアラファート議長からの圧力であることは明らかだった。

その2カ月前、アラファート議長はイスラエルとアメリカの圧力によって、「オスロ合意」反対派のハマースやイスラーム聖戦のメンバーたちを、罪状や証拠を公表しないまま逮捕できる「国家治安高等裁判所（軍事法廷）」を「大統領令」によって設立した。それに対し、スラーニ氏は「民主主義の基礎と司法の独立を脅かす」として抗議の声明を出した。その直後、スラーニ氏はパレスチナ警察に逮捕されたのである。尋問した検事総長は「アラファート議長が声明に激怒した」と伝えた。ロバート・ケネディー人権賞の受賞者で世界に名を知られる人権弁護士の逮捕のニュースはただちに世界中に広がり、各国から自治政府に抗議が殺到した。その結果、スラーニ氏はまもなく釈放されたが、直後に「ガザ・センター」の理事たちが解雇を言い渡したのである。スラーニ氏と志を同じくするスタッフたちは代表の不当な解雇に新聞広告で抗議したが、その直後、彼らもまた解雇された。スラーニ氏がそのスタッフたちと新たに立ち上げたのが現在のＰＣＨＲである。

ラジ・スラーニ氏は、１９５３年12月、広大な土地を所有するガザ屈指の名家スラーニ家に生まれ育った。ガザ地区がイスラエルに占領されたのは彼が14歳の時である。少年期からイスラエルの占領の実態を五感で体験した。レバノンとエジプトの大学で法学を学んだが、エジプトでの学生時代、占領に抵抗するため、ＰＬＯ急進派のＰＦＬＰ（パレスチナ解放人民戦線）に加わった。１９７７年、ガザに戻って弁護士となったスラーニ氏は、昼間の弁護士活動に専念する一方、夜ＰＦＬＰの政治活動に打ち込んだ。しかし2年後、スラーニ氏はイスラエル当局に逮捕され投獄された。その後、約5年間、尋問と拷問が続く獄中生活を送ることになる。しかしその体験が、彼の人権活動家としての骨格を形成した。

当時を振り返り、スラーニ氏は私にこう語った。

「刑務所での体験は、私に〝四次元の視点〟を与えてくれました。私は単なるプロの弁護士や単なる民族主義者ではありません。私が弁護士という仕事の中で語るとき、政治犯や彼らの苦悩法について語るとき、それは私自身の肌から出た言葉です。これを〝四次元の視点〟と呼んでいます。この現実をまさに自分が体験し肌で理解しているのです。それは獄中体験によって、得られたものです。とても重い代償を払い、激しい痛みを伴う体験でしたが、それがあるために、私が話す言葉は、私の精神、心の底から出てきていると感じます」

もう一つ、スラーニ氏の思想と行動の原点となったのがイスラエルの〝占領〟だった。

「〝占領〟は私自身の肌に記憶させざるをえなくしました。〝占領〟は自分の精神的・身体的な〝構造の一部〟なのです。肌で感じ、呼吸し、その中で生きる。私は自分の立場を選び、〝占領〟は私の肌に刻みこまれたのです」

「〝占領〟という状況は『中立』であることを許しません。〝加害者〟か〝被害者〟のどちらしかないのです。パレスチナ民衆の側につくか、占領側につくかです。当然、私は一貫して同胞の側に立ち、〝加害者〟に敵対する立場です」

イスラエルによる投獄や拷問、パレスチナ自治政府による拘束などさまざまな障害を乗り越えてパレスチナ人の人権回復のために奔走するスラーニ氏は、ロバート・ケネディー人権賞、フランス人権賞、さらに2013年には「第二のノーベル平和賞」といわれるライト・ライブリーフッド賞など、これまで数々の賞を受賞し、世界に広くその名を知られるようになった。

「私は〝パレスチナ人民衆〟の一部です。同胞の〝痛み〟を共感できて幸運です。ただそれは〝痛い〟ことです。だが、それこそ、同胞の苦悩と、犠牲をそのまま反映したものなのです」。

「私は我慢強く、頑固かもしれない。無為のまま、ただ諦めるということはしない。私の中にいつも〝衝き動かす力〟があるのです。私は感じやすい人間です。それはよい面でもあり、悪い面でもあります。それはときに私の人生を悲惨なものにします。私は日常的にあらゆる問題に直面しているからです。怒り、悲しみ、犠牲、殺戮、拷問、家屋破壊、土地没収……それが絶えず起こっているのです」

２０１５年４月にパレスチナ自治政府はＩＣＣ（国際刑事裁判所）に加盟した。それによって、パレスチナ自治政府はヨルダン川西岸へのイスラエルによる入植活動や、約２２００人の犠牲者を出した２０１４年夏のガザ攻撃について責任をＩＣＣを通して追及できるようになった。スラーニ氏はそのＩＣＣへのパレスチナ代表の一人として、いま世界を駆け回っている。

（土井敏邦）

# 27

# タブーに挑む

## ★パレスチナ人ジャーナリストの挑戦★

パレスチナのジャーナリズムが置かれた過酷な状況は、ヨルダン川西岸のラーマッラーに事務所を置くNGO「パレスチナ開発と報道の自由センター」（MADA）が毎年出している「パレスチナの報道の自由侵害」報告書を見れば一目瞭然である。

２０１４年の報告書では侵害事例は４６５件。そのうちイスラエルの占領当局によるものが３５１件、パレスチナ当局によるものが１１４件となっている。

２０１４年は7月から8月にかけて51日間に及ぶイスラエル軍のガザ攻撃（空爆と侵攻）があった。この攻撃の間に報道関係者17人が死亡した。イスラエル軍はメディアの事務所やジャーナリストの自宅を標的にしたという。

7月18日朝に、イスラエルの武装ヘリのロケット攻撃を受けたワタニーヤ通信の責任者は次のように証言する。「午前6時53分ごろ、ガザ市リマル地区のジャウハラビルの8階にある私たちの事務所は、事前の予告もなく、イスラエルの武装ヘリによる3発のロケット弾攻撃を受けた。事務所には35人がいた。最初のロケット攻撃で、我々は事務所から出て、ビルの階段に避難した。その後、2発目、3発目と続いた。その攻撃によって、42歳の音響技術者が左手を負傷した」

占領当局の侵害事例では、ガザが112件に対して、西岸が239件と2倍となっている。西岸では「殺害」こそないが、「攻撃・傷害」「拘束・妨害」「逮捕」「車や機材の破壊」「召喚・尋問」「海外渡航禁止」などと、あらゆる侵害事例がある。MADAのムーサー・リーマーウィー代表は「イスラエルは占領に伴う自分たちの犯罪を隠蔽して、世界に向けて情報が発信されるのを阻止するために、パレスチナのメディアを攻撃の標的としている」と語る。

西岸で侵害事例が多いのは、いたるところにイスラエル兵の検問やユダヤ人入植地があり、パレスチナのメディアの〝現場〟があるためである。次はその一例――。

「6月6日、イスラエル軍は西岸ラーマッラー西方のビルイーン村（ビリン村）で、占領反対デモを撮影していたフリーランスカメラマンのハミド・アブラフマを、6人のイスラエル兵士が取り囲み、激しく殴り、銃口を頭に突き付けて、カメラを奪い、写真を削除し、レンズを壊した」

日本でも公開されたビルイーン村の住民の抗議運動を記録したドキュメンタリー映画『壊された5つのカメラ――パレスチナ・ビリンの叫び』でのイスラエル兵による暴力が、そのまま続いていることがわかる。

一方でパレスチナのジャーナリストはヨルダン川西岸を支配するファタハ主導の自治政府と、ガザを支配するイスラーム組織ハマース政府の、それぞれの公安警察によって、日常的に拘束されたり、尋問されたりという圧力を受けている。

「ビールゼイト大学のメディアクラブ代表のバラア・カーディ（22歳）は、2014年9月14日、

# 第27章
# タブーに挑む

彼がパレスチナのメディアに書いた記事の中で『政府を中傷した』として逮捕された。まず24時間の拘留延長が決まり、さらに検事総長が15日間の拘留延長を認めた。その後、弁護士が保釈を求め、5日後に保釈金を支払って、釈放された。弁護士によると、カーディはフェイスブックで警官を「愚か者」と書いたことが、公安警察によって『政府の中傷』とされた」

カーディは2015年1月にも「政府役人を中傷した」として逮捕され、3日間の尋問の後、釈放された。「警察の尋問は私の政治的な関与に焦点をあて、ハマースとのつながりを疑うものだった」とカーディは証言している。4月にはラーマッラーで4人の覆面の男たちに拉致されて、目隠しをされたまま殴る蹴るの暴行を受けた。カーディは「アッバース（自治政府大統領）の風刺をフェイスブックに上げた後、殺すと脅す電話が2回かかった。覆面の男たちは、自治政府の関係者ではないか、と考えている」とMADAに語っている。

一方、ガザからは次のような侵害の報告例がある。

「2014年11月8日、ガザのブロガーで記者のハーゼム・サラメ（40歳）は公安警察本部に呼び出され、尋問で殴るなどの暴力を受けた。サラメによると、取り調べは、ガザのファタハ指導者に対する攻撃について書いた記事についてで、イスラエルとのスパイの疑いや、（ガザ出身のファタハ指導者の）ダハラーンとつながりを疑《うたぐ》るものだったという」

リーマーウィー代表は「西岸のファタハと、ガザのハマースでは、どちらも報道の自由を尊重する意識が欠けているが、双方の対立によって、メディアはさらに厳しい状況に置かれている」と語る。前記の西岸とガザの侵害事例のように、西岸で当局を批判すればハマース支持と疑われ、逆にガザ

アスマア・グール（筆者撮影）

で当局を批判すればファタハやイスラエルとつながっていると疑われる。

ジャーナリストは外なる占領当局と、内なる自治政府という2つの圧力に抗しながら報道することになる。

ガザにアスマア・グール（31歳）というベールをしないで女性の権利などをテーマに活動している世俗派の女性ジャーナリストがいる。周囲の反応について、「私も（周りの反応に）慣れたし、周りも私に慣れた」と語った。２０１１年の「アラブの春」のときに、ファタハとハマースの統一を求めるデモに参加して、警察に一時拘束されたこともある闘士である。

もともと西岸のラーマッラーに本拠を置くファタハ系の『アル・アイヤーム』紙の記者だったが、ハマースとファタハの対立が始まった後に同紙をやめてフリーランスになった。「パレスチナでは政治的に党派に属するジャーナリストばかりで、独立したジャーナリストは少ない。私がアイヤームをやめたのは独立の立場を維持するため」と語る。

「アル・モニター」という英語とアラビア語で中東関連のニュースを掲載するインターネットサイトにガザの記事を出している。名誉殺人や一夫多妻の問題など、イスラーム社会ではタブー視されるテーマを女性の視点から書く。

第27章

# タブーに挑む

2013年3月に書いた記事では、23歳の女性が家に忍び込んだ若者との関係を疑われて、父と兄に殺された事件を扱っている。娘を殺されたことに対する母親の怒りや憤りを伝え、問題の根深さを浮き彫りにする。

イギリス統治下で施行されたパレスチナの刑法では、名誉殺人は3年ほどの刑期に軽減される。女性の権利侵害を象徴するが、女性の「名誉（シャラフ＝純潔、貞操）」が絡む名誉殺人の問題を取材することは、部族の絆やルールなどが根強く残るパレスチナでは非常に難しい。

2015年6月にレバノンのニュースサイトに掲載された記事「ガザで殺された女たちの無情」は、フリーのジャーナリスト、アムジャド・ヤギ（24歳）がガザでの名誉殺人について書いた調査報道記事である。ガザで「不自然な焼死」を遂げた女性の死亡事件に、夫による殺人の可能性が出てきた。検察は女性の死に不審な点があることを認めながらも「証拠不十分」として立証しようとしない。ヤギの記事が掲載されると、関係する家族から「記事を削除しろ」という脅しと怒りの電話を受けたという。ヤギによると、ガザでは2010年から14年の5年間で、64件の「女性の不審死」があるという。「女性が絡む問題は、パレスチナ社会ではタブー視される。私は殺人事件なのに、検察が真剣に動こうとしない、司法の怠慢や腐敗を問題にしようと考えた」と語った。

グールもヤギも、フリーランスであり、特定の党派に属しておらず、ともにインターネットを通して記者活動をしている点が共通する。パレスチナには『アル・クドゥス』『アル・アイヤーム』『ハヤート・ジャディード』という三つの主要日刊紙があるが、いずれも自治政府を主導するファタハとの関係が強い。この10年ほど、インターネットメディアや衛星放送で、独立性の高いメディアも出てきているが、社会には「報道の自由」の意識は低い。

パレスチナで80年代後半から市民派のジャーナリストとして活動してきたアタ・ケイマリ（60歳）は、西岸とガザの分裂の後、活動を停止した。10代の頃、パレスチナ解放人民戦線（ＰＦＬＰ）のジャーナリストで作家のガッサーン・カナファーニーに憧れて、ＰＦＬＰに参加し、ジャーナリストになった。１９９３年のオスロ合意の後、和平拒否派の組織から離れ、和平を探る主張をパレスチナの新聞などに発表してきた。活動をやめたことについて、「いまの状況では何らかのバックがないのは危険すぎる」と感じたためという。

ケイマリがいう「バック」とは、有力な政治組織への所属や強力な部族的団結のことである。とくに復讐や名誉殺人はアラブ世界の部族の伝統であり、パレスチナ社会にも根強いが、第二次インティファーダが悲惨な結末を迎え、自治政府の無力さが露呈した後、部族や家族の結束に頼る傾向がさらに強まっているという。加えて、自治政府が西岸を抑えるファタハと、ガザのハマスに分裂し、対立するようになったことも、人々が自分の安全を守るために部族や家族の結束を後ろ盾とする傾向を助長させている。

ケイマリは87年末に始まった第一次インティファーダでは占領への不服従運動を組織した民衆委員会の中心メンバーの一人だった。彼が筆を折ったことは、パレスチナでの市民社会の後退を象徴する。その一方で、本章で紹介したカーディやグール、ヤギのように、伝統的なバックと距離を置き、インターネットを舞台に、さまざまな圧力を受けながらもパレスチナのタブーに挑戦する20代、30代の若いジャーナリストが出現していることは注目すべき動きである。

（川上泰徳）

# パレスチナ映画

## ――パレスチナ人の実存の視覚的オルタナティブ

コラム10

山本薫

1987年カンヌ映画祭における、ミシェル・クレイフィ監督作品『ガリレアの婚礼』の国際批評家賞受賞は、パレスチナ映画の存在を鮮やかに世界に知らしめた。以来、2002年にカンヌ映画祭審査員賞その他を受賞したエリア・スレイマン監督の『D．I．』、2006年にゴールデングローブ賞最優秀外国語作品賞その他を受賞したハーニー・アブーアサド監督の『パラダイス・ナウ』が劇場公開されたほか、2008年の東京国際映画祭でラシード・マシャラーウィ監督作品が特集されるなど、日本でもパレスチナ映画への注目度は増している。

1970年代、レバノンに拠点を置いていたPLOは、プロパガンダ用のドキュメンタリー映画を多数制作したが、その大半は1982年のイスラエルによるレバノン侵攻の際に失われた。同時期にジャン＝リュック・ゴダールやエジプトの名匠タウフィーク・サーレフらによって、パレスチナを題材に幾つかの優れた映画が作られた一方、ハリウッドなどではパレスチナ人をテロリストとして描く映画が流通した。これに対し、政治的プロパガンダにも否定的なステレオタイプにも抗する、パレスチナ人によるパレスチナ人の「実存の視覚的オルタナティブであり、表現であり、具体化」（エドワード・サイード）としてのパレスチナ映画の先駆者となったのがクレイフィだった。彼の『ガリレアの婚礼』は、イスラエル軍の戒厳令下に置かれたパレスチナ人の村での伝統的な婚礼の一夜を舞台に、イスラエル軍と村人、また村人同士の世代間やジェンダー間での緊迫した関係性を描いた劇映画で、詩的であると同時に、第一次インティファーダを予見したかのようなアクチュアリティを備えた傑作だ。

クレイフィ、アブーアサド、スレイマンの3人は共にイスラエル領内の町ナザレ出身の、いわゆる「イスラエル・アラブ」である。他にも著名な俳優・監督で、来日公演の経験もあるムハンマド・バクリーなど、映画に限らず現代パレスチナ文化の担い手たちにはイスラエル・アラブの出自を持つ者が少なくない。自爆テロを決行しようとする二人のパレスチナ人青年の緊張に満ちた48時間を描いたアブーアサド監督の『パラダイス・ナウ』しかり、イスラエル・アラブの主人公が故郷の町ナザレで闘病する父とヨルダン川西岸地区に住む恋人との間を行き来する日常を通じて、主人公の宙吊りのアイデンティティや占領地のパレスチナ同胞に対する屈折した心情を戯画的に描いたスレイマン監督の『D．I．』しかり、イスラエルとアラブ／パレスチナの狭間で揺れ動く複雑なアイデンティティ感覚によって育まれた人間存在の複雑さへの洞察や、アイロニーに溢れた批判精神が、彼らの作品に独特の深みを与えている。

クレイフィら欧米を拠点に国際的な映画製作をする監督の活躍が目立つ中、ガザ出身のマシャラーウィのように、パレスチナ自治区を拠点にする道を選んだ者もいる。また、パレスチナ人の離散状況を反映して、周辺アラブ諸国や欧米諸国で育った難民とその2世・3世の監督も少なくない。パレスチナ難民の子どもたちの繊細な心情を捉えたドキュメンタリー『夢と恐怖のはざまで』が日本の地球環境映像祭最優秀賞を受賞したメイ・マスリや、ラップ音楽を通じて現状に立ち向かうパレスチナ各地の若者たちを描いたドキュメンタリー『自由と壁とヒップホップ』が2013年に劇場公開されたジャッキー・リーム・サッロームなど、女性監督も存在感を発揮している。

# 28

# パレスチナ演劇

## ★「失われた」言葉を取り戻す★

19世紀なかば、モリエールやシェークスピアの翻案から始まったアラブの近代演劇は、ベイルートやアレキサンドリア、カイロを拠点として徐々に発展してきた。パレスチナにおいても、19世紀後半には欧米の宣教団体が次々に学校を設立して教育に演劇が取り入れられるようになり、1920年代にはエルサレムやナーブルスに幾つかのアマチュア劇団や戯曲を朗読する文学サークルが出現する。オリジナル作品も制作されるようになったが、多くは単純明快な教訓劇で、主に学校で上演され、観客も教育を受けた富裕層に限られていた（戯曲自体がそもそも庶民には理解できない古典アラビア語で書かれていた）。また、女性がほとんど排除されるなど、現代にも続く社会の保守主義と演劇との軋轢《あつれき》もすでに現われていたが、40年代までには数十の劇団が存在していたという。

しかし演劇もまたナクバで停滞を余儀なくされ、とりわけ上演の機会を奪われることとなる。ようやく1966年になってダマスカスにPLO主導でパレスチナ・アラブ演劇協会が結成され、演劇を通してパレスチナ問題への意識を高め、パレスチナ文化の再建へ寄与することが図られる。ファタハの支援を受けてアラブ諸国への巡業もしばしば行われた。これを引き継いで70年に誕生したパレスチナ国民劇団も80年以来ＰＬＯの支援を受けるなど、政治との密接な結びつきの中でパレスチナ演劇が独自の展開を見せることとなる（なおシリアやイラクの演劇家も多く参加している点が特徴的）。とりわけ第三次中東戦争の敗北の後は、民衆の政治意識高揚を目的とした抵抗演劇が盛んとなった。たとえば、最も成功した劇作家ともいわれるモイーン・ビスースィー（１９２６～８４年）の代表作『ザンジュの乱』（１９７１年）は、アッバース朝の黒人奴隷をパレスチナ人に見立てた政治劇である。

例外的なのが71年にフランソワ・アブー・サーレムがエルサレムに設立したバラリーン劇団で、日々の生活を題材に、イスラエルの占領やパレスチナの保守性を批判する即興劇（歌やダンスも）を展開した。地方巡業した最初の劇団の一つでもあり、パレスチナの文化アイデンティティへ大きく寄与した。

このバラリーン劇団が74年に解散してからは、アブー・サーレムは短命の劇団を繰り返し設立してブレヒトの『例外と原則』の翻案などを上演するが、ようやく77年にバラリーン劇団の旧メンバーやガラリヤの役者たちを集めてアル・ハカワーティー（講釈師）劇団を設立、こちらは93年まで続き、芸術と政治のバランスがとれたパレスチナ演劇の発展に寄与した。テンポのよい筋運び、小話やダンスによるスケッチが特徴で、台本はグループ制作したものだった。

代表作『シャンマ村』（１９８７年）は、海外に留学したパレスチナ人が帰郷してみるとイスラエルに村が破壊されて無くなっていたという話で、ガリラヤのパレスチナ人村落が何百も破壊されたことを反映している。ハカワーティー劇団はヨルダン川西岸や周辺の村に巡業し、81年にはタブーを破ってテルアビブでユダヤ人の観衆相手に公演を行った。初めて海外ツアーに出たパレスチナ劇団の一つでもある。

なお、83年にハカワーティー劇団はエルサレムの映画館を借りてパレスチナ初の演劇センターへと整備し（照明音響設備の整った400人規模の劇場）、翌年自らをレジデント・カンパニーとしてオープンさせている。この劇場は、劇団が解散した後もパレスチナ国立劇場として存続し、さまざまな催しを行っている。

このようにパレスチナ演劇の興隆期であった70〜80年代にはたくさんの劇団・演劇家が登場したが、ダバビース劇団（1972年、ラーマッラー）、アル・カシュクール劇団（1974年、エルサレム）などの少数の例外を除き、ほとんど長続きしなかった（一度も公演できないものすらあった）。この時期のパレスチナ演劇の広がりを受けて、イスラエル政府は東エルサレムにダーウード文化会館を設立するが、ほとんどのパレスチナ劇団からボイコットされる。これに対しパレスチナ人知識人たちは独自の文化センター「生きている演劇」（マスラハ・ハイイ）を設立した。また、ガッサーン・カナファーニー（1936〜72年）やエミール・ハビービー（1921〜96年）といった著名な小説家たちが残した戯曲も忘れるべきでないだろう。

オスロ合意以後は、国外の資金や専門家が流入し、演劇のNGO化が進んだ点が指摘されており、海外の演劇祭などとの交流も年々盛んになっている。また、2000年代にようやく独自化した教育カリキュラムでは、高校最終学年のアラビア語・アラブ文学の教科書の最終課は演劇に充てられることとなった。

いま世界で最も著名なパレスチナの演劇家といえばジョルジュ・イブラーヒームだろう。彼の率いるアル・カサバ・シアターは、1970年にシアター・アーツ・グループとしてエルサレムに出発、80年代半ばには論争的な主題や実験的な形式を深めてゆき、98年にはラーマッラーのアル・ジャミール映画館を改修して複合文化センターを開設、アル・カサバ・シアター・アンド・シネマテックとなった。東京国際芸術祭などに招かれて日本で何度も公演を行っており、2014年のフェスティバル／トーキョーでは演出家の坂田ゆかりとともに『羅生門――藪の中』を共同制作している。

また、国際演劇協会日本センターの事業「紛争地から生まれた演劇」シリーズも、ハイファーのミーダーン劇場からターヘル・ナジーブ、ヘブロンのイエス・シアターからイーハーブ・ザーヒダを招聘しており、小規模ながら着実に交流イベントを積み重ねている。なお、2015年のリーディング上演作品『夕食の前に』の作者ヤーセル・アブー・シャクラもパレスチナ系のシリア人である。

ちなみにターヘル・ナジーブは2010年の来日時に早稲田大学で講演も行っており、パレスチナ演劇におけるインプロヴィゼーションの重要性や女優への社会的圧力などについて熱弁を振るっている。これに加えて忘れてならないのは児童演劇の存在であろう。劇場のホームページを見れば、大人向けの演目の他に子供向けの演目のページがしばしば用意されている。児童のための演劇のみならず、児童の演じる演劇も盛んであり、演劇と教育が密接に関わっている様子が窺える。

映画俳優として有名なジュリアーノ・メール・ハミースは、破壊されたコミュニティを再生させ、子供たちに自己表現するための「失われた言葉」を取り戻させるものとして演劇活動を推し進めた。

そもそも90年代のジェニーン難民キャンプの子どもたちに演劇を教えたのは母のアルナ・メールであり、2003年にジュリアーノは母の活動と子どもたちのその後を追ったドキュメンタリー映画『アルナの子供たち』を発表、教え子の少年たちが2002年のイスラエル軍による難民キャンプの破壊の際に殺害されていたことが判明する。ジュリアーノもジェニーンにフリーダム・シアターを設立し、2008年には3年制の俳優学校を開設したが、惜しくも2011年に暗殺されてしまった。同様に、エミール・ハビービーの小説『悲楽観屋サイードの失踪にまつわる奇妙な出来事』（山本薫訳）を基にした一人芝居（2006年に来日公演）を長年演じ続けていることでも知られているムハンマド・バクリーも、この虐殺をドキュメンタリー映画『ジェニーン・ジェニーン』に撮ったがために上映禁止や訴追といった不条理な制裁を科されることとなった（2007年に山形国際ドキュメンタリー映画祭に招待された『あなたが去ってから』でその経緯をハビービーの墓前に語っている）。だが、演劇はけっして無力ではない。厳しい現実に向き合い、自らの言葉で世界を語るために、演じ手をも観衆をもエンパワーメントする手段として確かに生きられているのだから。

（鵜戸聡）

## パレスチナの踊り「ダブケ」

コラム11

田浪亜央江

パレスチナ人の多くは、踊り（ダンス）が非常に好きだし、上手だ。祝いの席で音楽が流れ、誰彼となく立ち上がって身体をくねらせ始め、それが全体に伝播してゆくという光景を何度も目にしてきた。まだ言葉もたどたどしい小さな子どもが、音楽に合わせ身体で豊かに表現するのを見て、「身体の作りからして違う！」と息をのんだこともある。踊りが日常に浸透しているパレスチナの文化的風土が、誰に習ったというのでもなく音楽に自然に身を任せることのできる身体を生み出しているのだろうか。

踊り手が増え、皆で踊ろうというムードになれば、手をつなぎ「ダブケ」になるのが大方の流れだ。ダブケとは足で大地をたたきつけるようにしつつ数人から数十人が列や輪をなして踊るもので、パレスチナだけでなくシリア地方の各地で見られる。結婚式などの祝祭にはつきもので、収穫のあとの余興として踊られたり、雨乞いとして踊られるなど農耕社会に根づいている踊りだが、その起源には諸説あるようだ。

パレスチナでは１９４８年のナクバを経験したあと、70年代初頭から各地で文化復興運動が盛んになった。パレスチナの伝統に根差し、大地を力強く踏みならしながら踊るダブケは、パレスチナ人のアイデンティティや未来への希望を表現するのにぴったりだったこともあり、一大ブームとなった。連綿とダブケが踊られてきた農村と異なり、都市で若者の自発的なサークルとして新たに結成されたグループには、ステップのさまざまなバリエーションや、ダブケで使われる歌謡を調査・収集する活動を行うものも登場した。そうやってダブケを踊るだけではなく、パレスチナの伝統文化を掘り起こし、継承する文化的な機運全体を広げていった。

教会を利用したダブケの練習風景（タイベ村、筆者撮影）

次第に各地でダブケ・フェスティバルが盛んに開催されるようになり、グループ間の競争も生まれた。舞台で演じられるダブケは一方から観客に対して見せるものであるため、農村で踊られてきたものとはそもそも構造的に異なり、さらに観客を飽きさせないパフォーマンス性や芸術性も求められるようになった。そうした流れの中でさまざまな試みを続けながら現在まで同じグループとして存在し、高い評価を得ているのが、1979年に結成された「エル・フヌーン」というグループである。同グループのパフォーマンスの場合、多様な踊り方や、ストーリー性が取り込まれたりしており、現在ではダブケという概念では括れなくなってはいるのだが。

パレスチナで現在活動しているダブケのグループの数は数え切れないほど多い。たいていの学校にダブケのクラブがあり、各市町村や教会などが運営するナーディーと呼ばれる青少年クラブや、難民キャンプの中で有志によって運営される文化団体にも、ダブケのグループがある。最近、とくに都市部に存在するダブケ・グループの場合は、モダンダンスやバレエ等、西洋のダンスとの比較や競争も意識される。だが、パレスチナ社会に根づいたダブケの強みは、海外で教育を受けた指導者や、外国人指導者と出会う機会がなくとも再生産できることにあり、パレスチナ全体を見れば、まだまだ伝統的なダブケにこそ根強い人気が集中しているように思う。

# 29

# パレスチナ文学

## ★ナクバから生まれた言葉の力★

1948年のイスラエル建国に伴う故国喪失の悲劇（ナクバ）という特異な歴史的経験と、そこから生じた社会や人間に対する洞察や思索、またそれらを表現する方法や形式への高い意識、こうした要素はアラブ文学の中でもパレスチナ人の文学作品に際立った魅力を与えている。

ナクバ以前のパレスチナには、アラブ民族主義の詩人として知られるイブラーヒーム・トゥーカーンのほか、近代アラブ文学史に名を残すような文学者はほとんど見当たらない。だが、1950年代後半以降、ナクバによってアラブ諸国に離散したパレスチナ難民たちの中から、ジャブラー・イブラーヒーム・ジャブラーやガッサーン・カナファーニーといった詩人や小説家が登場し始める。1950年代から60年代にかけては古典詩の定型から脱した現代詩の確立を目指すアラブ詩の革新運動が盛んだった時期であり、小説も目覚ましく発展を遂げつつあった。離散の地のパレスチナ人文学者たちはこうしたアラブ文学の最新動向に刺激を受けると同時に、彼らのナクバの経験がアラブ世界の知識人や文学者たちに伝統的な価値観や権威への懐疑を強めさせ、革新的な文学運動を加速させたとの指摘もある。

なかでも12歳で難民となったガッサーン・カナファーニー（1936～72年）は、パレスチナ難民たちの苛酷な生の諸相を描いた数多くの短編と、難民として生きることの意味や祖国とは何かといった問いを探求した幾つかの中編小説によって、パレスチナ文学を代表する作家となった。パレスチナ解放人民戦線（PFLP）のスポークスマンでもあったカナファーニーは、1972年にベイルートでイスラエルの諜報機関に爆殺され、短い生涯を閉じたが、彼の残した作品の多くは今なお続くパレスチナ人の苦闘を映し出し、色褪《あ》せることがない。給水車のタンクに身を潜めて国境を密かに越えようとする難民たちを描いた傑作『太陽の男たち』（1963年）は、最近の中東や北アフリカからヨーロッパを目指す難民たちの決死の旅路と重なり、また新たな読みの可能性を広げている。

一方、ナクバの後、イスラエル領となってしまった故国にさまざまな経緯で留まることになったパレスチナ人たち、いわゆるイスラエル・アラブの間でも、イスラエル国内における自分たちの権利とパレスチナのアラブ人としてのアイデンティティを訴える文学が育っていた。周辺アラブ諸国から切り離されていたイスラエル領内のパレスチナ文学の存在が外部に知られるようになったきっかけは、皮肉なことに、1967年の第三次中東戦争でアラブ諸国が大敗し、ヨルダン川西岸地区とガザ地区までもがイスラエルの支配下に置かれたことだった。これ以降、イスラエル領内と占領地、そして離散の地という三つの状況を反映した文学作品が、パレスチナ文学の総体を形作っていくことになる。

イスラエル領内のパレスチナ文学を代表する作家エミール・ハビービーは、英委任統治期の1921年、パレスチナ北部の港湾都市ハイファーで生まれた。ナクバの際にいったんは国外に逃れたものの、密入国して故郷のハイファーに戻り、後にイスラエル国籍を取得、共産党の主要メンバーとしてイスラエル国会議員や党機関紙の編集長などを務める傍ら、1950年代半ばから1996年に亡くなるまでに、いくつかの優れた小説を世に送り出した。なかでも1974年に発表した『悲楽観屋サイードの失踪にまつわる奇妙な出来事』は、イスラエルに暮らすパレスチナ人の矛盾と不条理に満ちた現実と、彼らの苦難の歴史とを、皮肉たっぷりな笑いに昇華させたパレスチナ文学の傑作とみなされている。

1942年生まれの詩人マフムード・ダルウィーシュもまた、いったん難民となったが密入国し、後にイスラエル国籍を認められた一人であった。サミーフ・アル・カースィム、タウフィーク・ザイヤードらとともに、抵抗詩人として若くして名を知られるようになった彼は、その言葉の影響力と共産党での政治活動のためにたびたび拘禁され、1970年代初頭にイスラエルを後にした。PLOに合流した彼は1982年のイスラエル侵攻時までベイルートを拠点に精力的に作品を発表、パレスチナを代表する詩人としての地位を確立する。PLOがベイルートを追われた後は、チュニジアやパリなどを転々としたが、オスロ合意後の1995年にラーマッラーへの帰還が認められた。大衆的な抒情性と前衛性を兼ね備えた彼の詩は、国際的に高い評価を受ける一方、パレスチナの一般民衆に広く愛され、2008年に亡くなった今でも国民的詩人として別格の扱いを受けている。

ヨルダン川西岸地区の町ナーブルスの名家に生まれたファドワー・トゥーカーン（1917～2003年）は、有名詩人の兄イブラーヒームの薫陶を受け、若くしてたぐいまれなる詩才を開花させた。女性としてさまざまな社会的制約を課されながらも、定型詩から自由詩へというアラブ詩の変化と、女性の解放やナショナリズムといった時代の変化を身をもって経験する中から、彼女独自の詩の世界を切り開くことに成功した。とくに１９６７年の敗北によって故郷のナーブルスがイスラエルの占領下に置かれて以降、みずみずしい生命力に満ちた彼女の詩は、占領に対するパレスチナ人の抵抗を支え続けた。１９４１年生まれで同じナーブルス出身のサハル・ハリーファもまた、イスラエルによる占領と男性中心的なパレスチナ社会の保守性とに抗する小説で知られる女性作家である。

近年、最も精力的に作品を発表しているパレスチナ人文学者としては、詩人で小説家のイブラーヒーム・ナスラッラーの名が挙げられる。ヨルダン在住の難民作家である彼は、オスマン朝期から現在までのパレスチナ人の歩みを壮大に描く『パレスチナ喜劇』シリーズなどで高い人気と評価を得ている。また、１９７３年生まれでガザ在住のアーティフ・アブー・サイフは、ニュースでは到底知りえないガザ地区に生きる人々の暮らしや感情を緻密に描いた作品で注目される若手作家の一人である。

さらに、欧米育ちのパレスチナ難民二世・三世の中から、英語等による文学作品も生み出されてきており、パレスチナ文学をより広く、豊かなものとしている。

（山本薫）

コラム12

## 言葉の「ナクバ」
### ――ヘブライ語で書くパレスチナ人作家

細田和江

「25年間ヘブライ語で書いてきたが、何も変わらなかった。……ユダヤ人の若者が、アラブ人（パレスチナ人）だという理由だけで彼らを襲撃したとき、僕は小さな戦争に敗れたのだとわかった」（インターネット版『ガーディアン』）

この言葉を残し、ある一人の作家がイスラエルを去った。彼、サイイド・カシューアはイスラエルのパスポートを所有するパレスチナ人、いわゆる「48年のアラブ人」である。2015年夏、イスラエル軍のガザ攻撃と、その後の国内のパレスチナ人への脅迫や嫌がらせをきっかけに家族とともに渡米した。

カシューアは1975年テルアビブから北東に20キロほどにある町ティラで生まれた。イスラエルのパレスチナ人の中で最も著名な作家の一人であり、これまでに出版した小説はいずれもベストセラーとなっている。ヘブライ語の日刊紙『ハアレツ』週末版のコラムニストであり、人気ドラマ『アラブのお仕事』（Avoda Aravit、ヘブライ語の俗語で「二流の仕事、手抜き仕事」の意）の脚本家・プロデューサーとしても活躍している。イスラエルで生きるパレスチナ人たちの巻き起こすあらゆるトラブルがコメディタッチで描かれた本ドラマは、2007年の放映開始から国内外で話題となりシリーズ化されるほどである。

ムスリムとして初めてヘブライ語作家となったカシューアは母語のアラビア語で執筆したことがない。デビュー作『踊るアラブ人』（2002年）では成績優秀者としてエルサレムの進学校に通うことになった少年を、『二人称単数』（2010年）ではユダヤ人から尊敬されるべく虚勢を張り続ける弁護士と植物状態のユダヤ人に成り代わって人生をやり直そうとする村出身のパレスチナ人青年を主人公に据え、イスラエルのユダヤ社会で生きるパレスチナ人が持つさまざまなコンプレックスや、ユダヤ人・同胞のパレスチナ人への複雑な感情を描いた。

母語ではない言語で小説を書くのにはたいへんな困難が伴う。パレスチナ人初のヘブライ語小説家アタッラー・マンスール（1934年〜）や現代ヘブライ文学史上、名作の誉れ高い『アラベスク』（1986年）の作者アントン・シャンマース（1950年〜）、ドゥルーズ派詩人のナイーム・アライディ（1950年〜）らから、アイマン・シクセック（1984年〜）まで、ヘブライ語で書く作家はあえてこうした「選択」を行っている。マンスールらヘブライ語を成長してから身につけた世代の「選択」にはひとえに「自分たちもイスラエルの一部である」という覚悟と信念が表れている。一方、幼少期からヘブライ語教育を受け、口語と文語の差異が大きいアラビア語ではなくヘブライ語で書くことに不自由さを感じないカシューアら若手作家であっても、ヘブライ語で書くことはイスラエルで生きるための「戦争」（カシューア）であり「政治的決断」（シクセック）であった。

しかしながら結局のところ、社会の不寛容に絶望した彼らの多くはイスラエルを去り、アメリカに移住したシャンマースはすでに小説の執筆をやめている。現在イスラエルに留まるパレスチナ人は、母語アラビア語で執筆しそれをヘブライ語で翻訳する方が主流で、ヘブライ語そのもので書く作家は決して多くない。

言語的多様性は排他的な社会風潮に対抗する一つの手段である。そんななか、アラビア語世界から離散し、「占領者」の言語＝ヘブライ語で書く作家たちはかすかな「声」を挙げ続けている。

# 30

# ウード弾きたちの挑戦

## ★伝統音楽から新しい地平へ★

おお、私のウード。孤独な夜の友。
その響きは、私を遥か彼方、境界を越えた遠い地に連れていく。
（アマル・マルクスのCDアルバム『アマル（希望）』より。レバノンの女性歌手ファイルーズも歌った古くから知られる民謡）

柔らかな曲線を描く胴体から深い響きを放つウードは、アラブ・トルコの音楽世界で１５００年にわたり重要な役割を果たしてきた。パレスチナでもウードは最も愛される楽器で、ウード弾きの層は厚い。エルサレム、ラーマッラー、ハイファー、ナザレ、ベツレヘム、ナーブルスなどの音楽学校では、多くの青少年たちがウードを習い、国際的に活躍するウード奏者の名前も枚挙の暇がない。小稿では、今日パレスチナの音楽界をリードする４人（４家族）のウード奏者を紹介し、彼らの伝統音楽との関わり方と新しい音楽への挑戦について記したい。

パレスチナの伝統音楽は、レバノン・シリア地域の音楽形式や楽器を共有し、20世紀前半には、サイイド・ダルウィーシュやウンム・クルスームに代表されるエジプト近代歌謡の影響を強く受けた。村々には、「ダル・オーナ」や「アタバ」などの

# 第30章
## ウード弾きたちの挑戦

民謡、ヤルグールと呼ばれる管楽器が支える民族舞踊の「ダブケ」も息づいていた。文化活動が盛んな村やハイファーやナザレなどの都市には、結婚式やハフラ（パーティ）でお呼びのかかる歌手やウード弾き、ダルブッカを打つ者がいた。現在活躍するウード奏者の多くは、このような歌手やウード弾きを代々輩出する一族に生まれた者が多い。

その代表格が巨匠シモン・シャヒーンである。彼は、1955年ガリラヤ北部のタルシーハ村で、祖父は教会のカントル、父は有名なウード弾き兼音楽指導者という音楽家一家に生まれた。5歳でウードを、7歳からクラシック音楽のヴァイオリンを習い、1978年エルサレムのルービン音楽院を卒業した。彼が受けた正規の音楽教育は西洋音楽だったが、「父との仕事が、私にとって本当の意味での教育だった」と言う。1980年にアメリカに移住し、ニューヨークを拠点に演奏、作曲、教育と幅広い独自の音楽活動を始める。クラシック音楽で鍛えられた技巧の上にアラブ音楽の粋である「マカーム（旋法）」が勢いよく展開する見事な演奏は、レバノン出身の演奏家兼民族音楽学者のジハード・ラシと共演したアルバム『*Taqasim*（即興）』で聴ける。1990年代、彼は「Qantara」というグループを結成し、西洋音楽に加え、ジャズ、ラテン、インド音楽などをアラブ伝統音楽にフージョンするクロス・カルチュラルなプロジェクトを進めていく。越境する音楽への挑戦を続ける彼だが、ウードの演奏にはアラブの伝統的な音楽語法と奏法が揺るぎなく保たれている。

シャヒーンを筆頭にパレスチナ人のウード弾きたちは、楽観的な和平ムードのあった1990年代、伝統と革新とのはざま、西と東の音楽の出会い，ワールド・ミュージックといったテーマを掲げ、精力的に活動した。当時学生時代を過ごした1970年代生まれの若きウード弾きたちもこの潮流にの

ニザール・ロハナとトニー・オーヴァーウォーター（Will De Jong撮影）

り、キャリアを築き始めた。

1973年生まれのサミール・ジュブラーンは数代続くナザレのウード製作者兼音楽家一家に生まれた。ナザレの音楽学校で学んだ後、1995年カイロのムハンマド・アブドゥルワッハーブ記念音楽院を卒業した。翌年、最初のソロ・アルバムを発表したが、2002年に発表した『Tamaas』では、弟のウィッサーム（1983年生）が加わり「デュオ（二重奏）」が誕生、その後もう一人の弟アドナーン（1985生）も加わり、2004年に「Le Trio Joubran（ジュブラーン・トリオ）」が結成された。2005年より兄弟はラーマッラーとパリを活動拠点とし、詩人マフムード・ダルウィーシュとのコラボレーションや国連でのコンサートなど話題性にこと欠かない活動を行う。3人の演奏は、シンプルな旋律が繰り返されながらエクスターザに至るといった曲の運びが特徴だ。またステージは、光や装置が駆使され、パフォーマンス的な要素が強い。

ニザール・ロハナは1975年カルメル山麓のウサフィーヤ村生まれで、エルサレムのルービン音楽院内に1995年に創設されたオリエント音楽学科の第1期卒業生である。ヘブライ大学で音楽学の修士号を取得し、エドワード・サイード記念パレスチナ音楽院の教師兼アドバイザーを務めた。欧米、モロッコ、エジプト、日本などで演奏経験を積むうち、「もっと自由で、演奏に集中できる」機会を求め、2013年よりオランダに拠点を移した。『Sard（ナレーション）』という彼のアルバムには、伝統的なマカームが複雑に絡み合う独奏の即興曲と合奏の器楽曲が並ぶ。現在はオランダ人のコントラバス奏者と二重奏、レバノン人の打楽器奏者とハンガリー人のコントラバス奏者との三重奏を組む。アラブ音楽のマカームに根ざした室内学的な、親密なジャムセッションのような音楽づくりを欧州の土壌で展開する。弟のミシェルもウード奏者兼教師で、兄弟のデュオ・アルバムの制作も進行中だ。

ウード奏者で今最も熱いパレスチナ人作曲家がハビーブ・ハンナ・シェハーデだ。1974年ガリラヤ地方のラマ村生まれで、エルサレムのルービン音楽院とヘブライ大学で作曲及び音楽学を専攻した。当時彼は五線紙に手書きで旋律を記してウードを教え、音楽仲間とのセッションでウードを弾き、自作を奏でた。パレスチナ音楽院の創立・運営にも関わり、スタッフとともにアフリカのザンジバルの音楽院でアラブ伝統音楽のワークショップを行ったこともある。どんな出会いも誠実に受け止め、あらゆる音楽に好奇心を抱く彼は、これまで数々の演劇・映画音楽などの作品を手がけている。その1つが第20回東京国際映画祭で最優秀作品賞を受賞したイスラエル映画『迷子の警察音楽隊』（2007年）の音楽だ。彼の生み出す旋律は繊細だが、作品は複雑で、アラブ音楽のエコーの中で、ジャズ、西洋クラシック音楽、ロックなどさまざまな様式が混合し、ダイナミックに動いていく。2015年夏には、ガザ出身の「アラブ・アイドル」としてブームを巻き起こしているスター、ムハンマド・アッサーフのための歌を作曲し、カナダでミキシングを行った。もちろんハビブ自身がウードを弾く。

今日、パレスチナの音楽家は、パレスチナ人としてのナラティブを音楽表現として発信することを運命づけられている。パレスチナ情勢について問われることも少なくない。ウード弾きたちは、音楽づくりに没頭するだけでなく、主催者や共演者との関係や活動のあり方を通して、パレスチナ人としての立場を示し、インタビューの席で語る。シモン・シャヒーンとジュブラーン兄弟は、イスラエル人がプロデュースするイベントには参加しない方針を明確に示し、占領と闘う姿勢をとる。ニザールは、パレスチナとイスラエルの音楽共同プロジェクトを批判し、「パレスチナ人はそれ以前に、イスラエルとの闘いで崩壊したアイデンティティを取り戻す必要がある」と主張する。また、ハビーブは「かつて、政治から変化が訪れると信じたが、今は文化だけが変化を育むのだとわかった。芸術を通して失望、宗教への偏狭、社会格差に立ち向かえる」と語る。喪失と苦悩の歴史の中で、受け継がれてきたアラブ伝統音楽を出発点に新たな地平を切り開くウード弾きたち。音楽はパレスチナ人のアイデンティティを再構築する力となり、何かを変えていくのか。ウード弾きの旋律は境界のむこうとこちらとでこだまし合う。

（屋山久美子）

# 31

# ポピュラー音楽

## ★革命歌からラップまで★

20世紀初頭に始まるアラブのポピュラー音楽産業の中心地は、長らくエジプトの首都カイロとレバノンの首都ベイルートであった。この両都市から発信されたヒットソングは、古くはラジオや映画を通じて、その後はテレビやカセットテープなどを介してアラブ諸国中に流通してきた。近年は湾岸資本の国際メディア企業が台頭し、衛星放送やインターネットの発展も伴って、音楽・娯楽産業の「汎アラブ」的構図はますます強まっているといえるかもしれない。

そんな中、「パレスチナの解放」は、アラブ圏の聴衆全体に向けた歌のテーマとして、エジプトのムハンマド・アブドゥルワッハーブやレバノンのファイルーズといった大物歌手らによってたびたび歌われてきた。1998年にアラブ各国の人気歌手たちを一堂に集めて作られた『アラブの夢』もその流れに位置づけられる。イスラエルに対するアラブ諸国の度重なる敗北とパレスチナ人の苦難の歴史を映し出すこの曲のビデオクリップは、2000年にはじまった第二次インティファーダへの連帯ソングとして、アラブの衛星テレビ各局で繰り返し放映された。

一方で1970年頃から、メジャーな音楽産業とは一線を画したアンダーグラウンドな、あるいはローカルな脈絡で、パレスチナの抵抗運動により直接的にコミットするような抵抗歌、あるいはゲリラ部隊とも近い関係にあるパレスチナ人ミュージシャンたちによる革命歌なども作られるようになり、PLO系のラジオ局やカセットテープ等を通じて、各地の難民キャンプや占領地にも浸透していった。レバノンの音楽家マルセル・ハリーファは、マフムード・ダルウィーシュらパレスチナの抵抗詩人たちの詩に曲をつけるスタイルで、パレスチナの人々の胸に深く響く名曲の数々を生み出した。

1987年に占領地に広がった第一次インティファーダは単なる政治運動にとどまらず、音楽や美術、演劇など、幅広いパレスチナ文化の革新運動と連動していた。民族舞踊ダブケのリバイバルに伴い、パレスチナ民謡を現代的にアレンジした楽曲やコーラスのグループなどが数多く生まれ、さまざまなイベントやフェスティバルなど、発表の場も広がった。中でも1980年に東エルサレムの若者たちを中心に結成されたサーブリーンは、ロック、ジャズ、ブルース、レゲエなど、西洋のポピュラー音楽をベースに、アラブの伝統的な楽器や音階を取り入れた斬新でオリジナリティ溢れるスタイルで、インティファーダ世代の若者たちに圧倒的な支持を受けたグループだ。サーブリーンは1992年に来日公演を行い、日本でも3枚のCDが発売された。現在でも東エルサレムでスタジオを運営し、音楽教育やプロデュースなど、パレスチナにおける音楽活動の中心的な役割を担っている。またリーダーのサイード・ムラードは、数多くのパレスチナ映画に楽曲提供をしていることでも知られる。

一方、2000年代以降、パレスチナの若者たちの間に急速に広がったのがラップ音楽だ。ラップは近年、アラブ世界における抵抗文化の一つとして定着してきており、2011年のアラブの春でもその発信力が注目を集めた。パレスチナではそれ以前からアラビア語で政治的・社会的なメッセージをぶつけるラップが盛んになり、最近では各地の文化センターでワークショップが開かれるなど、青少年向け文化・教育プログラムとしても広がりを見せている。このムーブメントの先駆けとなったのがＤＡＭというグループであり、２０１３年に日本で劇場公開されたドキュメンタリー映画『自由と壁とヒップホップ』には、ＤＡＭを中心とするパレスチナのラップ音楽シーンが活写されている。

ＤＡＭは１９９８年、イスラエル領内の町リッダ（ロッド）で結成された。アメリカのラップ音楽に描かれる黒人ゲットーは、イスラエル国内で二級市民扱いされる自分たちの暮らすアラブ人地区そのままに思えたという彼らにとって、ラップは単なる借り物の表現ではなかった。伝統音楽の要素を取り込み、アラブ詩の影響や引用に溢れた彼らのアラビア語ラップは、かつての抵抗詩人や抵抗歌の役割を引き継ぐ表現として、イスラエル領内だけでなく、ヨルダン川西岸地区やガザ地区のパレスチナ人同胞の心も摑み、レバノンなどの難民キャンプでも、後に続くラップグループが登場している。

ＤＡＭの名を一気に知らしめたのが、２０００年に始まった第二次インティファーダに共鳴した『誰がテロリストだ？』という曲だった。「誰がテロリストだ？　俺がテロリストだって？　自分の国に住んでるだけだぜ」と、パレスチナ人が直面する理不尽な現実を激しく揺さぶるこの曲は、インターネット上の音楽配信サイトを通じて広まった。メジャー音楽産業との接点を持たない彼らのようなアンダーグラウンドのミュージシャンたちにとって、近年のインターネットを通じた音楽配信の発展は、世界と繋がる可能性を飛躍的に広げたといえるだろう。また、ネットを通じて欧米や中東各地のラップミュージシャンとの交流やコラボレーションも容易になった。イラク系イギリス人の

Lowkeyが中心となり、DAMやイラン人ラッパーなども参加した2009年発表のプロテストソング、『*Long Live Palestine 2*』は、そうした成果の一つである。

また、欧米のワールドミュージック市場と繋がることで、ローカルな枠組みを越えた活躍をするパレスチナの音楽家たちも出てきている。イスラエル領の町ナザレ在住の女性歌手、リーム・バンナーは、ノルウェーのプロデューサーやミュージシャンとの共演をきっかけに、世界的な活躍の場が開けた。同じくナザレ出身のル・トリオ・ジュブラーンは、アラブの伝統楽器ウード演奏家のトリオで、現代的解釈を施した伝統音楽のジャンルに入るミュージシャンではあるが、フランスのレーベルからアルバムを出し、国際的な活躍をすると同時に、パレスチナ現地でも人気が高い。

（山本薫）

コラム13

## パレスチナ系アメリカ人のコメディアン

南部真喜子

2015年夏、ラーマッラー市内のホテルで中東出身のコメディアンによるコメディショーが行われた。

ショーの名は、千一夜物語になぞらえた「1001 Laughs Comedy Festival（千一の笑い）」。司会のアーメル・ザハルによる軽快なジョークを皮切りに、7人のコメディアンがそれぞれの持ちネタを繰り広げる。日常の小ネタから政治ネタまでが英語とアラビア語で飛び交い、会場の観客を楽しませた。

ラーマッラーで開催された「1001 Laughs コメディショー」（筆者撮影）

ショーに出演したコメディアンのほとんどは、パレスチナ出身の親を持ち自らは移住先のアメリカで育った「パレスチナ系アメリカ人」である。親の話すアラビア語に親しみ、パレスチナ料理を食べ、中東情勢を熟知しつつも、アメリカ社会に生きてきた。

近年、エンターテイメント業界における彼らの活躍は目覚ましい。その背景には、2001年の米同時多発テロ以降にアメリカ社会で急速に広がった、アラブ人やイスラーム教徒に対する差別や偏見がある。

事件後、それまであまり目立たない存在だったアラブ系市民の、テロや暴力、原理主義といった一面的なイメージがメディアで先行した。そんな社会の変化を下積み時代に体験した若い世代を中心に、笑いを通してメディアに写

上：ネタを披露するサイード・ドゥッラー
下：ネタを披露するアーメル・ザハル（左）（写真／Consulate General of United States Jerusalem）

るイメージを変えて行こう、差別する側とも弁護する側とも違う等身大の自分たちを発信していこうとする動きが生まれた。ディーン・オビダラやメイスーン・ザイヤドを筆頭に、「Allah Made Me Funny（アッラー・メイドミー・ファニー）」や「Axis of Evil Comedy Tour（悪の枢軸コメディツアー）」など、アラブ系コメディアンを集めたグループを結成し、活動の場を海外にも広げた。

ネタは身の周りの日常である。アラブ系市民としての生きづらさ、軍事占領や対テロ戦争――日々感じる違和感を風刺とユーモアたっぷりに話す。

「今の時代、アラブなら誰でも『出口戦略』が必要でしょ?」。そう言うのは、幼い頃にテキサスに移住し語学学校に通うも、メキシコ移民の影響でスペイン語まで堪能になり、今では状況に合わせてアラブ系とスパニッシュ系の顔を使い分けるというモー・アーメルだ。

アラブ文化や家族の話題も欠かせない。

「私は33歳で結婚したけど、それってパレスチナでは67歳なのよね。脳性麻痺を持つ私の体はブーケをキャッチするには不便だけど、トスの方は得意よ。パレスチナ人は、何かを投げるっていうのが上手いのよ。石とかね」

ガザ出身の男性と結婚したメイスーン・ザイヤドの最近の十八番である。

一度見たら忘れられない大柄な体と肩にかけたクーフィーヤがトレードマークのサイード・ドゥッラーは、王道のアラブネタより日々の体験談を笑いにするのが得意だ。

「2013年のボストンマラソンで爆破事件があった直後なんだけど、ガソリンスタンドで白人のおじさんに会ったんだよね。こっちを見て鼻で笑うんだ。ぼくはそのとき"Support Boston"ってプリントの入ったTシャツを着てた。カッとなって『ムスリムだろうがアラブだろうが、ぼくらにだってこの国で自由に生きる権利はあるだろ！』って怒鳴ったんだ。そしたら『いや。そうじゃぁなくて。あんたその体でマラソン走りそうにないなって』だって！」

てっきり、事件の当事者同様イスラーム教徒や移民であることを軽蔑されたと思ったら、実は体型の問題で、返す言葉がなくなった、というオチである。

笑いを職業とする彼らだが、アメリカのアラブ系市民の実情を描いたドキュメンタリーを制作し本を出したりと、多方面で活躍しながら、発信のあり方に真剣である。

2014年のガザ戦争の際には、報道番組にコメンテーターとしても呼ばれた。アメリカに生きるアラブ人、そしてパレスチナ人の声を代弁しつつ、彼らもまた自身のルーツを模索しているといえるだろう。

エルサレム旧市街（山本健介撮影）

# Ⅳ

# 世界の中のパレスチナ

# 32

# 国連の難民救済事業

## ★UNRWAの活動★

本章執筆者の一人（清田）は国連パレスチナ難民救済事業機関（UNRWA、ウンルワ）で仕事をして2015年11月で5年を迎える。その間にパレスチナのガザでは戦争が2回、シリアでの内戦は5年目に突入、パレスチナのヨルダン川西岸やレバノンでは経済・社会の不安定が続き、ヨルダンはシリアからの難民急増に頭を抱えている。その社会不安の狭間で涙を流すパレスチナ難民に多く会った。

ガザのマガジ地区で働く助産師は、「主人と一緒に一生懸命働いてようやく建てた我が家が戦争で破壊された」と診療所で泣いていた。彼女の家は見晴しの非常に良い丘の上にある。砲撃で壁が壊され、そこから見える景色の美しさがかえって悲しい。シリアで出会ったある難民は、「食糧配給を受け取りに行くと知人に久しぶりに会った。元はとても裕福な人だったが、内戦のためか非常にやせ衰えていた。物乞いのような彼の姿を見ていたたまれず、挨拶もせずその場を去ってしまった」と目に涙を浮かべて話した。

パレスチナ難民が発生したのが1948年。67年前だ（2015年現在）。その間難民である状況は全く変わらない。そして、

第32章

# 国連の難民救済事業

再度難民となる人々が跡を絶たない。２０１５年9月にシリアから命をかけて逃れたパレスチナ難民の女性が持っていたのが、日本の支援した母子手帳であったことがニュースになり、安倍晋三首相の国連総会演説でも紹介されたが、再度難民となった この女性の気持ちを考えると言葉がない。パレスチナ難民の苦悩は続いている。

本章ではパレスチナ難民、そしてＵＮＲＷＡとは何か、その歴史と現状を中心に紹介する。

ＵＮＲＷＡは、現在のヨルダン、レバノン、シリア、ガザ地区、東エルサレムを含むヨルダン川西岸の5地域に暮らす約５６０万人（ＵＮＲＷＡ、２０１５年1月1日）のパレスチナ難民に対し、基礎教育、保健医療、貧困救済など生活に必要不可欠な基礎サービスを提供している国連機関である。ＵＮＲＷＡは１９４９年12月の国連総会決議３０２（Ⅳ）号により設立、翌年5月から活動を開始した。通常の国連機関と違いＵＮＲＷＡはパレスチナ難民に対する事業を直接実施する。そのために３万人以上の職員（多くがパレスチナ難民）がおり、国連機関の中でも最大規模である。

パレスチナ難民とは、１９４６年6月から48年5月までの通常居住地がパレスチナ（現在イスラエルとなっている土地）にあったが、その後の中東戦争で家と生活の糧を失った人々のことを指す。パレスチナ難民の子孫は難民登録ができる。１９４８年のイスラエル建国に端を発する第一次中東戦争の勃発により前述の5地域に逃れた約70万人のパレスチナ人の多くが数日で自宅に戻れると信じていたが、問題が未解決のまま67年が過ぎ、世代を重ねてその数は約５６０万人にまで膨れ上がっている。単独の難民としてはパレスチナ難民は依然世界最大の規模だ。

今日、パレスチナ難民は、食糧安全保障問題や貧困、若者、とくに若い女性の非雇用問題等懸念される状況にある。国際社会やUNRWA、そしてホスト国から教育・保健医療等にかかる基礎サービスを提供されたとしても、多くのパレスチナ難民は持続的な生計手段を得ていくことが困難な状況に直面している。そういう中で、教育や保健医療、社会的セーフティーネットの拡充などを通じて人生の選択肢の幅を増やすUNRWAの人道支援は非常に重要である。UNRWA第二次中期事業戦略（2016〜20年）では、人権、基礎保健医療、基礎教育、生計向上、基礎的生活環境整備を重要課題に掲げ、より戦略的に人道支援を継続する予定である。

67年という長い歴史の中で、UNRWAはパレスチナ難民への基礎サービス提供を継続しつつ、さらに時代の変化に合わせて、それを進化させ、多くの成果を達成してきた。

教育分野では、1960年代には教育の男女平等を実現、2002年にはUNRWAが直営する小中学校で人権教育を導入した。2011年に開始した教育改革では、教員の能力向上、教育機会の均等、新技術の導入等の教育の質の向上に着手し、雇用市場の要求に応える人材の育成を目指した結果、UNRWA学校の学習達成度は中東地域でトップクラスにある。2015年時点、UNRWAは685校の学校にて、約2万2000人の教師が、約50万人の生徒に授業を行っている。

保健医療では、2011年に幼児に対する予防接種率が99・6％に達したほか、母子保健手帳の普及等による母子保健の改善も見られる。現在の難民の最大の健康問題はいわゆる生活習慣病だが、2010年に開始した保健改革では、家族医制度の導入やE-health（電子カルテ）の導入により、より丁寧な診察、医薬品の効率的使用などが実現し、疾病予防につながっている。2006年には乳児死亡率が、世界保健機関が中所得国の水準とする22／1000出生を下回ったものの、近年のガザ紛争の影響や長引く経済封鎖の問題等もあり、ガザ地域において乳児死亡率の増加が懸念される。2015年時点、137カ所の診療所で3700人の医療従事者が診察を行っている。

貧困状態にあるパレスチナ難民に対する社会的セーフティネット支援もUNRWAの重要な活動の一つである。560万人のパレスチナ難民のうち、190万人が貧困状態にあり、UNRWAは彼らに対して、直接的あるいは間接的に、多岐にわたる社会保護サービスを提供している。最貧のパレスチナ難民（約29万人）に対しては、年4回基本的な食料の供給や補足的なキャッシュ支援等を行っている。

パレスチナ難民キャンプは、長い歴史の中で、一時的なテント都市から次第にプレハブに移り、細い廊下に特徴づけられた非常に混雑した多数階建てのコンクリート製のビルに変容した。隣接する町との区別がつきにくいが、難民キャンプの面積は変わらないため、増え続ける人口を受け入れるたびに、必然的に貧困が蔓延し、いったんキャンプ内に入ると、その極端に混雑した様相に遭遇する。現在58箇所あるパレスチナ難民キャンプの多くは人口過密状態にあり、上下水道などの基礎インフラの老朽化が激しい。これらの問題に対処すべく、UNRWAはコミュニティ参加型アプローチによる難民キャンプ改善に取り組んでいる。

UNRWAは67年にわたり、パレスチナ難民が直面する緊急事態を緩和するため、パレスチナ領域とレバノン北部を中心に緊急対策事業を実施してきたが、2007年のレバノン武装勢力とファタハ・イスラームの衝突によるナハル・アル・バーリド・キャンプの破壊、2011年から継続するシリア紛争、またここ数年で頻発するガザ紛争など、パレスチナ難民の受ける負の影響は増加し続けている。ＵＮＲＷＡはこれらの緊急事態に対しても、パレスチナ難民への人道支援を国際社会とともに実施し続けている。

長期化する難民問題、周辺地域の不安定化による緊急事態の発生、またパレスチナ難民の増加により、ＵＮＲＷＡは活動資金の確保が非常に難しい状況にあり、慢性的な財政難に悩まされている。２０１５年には一部サービスの停止を検討せざるをえない状況に直面した。最終的に必要な支援を得られたが、活動資金の確保は今後の課題である。また、ＵＮＲＷＡの基本サービスである教育と医療はその効果が報告されているが、65年（２０１５年現在）続く組織全体の硬直性もかねてから指摘されており、慢性的資金難の状況の中、さらなる効率化が強く求められている。

日本政府は国連加盟の３年前（１９５３年）からＵＮＲＷＡを通じたパレスチナ難民支援を開始し、２０１５年７月までに総額７億ドル超の支援を実施している。日本の貢献は、パレスチナ難民一人一人の能力を強化するという点で、人間の安全保障アプローチによる援助の優れた事例であり、人道・開発援助を通じた日本の平和貢献とＵＮＲＷＡの活動は非常に密接な関係にある。

ＵＮＲＷＡはその基本サービスの重要性もともかく、パレスチナ難民にとっては国際社会がパレスチナ難民問題を忘れていない、という唯一の拠り所とみなされている部分もあり、パレスチナ問題の公正で恒久的な解決が見えない限り、今後も国際社会とＵＮＲＷＡによる継続的なパレスチナ難民支援は依然として必要な状況である。

（清田明宏・服部修）

## コラム14

# 第一次中東戦争に参加した北アフリカ義勇兵

渡邊祥子

1946年3月、英米パレスチナ調査委員会がカイロで調査を行った際、チュニジア、アルジェリア、モロッコ、リビアのマグリブ（西アラブ）諸国の代表が連名で覚書を提出した。そこには、言語、宗教と理念を共有するマシュリク（東アラブ）とマグリブのアラブ人の連帯が強調されていた。また覚書は、イギリスによるパレスチナ支配と、フランスによるマグリブ支配の類似性を指摘し、ともに入植と同化政策を伴うことで、現地社会の独自の発展を阻害していると批判した。シオニストのパレスチナ入植が、マグリブへのヨーロッパ人入植と重ねられていたのである。

「マグリブ」といわれる、現在のリビア以西のアラブ地域は、アラビア語、アラブ文化を共有する地域でありながら、エジプト以東のマシュリクとは地理概念として区分され、異なる歴史を歩んできたと考えられてきた。そんなマグリブの人々を20世紀のマシュリク、そしてとくにパレスチナと結びつけたのが、世界のアラブの連帯を訴えるアラブ・ナショナリズムの思想であった。

1940年代当時のマグリブ諸国は、いまだヨーロッパ諸国の支配下にあった。フランス国内扱いであったアルジェリアには国家の枠組みはなく、フランス保護領であったチュニジアのフサイン朝、フランスとスペインの支配を受けていたモロッコのアラウィー朝も、外交、軍事に関する権限を奪われていた。第一次世界大戦前にイタリアに占領されたリビアは、第二次世界大戦でのイタリア敗戦を受け、北部をイギリスに、南部をフランスに占領された状態だった。こうしたなか、植民地支配からの独立を求めるマグリブ人の運動は、アラブ諸国からの助力に活路を求めた。

第二次世界大戦後、マグリブ三国（アルジェリア、チュニジア、モロッコ）のナショナリストたちは、アラブ外交の中心であったカイロに代表を派遣した。彼らの目的は、アラブ連盟と国際連合（ともに1945年創設）に働き掛けることを通じて、マグリブ三国の独立を国際問題化し、独立闘争を有利に導くことであった。三国の代表は1947年にアラブ・マグリブ事務所を、翌年にはアラブ・マグリブ解放委員会をカイロに結成した。モロッコの反植民地主義戦争・リーフ戦争（1893~1925年）の英雄アブドゥルカリーム・ハッタービーが代表を務めた同委員会には、アルジェリアのアルジェリア人民党、チュニジアのネオ・ドゥストゥール党、モロッコのイスティクラール党が参加した。1947年にはやはりカイロで、リビア解放委員会が結成された。

1947年のパレスチナ分割決議と翌年のイスラエル建国をきっかけに、マグリブでもパレスチナ支援運動が起こり、義捐金送付や義勇兵派遣のための大衆動員が行われた。マグリブ三国とリビアのナショナリスト組織のほか、1940年代にマグリブ各地で立ち上げられたアラブ・パレスチナ防衛委員会が、こうした動員に役割を果たした。この頃までに、新聞・雑誌に加え、ラジオのアラビア語放送が各地に普及していたことも、パレスチナ支援運動の拡大を支えた。人々はカイロやロンドンの放送を聞き、モスクや町のカフェでもパレスチナの戦況が話題にのぼった。

「今日はパレスチナを解放し、明日は北アフリカを解放する」を合言葉にパレスチナに向かったマグリブ義勇兵たちの運動は、東西アラブ交流の歴史に大きな足跡を残している。

# 33

# アメリカのパレスチナ関与

## ★歴代大統領はパレスチナをどう見てきたか★

第二次世界大戦時、アメリカではシオニストがユダヤ人国家創設に向けた運動を展開していた。だが、国務省はアラブ諸国との関係を重視し、シオニズムの主張に反対していた。ローズヴェルト大統領もまた、1945年にサウジ国王アブドゥルアズィーズと会談し、アメリカはアラブ・ユダヤ双方と協議をすることなくパレスチナの将来について決定しないこと、アラブ国民に敵対的な行動を取らない旨を約していた。

次のトルーマン政権が直面した課題は戦後のヨーロッパの難民問題だった。占領下ドイツの米軍統治地域に流入するユダヤ人難民は戦後も増え続け、25万人に達しようとしていた。アメリカはイギリスに対してユダヤ人難民のためにパレスチナの門戸を開くよう求めていた。1946年5月、パレスチナ問題に関する英米調査委員会はその報告書を発表し、10万人のユダヤ人難民のパレスチナへの移住が現実的であること、パレスチナにはアラブ国家でもユダヤ国家でもない一つの民主主義国家を作ること、両者の対立と憎悪が収まるまで国連の信託統治下に置くことを提案したが、アラブとの関係を重視するイギリスは国連に拒絶した。両国の協議は行き詰まり、パレスチナ問題は国連に委ねられた。

1947年、国連パレスチナ特別委員会（UNSCOP）はパレスチナの分割とエルサレムの国際管理を提唱する多数案と、ユダヤ・アラブの連邦樹立を旨とする少数案を提示した。アメリカ国務省・軍部は分割に反対したが、トルーマンは多数案を支持するよう命じ、11月29日、国連総会はパレスチナ分割決議を採択した。分割決議は大きな反発を招き、パレスチナ情勢は1947年12月以降ますます激化した。分割案を支持したアメリカだったが、決議履行のための秩序維持に必要な兵力を提供する意思はなかった。情勢を再検討した国務省は、分割案が前提とした当事者間の協力が得られない以上、アメリカはもはや同案を支持すべきではなく、国連の場で平和的に実現可能な代替案を模索すべきだとした。軍部もまた分割案の履行には大規模な兵力の展開が必要だがそれは不可能であると報告した。トルーマンも分割支持を継続できず、1948年3月には暫定的な国連信託統治へと方針を転換した。だが、信託統治への支持が集まらない中、5月14日にイスラエルが独立を宣言すると、そのわずか11分後、トルーマンは国務省の反対を押し切って事実上の国家承認を与えた。その決断の背後には同年秋の大統領選におけるユダヤ票をめぐる計算があるともいわれる。

分割の過程と続く第一次中東戦争の展開は70万人とも80万人ともされるパレスチナ難民を生み出した。と同時に、アラブ・イスラエル間の緊張によってエジプトやイラクといったアラブ諸国のユダヤ人住民の地位が揺らいでいた。アメリカのユダヤ人運動はこれらのユダヤ人住民への支援を国務省に対して求めたが、1950年代までの国務省は概してこうした声に冷淡だった。国務省の認識では、アラブ在住ユダヤ人の問題はあくまでもパレスチナ問題の従属変数であり、解決策もまたパレスチナ難民問題との連関の中で論じられるべきものなのであった。アメリカの高官はパレスチナ難民に同情し、そのような境遇を生み出してしまったアメリカの責任を痛感していた。アメリカはパレスチナ難民の帰還のためにイスラエルに圧力をかけたが、イスラエルは難民問題で決して譲歩しようとしなかった。

１９５３年にアイゼンハワー政権が成立すると、国務省のアラビストは巻き返しを図った。アラブと対立するイスラエルをアメリカが支持・支援していると見られては、中東諸国を対ソ戦略に動員することが不可能になる。ゆえにアメリカは領土と難民の帰還問題においてイスラエルに譲歩を求めることでアラブ・イスラエル紛争の解決を目指す「アルファ計画」を策定した。しかし、同計画はイスラエルの動きとアラブ民族主義、英帝国主義が絡み合う中で頓挫し、１９５０年代後半以降の国務省は徐々にパレスチナ問題解決への取り組みに消極的になり、パレスチナ難民については国連を通じた救済策に力点が置かれるようになっていく。国務省の消極化の背景にはアメリカ国内外のユダヤ人勢力の強い圧力があったことはダレス国務長官の指摘するところだ。アメリカ外交がアラブを重視する中、ユダヤ・ロビーが影響力の強化を企図して組織化を進め、アメリカ政治への働きかけを強めるのがこの１９５０年代のことである。

エルサレム問題が和平交渉の重要な争点となる中、エルサレムへのアメリカ大使館移転問題もまた、アメリカのパレスチナ／イスラエル政策の重要なイシューの一つとなっている。１９４９年にイスラエルがエルサレムを首都として宣言し、テルアビブから西エルサレムへと首都を移転したとき、アメリカは反対の意思を表明して大使館をテルアビブに置き続け、エルサレムで開催される独立記念パレードなどへの出席をボイコットし続けた。しかし1953年から1967年までの時期には、エルサレム問題を重点イシューにすることを避けようとする傾向が徐々に見られるようになる。イスラエルの頑なな態度と、アメリカ国内のユダヤ・ロビーからの圧力のためだ。それでもエルサレムに対する基本的立場に変更はなかった。

第三次中東戦争におけるイスラエルの東エルサレム併合に際してもアメリカは反対し、エルサレムを首都とするイスラエルの主張を認めず、エルサレムの将来の地位については当事者の交渉による解決が図られるべきだと主張した。以降の歴代政権も同様の立場を維持し、大使館のエルサレム移転を目標として掲げるユダヤ・ロビーとの間で葛藤してきた。

他方、ロビーの活動に敏感にならざるをえない議会は、政権の意向とは裏腹にエルサレム全市に対するイスラエルの主権の主張を支持する傾向にある。それはとくにレーガン政権期から顕著になる。1984年の下院決議をはじめ、アメリカ大使館をテルアビブからエルサレムへ移すべきことを議会の意向として示す決議が繰り返し出された。また、1994年には260人の下院議員がクリントン大統領に対してエルサレムこそがイスラエルの首都であると主張するなど、議員らは政権に圧力をかけている。

大使館移転問題に関して最も重要な立法だとされているのが、1995年の「エルサレム大使館法」（P.L. 104-45）だ。同法は1999年5月までに大使館をエルサレムへ移転することを規定したが、その第7項は大統領に対してアメリカの安全保障上の利益のために必要ならば半年ごとに同法の履行を差し止める権限を付与している。クリントン政権以降、歴代大統領は半年ごとにこの権限を行使することで同法の履行を控えてきた。

だが、G・W・ブッシュ大統領は2002年に大使館移転を求める条項を含んだ国務省予算案に署名している。アラブ諸国の反発を懸念するブッシュ政権はこの条項を盛り込むことに反対したが、予算成立を人質に取った議会多数派の意向を前に署名を余儀なくされたのだ。また、エルサレム問題は選挙の際にも重要な争点となっている。民主・共和両党の候補者はジミー・カーターから2012年のロムニー、2016年のトランプ、ルビオ、クルーズらに至るまで、大使館のエルサレム移転を公約として掲げてきた。ヒラリー・クリントンもまたユダヤ人人口の多いニューヨークを基盤とすることもあり、1990年代よりエルサレムへの大使館移転を支持してきたことで知られる。アメリカのパレスチナ関与を考えるうえで、大使館移転問題は今なお重要な観測ポイントなのである。

（小阪裕城）

# 34

# ソ連・ロシアの対パレスチナ政策

## ★放置されるロシアの飛び地★

ロシアとパレスチナ地域との間には、やや特殊な関係がある。人的なつながりの割に、政治的な影響関係が弱いのである。人的には、パレスチナ地域への人の移動は、旧ソ連地域からが、世界のどの地域からよりも多い。ただし、それはユダヤ人社会に限られ、パレスチナ人社会については、学費が安く中東から近い旧ソ連地域への少数の留学にとどまる。

ロシアとパレスチナ地域の関係は、ロシアの源流であるキエフ・ルーシの時代に、キリスト教の巡礼者がエルサレムを訪れたことに始まる。ロシア正教会はパレスチナにいくつか学校を設立し、そこでの教育が、キリスト教徒が少なからず関与していたアラブ・ナショナリズムの発展に多少の寄与をした。しかし、人的なつながりが圧倒的に増加したのは、1880年代に始まった、ロシア帝国出身者を中心としたシオニズム運動によってである。当時の世界のユダヤ人口の約半分がロシア帝国に暮らしていた。第一次世界大戦が終わると、反ユダヤ的傾向が激化したポーランドや他の東欧地域の移民も増えていった。

ソ連成立後、当局はユダヤ人をソ連の構成民族として承認した一方で、シオニズムをブルジョワの悪しきナショナリズムとして忌避し、やがてイギリス帝国主義の道具として位置づけていった。パレスチナをめぐって、シオニストとアラブ・ナショナリストの対立が激化していくなか、ソ連はとりわけ現地の共産主義者を支援しながら、直前までパレスチナ分割には反対し、アラブ統一国家建設を支持していた。

ところが、1947年のパレスチナ分割決議案に対し、ソ連は賛成に回った。しかも翌年のイスラエル独立宣言に際しては、どこよりも早くイスラエル国家を承認した。その背景はいまだ判然としていないが、大英帝国の影響力を削ぐ狙いがよく指摘される。ソ連はアラブの上層部と大英帝国が親密な関係にあると見ていた。もっとも、同年暮れには、ソ連は再びアラブ側の主張を支持し、イスラエルに批判的になっていく。とくに、第三次中東戦争でのイスラエル大勝（＝ソ連が支援していたシリアやエジプトの大敗）を受けてシオニズムがソ連ユダヤ人のあいだで盛り上がり、ソ連出国運動が活発になると、イスラエルを帝国主義の手先と非難する書籍が多く出回った。ただ、その一方で西側との関係を悪化させないために、移民制限を緩和する措置も取られた。

こうしたことに象徴されるように、ソ連の対パレスチナ政策は、表面的には反植民地主義や西側への対抗を掲げながらも、基本的に明確な路線を打ち出さない（打ち出せない）で

エルサレムにあるロシア正教会の教会（筆者撮影）

いた。ソ連の中東政策全般においても、対東欧や東アジアと比べると、イデオロギー色が弱く、関与の度合いも小さかった。

パレスチナ周辺では、ソ連・ロシアは久しくシリアとの関係が強い。主として、西側と友好的だったトルコとイラクのあいだに楔《くさび》を打つという戦略上の計算と、シリア共産党との関係による。近年ではロシア製の武器の買い手としてシリアを含む中東の友好国を捉える場合も多い。だが、イスラエルと長く敵対関係にあるシリアに対して、アメリカがイスラエルに提供したほどには武器を提供することはなかった。

1970年代初めまで、ソ連はエジプトとの関係も強く、エジプトの後援により設立されたPLOも支援した。だが、植民地解放運動の尖兵としてパレスチナ人の大義を後押しする観点は必ずしも強くなく、パレスチナ人のテロ活動については公然と非難した。その後ソ連とエジプトとの関係が悪化すると、PLO単体に対して支援する動きも見せたが、パレスチナをめぐって国際政治では常にアメリカの後塵を拝していた。1976年に始まったレバノン内戦に際しても、PLOほかアラブ諸国からのシリア非難の求めにもかかわらず、ソ連はシリア非難に及び腰で、パレスチナ過激派こそが危機をもたらしたと公言した。

1978年のキャンプ・デービッド合意をもってエジプトがアメリカやイスラエルに歩み寄ってからは、ソ連とPLOの多少の接近が見られたが、西側との関係強化を推進したゴルバチョフ時代（1985～1991年）になると、もはや第三世界全般がソ連の関心の中心から外れていった。パレスチナ問題でもアメリカと歩調を合わせることが多くなり、PLOの側もソ連に失望していく。

ソ連崩壊後のロシアは、さらに西側との接近を試みることとなるが、次第にその限界が明らかになるなか、２０００年に大統領に就任したプーチンは、より主体的な外交へと舵を切っていった。もっとも、それはあくまでも経済強化の一環でもあり、中東外交全般に関して、プーチンはさらに実利的な方針を掲げていく。パレスチナ人に対してはアメリカよりも同情的であったが、イスラエルとアメリカの不興を買うことがないよう、政治的には曖昧に動いていったのである。

しかも、プーチンとイスラエルはある面で利害を共にしてさえいる。プーチンがロシアで人気を博したのは、チェチェンの「イスラム系テロリスト」に対する強硬姿勢ゆえでありその点でプーチンは、イスラエルの「対テロ戦争」に親和的である。また資本主義化していったロシアのエリート層の一部は、技術力を誇るイスラエル経済に期待を寄せるようになっていった。他方、ロシアの国力低下によって、アラブ世界であえてロシアに期待を寄せる動きは減っている。

エルサレム郊外の入植地にあるハバッド・ハウス（ロシア発祥でニューヨークに本部がある超正統派ユダヤ教一派「ハバッド」の支部）（筆者撮影）

そうした政治面での関係希薄化に対して、イスラエルとの人的なつながりを決定的に強化したのが、１９６０年代暮れに始まり、ソ連崩壊前後でピークに達した（旧）ソ連系ユダヤ移民のイスラエルへの流入だった。累計で120万人に達した彼らの多くは、地中海沿岸の諸都市に定着したが（当初は、ハイファーなどのパレスチナ人と交流があった）、一部はエルサレム郊外の入植地に安価な家賃を求めて定着したため、西岸のパレスチナ人もその存在に大きく影響を受けたことになる。また、イスラエル国内政治において、旧ソ連系移民はとくに90年代後半から右派を支持することが多くなり、和平交渉の停滞にも影を落とした。

ロシアの支配層がイスラエルに好意的になっていった背景にも、彼らとの経済的なつながりがあった。ロシア国内には、依然として一定の支持を得ている共産党や、ロシアの人口の1割前後を占めるムスリムからのパレスチナ人に対する同情票は一定数あるものの、ロシア政府自体は、パレスチナとイスラエル双方に対して等距離を取ろうとする姿勢は強まっている。2002年に発生したジェニーン虐殺に際して、アメリカ政府よりは強い調子で非難したり、選挙を通して正当に選ばれた政党であるとしてハマースを位置づけ、指導層をモスクワに招いたりするといった独自路線は多少見られるものの、アメリカとの決定的な対立は避けようとしている。

かくして、ロシアの対パレスチナ政策はプーチン時代に至ってほぼ完全に実利的なものに転換した。このことは、一方でロシア外交の現在形を映し出すとともに、他方で、パレスチナがもはや大国の綱引きを呼び込む磁場ではなくなりつつあることを示唆するともいえよう。

（鶴見太郎）

# 35

# パレスチナ国家の承認

## ★紛争解決の模索★

2002年6月、イスラエルは自国をテロから守るためとしてパレスチナ西岸地区との間に「治安フェンス」の建設を開始した。パレスチナが「分離壁」「アパルトヘイト壁」と呼ぶこの「壁」は、高さ8メートルのコンクリート塀と電気フェンスや盛り土を両側に敷いた幅数十メートルの道路により構成されており、西岸地区内のイスラエル人入植地をイスラエル側に取り囲むかたちでパレスチナ人の土地と水源を奪っていった。

パレスチナ西岸のカルキーリヤ県は地下水層の上に位置し、農業を主要産業とし、パレスチナの食糧庫と呼ばれる地域で32の村に約7万人が暮らし、23の入植地に5000人以上のイスラエル人入植者が居住していた。入植地を取り囲む壁の建設が進行した2003年末には、農地の47%と39戸の井戸のうち15戸と雨水の貯水池が接取されるか壁の反対側（イスラエル側）となった。住民が壁の反対側に行くためにはイスラエル軍が発効する許可証が必要だがその取得は困難であり、設置された「農業用ゲート」の一つは閉鎖され、残る一つも1日3回10分程度しか開いていなかった。学校を壁で隔てられた子どもたちは、始業時間と終業時間のみに開くゲートを通らなければなら

壁の建設により農地の大半が反対側になってしまったカルキーリヤの農民（2003年12月、筆者撮影）

ない。医療施設には医師や看護師、患者の多くが辿りつけなくなった。また、カルキーリヤ市内の商店1800店のうち600店以上が閉鎖に追い込まれるなど、経済的打撃が深刻になっていた。

カルキーリヤのジャイユース村など壁に土地を奪われる村々では壁反対デモが展開された。農民たちが体を張ってブルドーザーの作業を妨害する活動に、国際連帯運動や世界教会委員会などを通して外国人も参加した。パレスチナの環境NGOは共同で「ストップ・ザ・ウォール・キャンペーン」を立ち上げ、それぞれの村で行われている抵抗運動をネットワーク化し、壁建設がもたらす被害を調査・報告し、イスラエル最高裁判所に訴追するための法的支援に乗り出し、パレスチナ自治政府、イスラエル社会や国際社会に対して、壁と入植地の違法性を訴えていった。イスラエルの人権団体も西岸の入植地の現状を調査・報告した。パレスチナの村が住民一丸となって壁建設を進めようとするイスラエル軍に非武装で立ち向かう様子を描いたドキュメンタリー映画『ブドルス』や『壊された5つのカメラ――パレスチナ・ビリンの叫び』は、国際映画祭で受賞し壁と入植地の問題を世界に広めている。

壁と入植地の建設の停止をパレスチナは国連に求め、国際司法裁判所が2004年に発表した勧告的意見「占領地パレスチナでの壁建設の法的結果」は、イスラエルが西岸内に建設している壁とその制度は国際法違反であり、イスラエルに壁の撤去と壁の建設で被害を受けた農民への賠償を求め、各国に壁の建設により生じた違法な状況の認知および持続を支援しないよう求め、イスラエルによる占領地への入植活動は国際法違反であるとした。国際法の最高権威の裁判所の意見が入植地と壁の違法性を明示したことも、イスラエルによる占領の終結の道筋になることが期待された。

アッバース大統領による国連への加盟申請を支持する屋外ポスター（ラーマッラー、2011年9月、筆者撮影）

しかし、その後和平交渉は断続的に行われたが合意には至らず、入植地や壁の建設も継続する。ラーマッラー政権のファイヤード首相は、合意を待たずに自力で2011年までに国家独立を達成するための「パレスチナ――占領の終結と国家建設」計画を打ち出し、行政改革を推進し、その成果は世界銀行や国連機関に高く評価された。パレスチナは国連・国際機関への加盟やEU主要国の承認を得て国際法上の主権国家となることで、東エルサレムを含むイスラエル占領下のパレスチナ領域におけるイスラエルによる国際法上の違法・犯罪行為を明確にし、それらに対する国際社会の介入を期待している。

　EU諸国を含む国際社会は、オスロ合意から20年以上、パレスチナ国家独立を視野に多額の開発支援を実施してきたが、入植地を含むイスラエル軍の治安管轄地区（C地区。西岸の約6割）の存在は移動を制限し経済発展を困難にし、イスラエルによるガザ封鎖や軍事侵攻はガザ経済を破綻させ、中東のイスラム過激派勢力によるリンクもあり、パレスチナ問題の早期解決が喫緊の課題となっている。欧州の世論も、イスラエルによる２００６年のレバノン戦争や２００８年、２０１１年および２０１４年のガザへの軍事攻撃があるたびに、イスラエルへの支持が低下し、パレスチナ人に対する正義を求め、二国家解決案の実現の障害が入植地建設にあり、イスラエルが和平に真剣に取り組んでいないと考えるようになった。パレスチナの市民団体が連携してイスラエル製品のボイコット、入植地での経済活動を行う企業に対して投資の撤回や制裁を世界に呼び掛ける「ＢＤＳ運動」にも、ＥＵ諸国では労働組合や生協などをはじめとして連帯運動が着実に広がっている。ＥＵが２０１３年に採択したガイドラインでは、ＥＵの助成や協力を申請するイスラエルの団体は占領地と無関係であることの証明を必要とする。

パレスチナは２０１１年９月に申請した国連への加盟は承認されなかったが、翌年11月に国連総会において「オブザーバー国家」の地位を得た。これに伴い、ヨーロッパの主要国によるパレスチナ国家承認の動きが加速した。２０１３年５月にデンマークとフィンランドはパレスチナ代表団の地位を大使館と同様に格上げすることを決定し、２０１４年夏のイスラエルによるガザ攻撃後は、スウェーデンがパレスチナ国家を公式に承認、イギリス、スペイン、フランス、アイルランド、ルクセンブルクの議会は、政府にパレスチナ国家承認を求める決議を可決。ＥＵ議会は２０１４年12月パレスチナ国家と二国家解決案を原則的に支持し、これらを和平交渉と併行して進めるべきとした決議案を採択した。

第35章

パレスチナ国家の承認

パレスチナの国際機関・条約への加盟も相次ぐ。2011年にはアメリカの反対を押し切ってユネスコが加盟を承認し、翌年には「イエス生誕の地ベツレヘムの聖誕教会と巡礼路」が世界文化遺産・危機遺産に同時登録された。2014年4月には、ケリー米国務長官の新たな仲介努力によって再開された和平交渉が失敗に終わり、パレスチナ諸政党が統一に合意したことを受け、国際人道法であるジュネーブ条約など15の国際条約に署名。12月には、国連安保理に提出した2017年までにイスラエルと和平合意を結びパレスチナ国家の独立を実現する決議案が否決されたことを受けて、ローマ条約（国際刑事裁判所への加盟申請）を含む20の国際条約に署名し、翌年4月にローマ条約の正式加盟国となった。

国際社会からの高まる批判を、イスラエルはユダヤ国家の生存を脅かすものとし、外交対策に追われているが、和平交渉に戻る兆しはない。しかし、パレスチナはこれ以上イスラエル占領下のパレスチナ領域におけるイスラエルによる国際法上の違法・犯罪行為を見逃すわけにはいかない。独立を果たせない自治政府に対する市民の不満は高まる一方である。今、EU諸国を含む国際社会に期待される役割は、パレスチナ国家を公式に承認し、和平合意を待つことなく、イスラエル軍を東エルサレムを含むパレスチナ領域から撤退させるのに必要な双方の治安確保の措置、例えば平和維持軍の西岸への展開、などを実現させるための行動を実践することである。

（小林和香子）

# 36

# 大国エジプトの変節

## ★宗教、帝国主義、民族主義、そして新しい時代へ★

エジプトとパレスチナの関係は古い。聖書の時代、あるいはそれ以前にさかのぼるほどに古い。モーセの出エジプトの奇蹟、あるいはヘロデ王の迫害を恐れて幼子イエスと聖家族がエジプトに逃避したという伝説は、多くの人によって信じられている。たとえそれらが、実証できる事実ではなかったとしても、二つの地域が、ユダヤ・キリスト・イスラームの三大一神教を通じて特別な関係で結ばれてきたことは確かである。この宗教を通じた関係は、パレスチナ問題の展開に大きな影響を与えてきた。

さらに指摘すべきは、近代以降、両者の関係に決定的な影響を与えた帝国主義の存在である。パレスチナ問題発生の原因の一つが、スエズ運河の防衛問題であったことはよく知られている。スエズ運河は、第一次世界大戦中、ドイツの軍事援助を受けたオスマン帝国の攻撃にさらされた。この経験からイギリスは、委任統治領パレスチナという地域を、アジア支配の生命線、スエズ運河防衛の緩衝地帯として作った。それ以来、現在にいたるまで、帝国主義的な国際秩序の中にエジプト・パレスチナ関係は深く組み込まれている。

エジプトとパレスチナの関係を特徴づける第三の要因は、民

# 第36章
## 大国エジプトの変節

族主義である。1948年の第一次中東戦争での屈辱的な敗北は、1952年エジプト革命の大きな背景となった。ナセルたちエジプト軍の若手将校は、敗戦の原因を腐敗した王制に求めてクーデターを起こした。その後の第二次中東戦争（スエズ戦争）で一躍、アラブの英雄となったナセル大統領は、反帝国主義とアラブ統一を求めるアラブ民族主義の旗手となった。この急進的な民族主義にとって最大の課題がパレスチナの解放であった。しかしその一方で、エジプトに暮らす10万人のユダヤ教徒は、新しい民族主義への対応で厳しい選択を迫られることになった。迫害を受けた彼らの多くは、スエズ戦争前後の時期に祖国を追われていった（長沢栄治『アラブ革命の遺産――エジプトのユダヤ系マルクス主義者とシオニズム』平凡社、2012年参照）。

占領下の抑圧、あるいは離散生活の苦難の中で生きていた多くのパレスチナ人にとって、ナセルは民族解放の救世主だった。イスラエルの若手パレスチナ人作家、サイイド・カシューアに『踊るアラブ人』（ヘブライ語2002年、英訳2004年）という佳作がある。この小説には、主人公の父親が若く共産主義者の活動家だった頃、ナセルがいつの日か自分たちを救いに来てくれる、と夢見ていたという話が出てくる。筆者自身もシリアのヤルムーク・キャンプで、日本に留学したパレスチナ人技師から、ナセルが建設の決断をしたアスワン・ハイダムは、アラブ全体にとっての開発のシンボルだったのだという話を聞いたことがある。

しかし、多くのパレスチナ人がナセルに託した夢は、1967年第三次中東戦争の惨敗によって無残に散った。この戦争でのエジプト軍の戦死者は1万人以上と推計される。参戦した国の中で最大の犠牲を払ったエジプトは、ナセル死後、アラブ民族主義を捨て、自国の利益優先の現実主義の路線を歩んでいくことになる。

このアラブ民族主義の退潮の流れに抗《あらが》うかのように、新たな勢いを得て台頭したのが、PLOが主導するパレスチナ民族革命の運動であった。PLOは、もともとナセルの庇護を受けて結成された組織だったが、やがて若いパレスチナ人の革命家たちが、その主導権を掌握することによって急進化した。彼らが結集した革命運動が、ヤーセル・アラファート率いるファタハであった。カイロ大学工学部で学んだアラファートをはじめ、ファタハの指導者の多くはエジプトで教育を受け、盟約の契りを結んだ。アラファートの右腕アブー・イヤードは、ヤーファー生まれだが父の出身地のガザを経て、アズハル大学で勉学中にアラファートと出会った。また軍事部門の責任者アブー・ジハードは、アレキサンドリア大学で学んだが、ラムラ生まれで難民として逃れたガザを拠点に、早くからイスラエルに向けてゲリラ戦に出撃していた。

しかし、彼らが目指したパレスチナ解放の道は、ナセルの後継者、サダト大統領による外交路線の転換のために阻まれた。キャンプ・デービッド合意とエジプト・イスラエル和平条約がパレスチナ人にもたらしたのは、西部戦線の脅威のなくなったイスラエルによるレバノン侵攻とPLO本拠地の破壊であった。一方、その後のエジプトは、表向きはパレスチナの利益の代弁者の役を演じながら、その実は和平外交というビジネスにおいて自国の利益を優先するブローカーそのものであった。ガザ地区の封鎖に象徴されるパレスチナ問題封じ込めの任務は、サダトを継いだムバーラク大統領によって約30年間、忠実に果たされてきた。

「国際社会」によって事実上、見殺しにされてきたパレスチナ人の苦境の中から、やがて二つの新しい動きが生まれる。インティファーダの勃発とハマースの結成である。両者は互いに結びつきながらも、パレスチナの将来に対し、異なった方向性を示した動きであった。

ハマースは、ファタハと同様に創設者の二人、アフマド・ヤースィーン師がアズハル大学、アブドゥルアズィーズ・ランティースィーがアレキサンドリア大学と、いずれもエジプトでの勉学経験を持つ。そもそもハマースという組織の母体であるエジプトのムスリム同胞団そのものが、1948年の戦争時に義勇兵を送るなど、パレスチナ問題の展開の刺激を受けて成長したイスラーム政治運動であった。ハマースの登場は、宗教を通じたエジプトとパレスチナの関係に新しい局面を作ることになった。

インティファーダは、パレスチナという地域に限定された単発の蜂起ではなかった。この民衆運動は、アラブ革命の発火点の一つとなったと考えることもできる。2000年の第二次インティファーダに際して、「パレスチナ人民のインティファーダと連帯するエジプト民衆委員会」が結成された。署名や募金活動、また救援物資のキャラバン隊によるガザへの搬送も試みたこの運動は、9・11事件後、当局の弾圧で押さえ込まれた。しかし、左派からイスラーム主義者まで党派を超えた民衆運動のモデルを示すことで、最終的には2011年1月25日革命を導いたといえる（長沢栄治『エジプト革命　アラブ革命変動の行方』を参照）。

2011年革命後のエジプトは、当初、新政権がガザのラファハ検問所を開放し、ファタハとハマースの和解に乗り出すなど、パレスチナに「恩返し」をするかのようにみえた。しかし、その後の革命の暗転で、この楽観的な展望は失われた。2013年夏の二回目の「革命」を経て成立したシーシー将軍の政権は、ムスリム同胞団と並んでハマースをテロ組織に指定し、ガザの封鎖を強化した。エジプトは、再びムバーラク時代と同じ役回りに戻ってしまった。

しかし、楽観と悲観は「あざなえる縄の如し」である。すでに新しい時代は始まっている。パレスチナのインティファーダ、そしてアラブ革命が示す未来は、ロマン主義的なアラブ民族主義の復活でも、イスラーム国家のユートピアでも、ましてや西側諸国が望む安直な民主化の「アラブの春」でもない。パレスチナ人個々人の権利の回復のために、また中東における公正な安定した政治社会秩序の構築のために、人間の尊厳（カラーマ）という共通の地平に立脚した国際的な連帯への道を築いていかなければならない。その場合エジプト、あるいは他の中東の国々において、新しい市民的権力が構築されることは、パレスチナ問題の解決の基本的な条件となるであろう。

（長沢栄治）

コラム15

# ガザ難民
## ——二人の女子学生と出会って

臼杵悠

国籍がない、という状況を想像したことがあるだろうか。国籍というのはいわば単なるラベルである。その人がどの国に属するのか、ということを示すものでしかない。国籍がどこであれ、その人自身の性質や性格を表すものにはならない。しかし、この国籍があるかないかで、一人の人生が大きく決められてしまうのだ。その人がどれだけ優秀であろうとも、だ。

ヨルダンは最も多くパレスチナ難民を受け入れた国である。彼らの多くはヨルダン国籍を取得することができ、現在も大半がヨルダンで生活しており、よい待遇にある、といわれている。ところが、同じヨルダン在住のパレスチナ難民といっても、いつ来たか、どこから来たかで扱いが異なってくる。そしてその中でも、非常に厳しい状況にある人々がいる。いわゆるヨルダン国籍を持たない無国籍の「ガザ難民」である。1967年の第三次中東戦争でガザ地区から逃げてきた彼らに、ヨルダン政府は国籍を与えなかったのである。

ひょんなことから、私はガザ難民に会うことができた。関わっていた団体が支援していた奨学生、二人の女子大学生である。ちょうど二人が卒業した直後の面会で、出会った第一声が、あまりにも流暢な英語での感謝の言葉であった。大学の授業料の支援であったために、大学を卒業させてくれてありがとう、という感謝である。その英語を聞いたとたん、私は面食らってしまった。どこかで、大学に行くということを軽く考えていたのかもしれない。彼女たちにとっては4年間、大学で学べること自体が貴重である。私たちが考えるよりも重要な時期で、多くのことを学ぶ場所であるのだ。

彼女たちが最も強調していたことが、私たちはヨルダンで生まれてヨルダン人と同じように生活しながらも、国籍がない、その事実のためだけに他の人々と区別され、大学へ行くお金も外国人料金でヨルダン人の数倍かかる、というものであった。ヨルダンでは学歴が重要な指標であり、どれだけの教育を受けたかでその後に就ける職やもらえる賃金も大きく変わる。大学を卒業したかどうかは、その後の人生を大きく変える、死活問題なのである。

卒業後の話を聞くと、すでに二人が職を得て働いていることを知った。それぞれ英語と理科の先生で、私立学校にて女子生徒たちに教えているという。ヨルダンでは職を得るのはそう簡単なことではないが、彼女たちは大学での成績が非常によかったため、すぐに見つけることができたとのことだった。大学を卒業していなければ、決して就けない職だ。

質問している間、少ない情報からこちらが聞きたいことを読み取ってくれ、お金がないために自分が最もしたい選択ができないことなどさまざまなことを答えてくれた。言葉の端々から非常に聡明な印象を強く受けて圧倒されてしまったが、それは彼女たちが自分の意見をしっかり持っていて、伝えたいことをわかりやすく言い表していたからだと思えた。とても優秀で発言力のある女性たちが、国籍がない、難民である、そういうラベルを偶然つけられたことで、将来を閉ざされてしまうのだ。

同じ難民でも国籍を持っているか否かで受けられる支援が異なり、生活状況も全く異なってくる。そういう事実はパレスチナ問題を考える上でも示唆的である。ガザ難民の存在は、パレスチナ難民が必ずしも一様ではないことを私たちに知らしめてくれるのである。

# 37

# 隣国ヨルダンの歩み

## ★紛争の展開と国家像の模索★

ヨルダン・ハーシム王国の名所の一つである死海のほとりからは、対岸のパレスチナがぼんやりと見える。地表で最も低い場所として知られ、聖書にも登場する死海を含む一帯は険しいヨルダン渓谷に含まれ、ヨルダンとパレスチナ／イスラエル間の自然の境界となっている。1948年のナクバでは、ここを越えてパレスチナから多くの難民が流入した。

ヨルダンは、第一次世界大戦後の旧オスマン帝国領再編の中でイギリスの保護国として成立した。当初は委任統治領パレスチナの一部であったが、ほどなく分離されている。エルサレムを中心として現在に連なる長い歴史と文化を育んできたパレスチナとは異なり、国土の8割を沙漠地帯（バディーヤ）が占め、ごくわずかな定住者しか持たない土地に成立したヨルダンは、建国してはじめて固有の歴史や領土的一体性を持つことになった。また、統治者であるハーシム家はアラビア半島ヒジャーズ地方（現在のサウジアラビアの一部）出身の外来者であり、これらの事情からヨルダンは中東でも典型的な「人工国家」とみなされている。

パレスチナとの深いつながりと国家の人工性のゆえに、ヨルダンでは長らく領域や住民という国家の主要な構成要素までもが流動的であった。そして、パレスチナから自らを遠ざけること／近づけることが、ヨルダンという国が自らの存立を規定するうえでの大きな指標になってきた。

ナクバ以降のヨルダンは、パレスチナ問題への積極的な関与を、域内政治への影響力の拡大と国家の発展のために利用していた。とくに、初代国王アブドゥッラーは、英仏の中東撤退後の勢力拡大を目指して第二次世界大戦中からユダヤ機関と協議を重ねており、第一次中東戦争はパレスチナ進出に向けた千載一遇のチャンスとなった。ヨルダン軍は、エルサレム旧市街を含むパレスチナの中央部を占領し、その結果、エルサレムは東西に分割された。そして、旧委任統治領パレスチナのヨルダン支配地はヨルダン川西岸地区と呼ばれるようになった。ヨルダン政府は１９５０年に正式に西岸地区を併合すると、その前後に難民を含むパレスチナ出身者に国籍を与えた。パレスチナ出身者はヨルダン国民の中で多数派となり、ヨルダンは、パレスチナ人が国家の保障を受けながら生活できる唯一のアラブ国家となった。そのパスポートは、湾岸諸国への出稼ぎやパレスチナ解放運動のための移動を下支えした。また、これらの措置の結果、ヨルダンはより先進的な西岸地区の産業とパレスチナ人の資産や技術を手に入れ、急激な人口増加は首都アンマーンが近代的な都市として発展する契機となった。

１９６７年の第三次中東戦争以降は、西岸地区と東エルサレムをイスラエルに占領されたものの、ヨルダン政府は西岸地区の領有を主張し続け、自らをパレスチナ人の代表機関として位置づけていた。アラブ・イスラエル紛争の前線国家としての立場は、アラブ諸国からの経済支援を受ける理由ともなった。しかしながら、ＰＬＯが離散パレスチナ人の支持を集め国際社会の後ろ盾を得るようになる

ヨルダン南部、イスラエルへ向かうワーディー・アラバ国境。掲げられているのは、和平条約を締結したフサイン国王の肖像（筆者撮影）

と、ヨルダンの主張の正当性は失われていった。結局、１９８８年に当時のフサイン国王が西岸地区を「法的・行政的に」切り離すとした西岸分離宣言を発表し、ヨルダン政府はヨルダン川西岸地区とガザ地区を領土とするパレスチナ独立国家の将来像を受け入れた。東岸のパレスチナ出身者は西岸住民とは区別された「ヨルダン国民」として統合が図られ、そこに１９９１年の湾岸戦争をきっかけに湾岸諸国を追われた「帰国者」が加わった。彼らの多くは西岸出身であったが、パスポート発行国であるヨルダンが彼らの帰るべき国となったのである。

　１９９３年にオスロ合意が締結されると、パレスチナ問題の解決はパレスチナ自治政府とイスラエルの両者の間の交渉に委ねられることとなった。当事者としてここに介入する余地のなくなったヨルダンでは、和平成立後を見据えた新たな方針が打ち出された。それがイスラエルとの関係強化であり、1994年にはアラブ諸国で2番目の対イスラエル和平条約が締結された。ヨルダン・イスラエル間では、第三次中東戦争以降も水面下で断続的に交渉が持たれ、西岸との往来を認めるオープン・ブリッジ政策が取られていた。このような二国間関係を和平条約によって公式のものとすることは、和平プロセスの進展による恩恵を受けるための最良の策に思われた。条約ではとくに経済分野の協力の推進が明記されたほか、イスラエルに対する歩み寄りはアメリカの経済的な支援の強化を引き出すことにもなった。たとえば、1996年に締結されたQIZ協定（資格産業区域協定）は、アメリカがヨルダンおよびイスラエルからの輸入品に一定の条件の下で非関税・割当なしという特恵的待遇を与えるというものであり、これはヨルダン・イスラエル間の貿易の拡大や、国内の衣類産業および工業地域の開発を促した。

この時期を境に、パレスチナ問題におけるヨルダンの主要な関心は、エルサレム問題と難民問題の二つに絞られるようになっていく。エルサレムは、アラブ性とイスラーム性を軸に支配の正統性を確保し、国民統合を図ろうとするハーシム王家にとって重要な場所であり、具体的には宗教施設の管理を通した聖地に対する影響力の保持が課題となっている。これについては、対イスラエル和平条約の中でもヨルダンの「特別な地位を尊重」し「最終地位交渉の際にはヨルダンの歴史的役割を優先させる」ことが明記されており、エルサレムをめぐる衝突に対しては、現在まで積極的な関与を続けている。

難民問題にかんしては、自治区で大きな混乱が生じた場合に発生が懸念される、新たな難民の流入阻止が主張されている。実際に、自治区からではないものの、2011年以降に内戦からの避難民としてシリアから入国した人々のうち、パレスチナ難民の受け入れを拒否するという事案も発生している。パレスチナ人の難民化に対するイスラエル政府の責任を明確にするためという理由が挙げられてはいるが、ヨルダン政府が懸念しているのは、パレスチナ出身者の増加による再度の人口構成の変化であろう。

パレスチナとの関わりは、かつてはヨルダンが国家として発展していくために欠かせない要素であったが、和平プロセスが停滞する現在では、パレスチナ問題の影響の国内への波及を最小限に押し留めることが最優先となっている。しかしながら、エルサレム問題に関与を続け、今なお人口の半数以上を占めるといわれるパレスチナ出身者を国内に抱えている以上、ヨルダンがパレスチナに最も近い国の一つであることには変わりないのである。

（今井静）

# 38

# シリア・レバノンのパレスチナ人

## ★安全と未来を求めて★

何階にも建て増しされ、過密に混み合った粗末な建物。その隙間をぬって迷路のように続く、狭くて暗いぬかるんだ街路。壁にからみ合って広がり、道の上に黒い影を落とす電線の塊。壁に張られたさまざまな政治党派のポスターと落書き。これらはレバノンのパレスチナ難民キャンプに見られる典型的な風景である。都市計画も、インフラ整備もない雑居空間は、住民によって拡張され、好き放題に手が加えられている。治安管理はキャンプに拠点を置く政治党派の武装組織が担う。ある意味で究極の自治領域だ。

こうした空間は、60余年前、レバノンにパレスチナ難民が来たときから徐々に形成されてきた。1948年にイスラエルが建国宣言を出すと、それに反対するアラブ諸勢力とユダヤ民兵との間で衝突が起こった（第一次中東戦争）。ガリラヤ地方や、アッカー、ヤーファー、ハイファーなどパレスチナ北部と地中海沿岸地域で戦火に巻き込まれた人々は、北のレバノンへ逃れた。彼らの出身地域は第一次中東戦争の後、イスラエルに併合されることになる。同地域は、1990年代に開始された和平交渉でも、イスラエルが提示する難民の受け入れ人数が少なく、最も帰還が困難と想定される場所だ。

帰還のめどのたたない難民をさらに苦しめるのは、先に触れたような劣悪な難民キャンプの状況だ。世界各地に離散したパレスチナ人のうち、レバノン在住のパレスチナ難民は、最も過酷な環境で生きてきた人々といえるだろう。長年居住しても国籍が取得できないだけでなく、働くためには労働許可の取得が求められ、その取得率はきわめて低い。教育や医療サービスなど、公共福祉を提供してくれるのはＵＮＲＷＡ（国連パレスチナ難民救済事業機関）のみである。難民キャンプの中には、レバノン政府によるインフラ整備は及ばない。内戦からの復興が進み、近代化したベイルート市内の街並みと比べると、難民キャンプの状態の酷さは際立って見える。

レバノン政府が難民キャンプに干渉しないのには、いくつか理由がある。レバノン内戦中に結ばれたカイロ協定により、ＰＬＯ（パレスチナ解放機構）に属するパレスチナ諸党派には対イスラエル闘争の遂行と自治が認められ、協定破棄後もそれが事実上、維持されたこと。キリスト教マロン派を中心とするレバノンの主要党派とパレスチナ人の間で、内戦以来の政治的緊張関係が続いていること。難民キャンプ内部が、非正規滞在の労働者や武装勢力の居住地となり、外部者の立ち入りは危険な場所となっていることなどが、その説明として挙げられる。その結果、レバノン北部と南部のいくつかの難民キャンプでは政府軍が出入り口で人の移動を制限するものの、難民キャンプ内は基本的に、レバノン政府にとって治外法権の状態となっている。

それではパレスチナ人はレバノンをどう思っているのか。何年住んでも国籍が与えられない理由を、レバノン政府は「難民の帰還権を尊重するため」としている。難民自身も、こうした公式見解を支持はしている。だが同時に、現状の生活を改善するため、便宜的な国籍取得や移住はおおむね肯定的に捉えているようだ。「同化は拒否するが、国籍取得ならＯＫ」という、レバノン国内の難民がよく使う表現には、非市民としての居住環境が厳しいレバノン独特の文脈がうかがわれる。

実際にレバノン在住のパレスチナ難民の間では、将来的にも見通しの暗いレバノンでの生活に見切りをつけ、欧米などへ移住先を求める人も多い。移住はとくに、戦闘の激化で安全な避難先が求められた内戦中に多く受け入れられたが、その後も親戚筋を頼るなどして、レバノンを出ようとする動きは続いた。目的地としては、ドイツやカナダ、スウェーデン、デンマークなどが人気である。

こうした移住の動きは、２０１５年夏の難民危機ではシリアからの難民の流れと合流することになった。シリアからヨーロッパを目指す難民の急増は、父とともにEU圏を目指した3歳児アイラーン・クルディーの遺体が9月にトルコの海岸で漂着したとの報道を通して世界の耳目を集めた。しかし難民のヨーロッパを目指した移動は、それ以前から始まっており、遭難事故も多数起きていた。またゴムボートに乗って移住を試みる難民はシリア人だけでなく、パレスチナ人や他の出身地からの難民も含まれていた。

ヨーロッパへ移動を試みる以前に、シリアからの難民は隣国のレバノンやヨルダンへ逃れたが、その中にもパレスチナ人は含まれていた。彼らの大半は、レバノン在住のパレスチナ人と同様に、１９４８年のイスラエル建国で生まれた難民で、故郷を終われてシリアへ逃れた人々だった。彼らはダマスカス郊外のヤルムーク難民キャンプなど、シリア国内の各地に住んでいたが、２０１２年夏以降、シリア紛争の中で難民キャンプが戦場となり、再び難民となった。

第38章

## シリア・レバノンのパレスチナ人

シリア紛争の開始前、シリアのパレスチナ人は、日常生活の面では比較的恵まれた境遇にあった。国籍までは取得できないものの、2年ごとに更新できる一時旅券と身分証が発行された。昇進や職位はシリア人に劣るとはいえ、公務員への就任や軍隊への入隊も認められていた。これは他のアラブ諸国と比較しても珍しい事例である。レバノンのように就労のための労働許可が求められることもなく、職業選択の自由があった。パレスチナ難民は、学校や病院にもシリア人と同様に通うことができた。

しかしこうした状況は、2011年の紛争開始以後、一変してしまう。シリア政府と反政府軍の衝突に巻き込まれ、ヤルムーク難民キャンプは1年以上、軍事包囲されることになった。食糧を確保することも難しくなった難民キャンプ内では、本来はハラーム（イスラームの宗教上の禁忌）であった死んだ犬や猫、ロバの肉を食べてもいい、とイスラーム法学者からの許しが出された。それほどに人は餓えていた。餓えや病で、ヤルムーク難民キャンプでは100人以上の死者が出たと国連は発表した。さらに追い討ちをかけるように、2015年4月には「イスラーム国」がヤルムーク難民キャンプに侵攻した。戦地となった難民キャンプからは2000人以上の住民がさらに脱出した。

パレスチナが独立した国家として機能せず、難民がパレスチナ国民として認められない限り、シリアやレバノンに残されたパレスチナ人が庇護を権利として求めることのできる国家は存在しない。頼る可能性が残るのは、国際人道法上の保護ということになる。だがそれも必ずしも安全と必要な福祉を提供できないとき、人は未来の開けるよりよい居住地を目指して移動することを選択する。そうして繰り返されてきたシリアとレバノンのパレスチナ人の移動は、いまだ終わる気配を見せない。

（錦田愛子）

## コラム16　「イスラーム国」とパレスチナ

臼杵陽

「イスラーム国」（以下、ＩＳ）がカリフ制復興をバスラの大モスクで宣言したのが２０１３年６月末であった。アブー・バクル・バグダーディーがカリフ・イブラーヒームを名乗った。以来、さまざまな憶測が飛び交い、なかには、ＩＳがイスラエルの支援を受けているというのもあった。ＩＳがこれまでシオニスト国家イスラエルを公然と非難したことがなかったからである。少なくとも、ＩＳがパレスチナに言及することもなかった。しかし10月24日までに「ユダヤ人を絶滅させる」などとするヘブライ語の動画をインターネット上に初めて公開した（２０１５年10月24日付デジタル版『朝日新聞』）。

そもそも、ＩＳはジハードの対象をアメリカやイスラエルなどの「遠い敵」ではなく、タクフィール、つまりカーフィル（ムスリムを装った不信仰者）として断罪することで、もっぱら「近い敵」であるシーア派ムスリムなどに向けてきた。さらにＩＳに対する空爆に参加したサウジアラビア、湾岸諸国、ヨルダンなど親米的アラブ王制国家の有志連合とも敵対している。したがって、これまではＩＳとパレスチナ問題との接点はほとんどなかった。

しかし、事態を大きく変化させる事件が起こった。15年3月、ＩＳがダマスカスのヤルムーク・パレスチナ難民キャンプを一時、支配下に置いたからである。ＩＳはＳＮＳを通じて初めて、ハマースをシャリーア施行において不徹底であると非難した。ＩＳはヤルムーク難民キャンプと同様の事態が、ガザでも起こるだろうと予告し、ガザのハマース勢力を壊滅しようとしていると報じられた。同時にＩＳは、イスラエルとファタハをも一刀両断で切り捨てた。

実際、15年7月19日、ガザでハマースやイスラーム・ジハードの幹部の自動車を狙った爆破事件が立て続けに起こった。犯行声明は出ていないものの、容疑者はガザでＩＳに属するグループではないかと見られている。犯行現場から道を隔てたところにＩＳのロゴが書きなぐられていた、とパレスチナ・マアン通信社が伝えたからである。また、7月18日、シナイ半島のＩＳに関係があるとみられる武装グループ「エルサレムの支援者《アンサール・バイト・マクディス》」がエジプト軍基地を攻撃し、5人が殺害されたとも報じられている。

　ＩＳがパレスチナ人を標的にし始めるのは2011年のシリア内戦勃発を契機としてであった。シリア在住のパレスチナ難民の大多数はアサド政権の政府軍とも自由シリア軍の反政府軍とも距離を置き、いわば中立の立場をとった。もちろん、ＰＦＬＰ―ＧＣ（パレスチナ解放人民戦線総司令部）やファタハ・アル・インティファーダ（アブー・ムーサー派）のように、なかにはシリア政府軍に付く勢力もある。パレスチナ人は難民であるため、トルコもヨルダンも入国を許可していない。シリアからヨーロッパ諸国に流れ込む人々のように、シリアのパレスチナ難民には逃げ場所がない。

　ＩＳのヤルムーク難民キャンプ攻撃は最悪の事態を生んだ。パレスチナ人としてはこうした事態は避けたかった。というのも、パレスチナ人にとってこれは、75年に始まったレバノン内戦での悪夢のさらに悪いかたちでの再現であるともいえるからである。76年のタル・ザアタル難民キャンプや82年のサブラー・シャーティーラー難民キャンプでの虐殺という悲劇の苦い記憶が残っている。そのレバノンでも難民ではあったが、少なくとも82年まではＰＬＯが軍事的・政治的勢力として存在した。だが、シリア内戦ではパレスチナ人はまったく無防備である。難民であるが故の苦難の道はまだまだ続く。

# 39

# 大義を掲げる湾岸諸国

## ★アラブの同胞か、他人事か★

ガッサーン・カナファーニーの『太陽の男たち』（1963年）という作品がある。1972年にはタウフィーク・サーレフ監督によって映画化された。この物語の主人公は、第一次中東戦争（パレスチナ戦争、ナクバ）によってパレスチナを追われ、イラクのバスラにたどりついたパレスチナ人難民3人である。彼らは、石油ブームに沸くクウェートでよりよい仕事に就くため、パレスチナ人運転手の運転する給水車のタンクの中に身を隠して密入国することにした。炎天下の砂漠の中、灼熱のタンクの中にいられる時間は限られるため、クウェート国境に到着すると、運転手は入国手続きを速やかに終わらせようとした。しかし、暇を持て余したクウェート人入国官は、焦る運転手を笑い者にし、なかなか手続きを進めようとしない。ようやく手続きを終えた運転手が車に舞い戻ったが、時はすでに遅く、3人はタンクの中で焼け死んでいた。

筆者はこの作品によって、多くのパレスチナ人が置かれた絶望的な境遇に光を当てようとしているが、同時にパレスチナ人運転手の真剣な思いに応えようとしないクウェート人入国官の不誠実な対応を強く印象づけている。では、実際の政治の場面

第39章

## 大義を掲げる湾岸諸国

でも、サウジアラビア、クウェート、カタルをはじめとした湾岸諸国は、パレスチナ人やパレスチナ問題に対して同じような態度で接してきたのだろうか。それとも、湾岸諸国は同じアラブの同胞としてパレスチナ人を支援してきたのだろうか。

パレスチナ問題と湾岸諸国の関係の歴史は、少なくとも1936年までさかのぼることができる。この年からパレスチナでは、「アラブ大反乱」と呼ばれるアラブ系住民による反英・反シオニズム闘争が発生し、その反乱の指導者がクウェート首長に資金援助を求める手紙を送った。当時のクウェートの一般民衆は貧しかったが、少ない資金を集めてパレスチナに送金した。しかし、クウェート首長はイギリスの顔色をうかがい、援助の要請を断ってしまった。

1945年には、サウジアラビアのアブドゥルアズィーズ国王がアメリカのローズヴェルト大統領と会談し、アラブ諸国の意見を代弁して、アメリカがパレスチナ問題でシオニスト（パレスチナにユダヤ人国家を作ろうという活動家）寄りの立場を取らないよう訴えた。しかし、アメリカはトルーマン大統領の下で親シオニスト政策を推進し、1948年にはイスラエル建国をいち早く承認した。こうしたアメリカの動きに対して、アメリカの石油会社に制裁を科すべきだという意見がアラブ世界で高まったが、サウジアラビアはそのような自国の経済的利益を害する意見に耳を貸さなかった。

イスラエル建国とその後の第一次中東戦争によって多くのパレスチナ人難民が発生し、その一部が経済発展の最中のクウェートに流入した。カナファーニーはクウェートへの入国を果たせなかった例を扱ったが、実際には合法・非合法を含め、多くのパレスチナ人が出稼ぎ労働者としてクウェートに入国した。クウェート政府は政府批判をしないという範囲内でパレスチナ人の政治活動を許したため、

1950年代末にはヤーセル・アラファートらによってパレスチナ人組織ファタハがクウェートで結成された。

1967年の第三次中東戦争によってヨルダン川西岸とガザ地区がイスラエルの支配下に置かれると、さらに多くのパレスチナ人が石油ブームに沸く湾岸諸国に流入した。1970年にクウェート、サウジアラビア、その他の湾岸諸国に出稼ぎ労働者として滞在したパレスチナ人は、それぞれ14万人、3・1万人、1・5万人であったが、それが1982年には30・8万人、14・7万人、6・4万人にまで増加した。自国民人口が少ない湾岸諸国において、パレスチナ人は貴重な労働力となり、建設労働者、石油労働者のようなブルーカラーの仕事だけではなく、公務員、新聞記者、学校教員などホワイトカラーの仕事にも就き、湾岸諸国の経済発展を支えた。

1979年にエジプトとイスラエルが平和条約を締結すると、イスラエルは統一されたエルサレムが同国の首都であると宣言した。これを受けて、1981年にサウジアラビアのファハド皇太子はファハド和平提案と呼ばれる中東和平提案を発表した。これはエルサレムを首都としたパレスチナ人の独立国家の樹立などをイスラエルが認めるよう求めたもので、PLO（パレスチナ解放機構）や他のアラブ連盟加盟国もこれを支持した。ただし、サウジアラビアがこの提案を発表したのは、第一にイスラームの二聖都（マッカ、マディーナ）を擁する国家としてエルサレムを異教徒であるイスラエルの支配下から解放したいという希望からであり、必ずしもパレスチナ人のことだけを思って発表したわけではなかった。

1990年にイラクがクウェートを占領し、PLOのアラファート議長がそれを支持する姿勢を見せると、湾岸諸国とＰＬＯの関係は非常に悪化した。クウェートは湾岸戦争によって解放された後、国内にいた45万人ものパレスチナ人の出稼ぎ労働者を国外退去させ、ＰＬＯの事務所も閉鎖した。しかし、１９９３年にイスラエルとＰＬＯの間でオスロ合意が締結されると、湾岸諸国はパレスチナ問題の包括的な解決の第一歩になるとしてそれを歓迎した。

サウジアラビアのアブドゥッラー皇太子は、２００１年の9・11米同時多発テロによって悪化した同国に対する国際社会のイメージを改善したいと考え、翌年に新たな中東和平提案を発表した。それはアラブ和平イニシアティブと呼ばれ、ＰＬＯや他のアラブ連盟加盟国も支持した。この提案は、パレスチナ人の独立国家承認などをイスラエルに求める引き換えに、アラブ諸国がイスラエルと「正常な関係」を樹立することを提案したものであった。この提案は現在でもアラブ連盟のパレスチナ問題に対する基本的な姿勢となっており、イスラエルやアラブ・イスラエル紛争の仲介者であるアメリカが、この提案をどう評価するかに注目が集まっている。

２０１１年の「アラブの春」以降は、カタルによるハマース支援が注目を集めた。ガザ地区は当時イスラエルによる封鎖状態にあり、そこの悪化する人々の生活環境に支援の手を差し伸べるべきだという活動が盛んになっていた。そうした中、カタルのハマド首長はガザ地区を訪問し、経済支援プロジェクトを発表した。この訪問をカタルの衛星放送局アルジャジーラは、ガザの人々に寄り添うカタル首長の「歴史的な訪問」として報じた。しかし、これはパレスチナの窮状を純粋に助けるためだけの訪問ではなく、カタルが中東アラブ世界における威信を高めるための行為であったと考えられている。

このように、湾岸諸国は過去数十年にわたってパレスチナをさまざまなかたちで支援してきたが、その背景にはつねに自国の利益を確保したいという思惑も同時に働いてきた。湾岸諸国はパレスチナ人を出稼ぎ労働者として受け入れ、国際社会に対して「パレスチナの大義」（パレスチナ人の政治的権利の回復など）を訴え、パレスチナに対する経済援助を実施してきたが、いずれも自国の中東地域における政治的立場や経済発展を強化するために行われたという側面が強かった。イスラームの二聖都を擁するサウジアラビアをはじめとした湾岸諸国は、エルサレム問題に強い関心を有しているが、パレスチナ問題のその他の争点についても、アラブの同胞として強い関心を有しているだろうか。湾岸諸国が訴える「パレスチナの大義」の中身が今後も試されていくだろう。

（近藤重人）

# 40

# 聖都エルサレム

## ★占領下の生活空間★

エルサレム旧市街、バーブ・シルシラ通りの石造りの家から、筆者はアル・アクサー・モスクを眺め、嘆きの壁（西壁）広場を見下ろしていた。旧市街は、ムスリム地区、キリスト教地区、ユダヤ地区、アルメニア地区の4つに分かれており、バーブ・シルシラ通りはムスリム地区とユダヤ地区の境界にあたる。

件《くだん》の家は、ムスリム地区最南端のパレスチナ人の家であり、エルサレムの名望家の一つハーリディー家が住む。1948年3月にこの家で生まれたハイファー・ハーリディー氏は次のようなエピソードを話した。第三次中東戦争開戦3日目の1967年6月7日の夜、当時ヨルダン統治下にあった東エルサレムを占領したイスラエルは、旧市街のマガーリバ地区の住民に対し、2時間以内に立ち退くよう命令を出した。同日夜からブルドーザーを使って同地区の家屋の破壊が始まり、翌々日の6月9日まですべての家屋が破壊された。現在、嘆きの壁広場となっている場所である。

この場所を見下ろすバーブ・シルシラ通り沿いの家々は、4階建てで破壊が困難と判断されたため、災難を免れた。その後、イスラエルは旧市街を含む東エルサレムとその周辺約70平方キロメートルを併合し、西エルサレムと併せて同国の「永久の首都」と宣言、１９８０年には「エルサレム基本法」として成文化した。

エルサレムは、ユダヤ教、キリスト教、イスラームの三つの一神教の聖都であり、その帰属や統治をめぐる問題は「エルサレム問題」と呼ばれる。エルサレム問題は、パレスチナ問題の中でも最も重要かつ解決困難な諸課題のひとつである。本章では、イスラエルの東エルサレム占領政策と占領下を生きるパレスチナ人の生活の一端を通して、エルサレム問題が抱える課題の複合性を示したい。

さて、ひとくちに「エルサレム」と言っても、その地理的範囲は時代ごとに変遷してきた。歴史的にエルサレムとは、標高８００メートルの丘の上に位置し、城壁で囲まれた面積1平方キロメートルほどの旧市街を指した。19世紀に入ると、欧米列強の進出やユダヤ人移民の流入による人口増加に伴い、旧市街の外に新市街が形成されていった。１９４７年国連総会決議１８１号（パレスチナ分割決議）は、新旧市街を含むエルサレムを「分離体（corpus separatum）」として国際管理下に置くとした。しかし、第一次中東戦争の結果、エルサレムは東西に分割され、西エルサレムはイスラエル、東エルサレムはヨルダンの統治下となった。それに伴い、東エルサレムのユダヤ人住民は西エルサレムへ、西エルサレムのパレスチナ人住民は東エルサレムへと避難を余儀なくされた。現在の「エルサレム」は、１９６７年にイスラエルが占領・併合した東エルサレムと１９９３年に西方に向かって拡大された西エルサレムを併せた、イスラエルの地方自治体であるエルサレム市を指す。１９９３年のオスロ合意、それに続くパレスチナ暫定自治では、エルサレム問題は来《きた》るべき「最終的地位交渉」で解決されるべき問題として棚上げされている。

## 第40章 聖都エルサレム

イスラエルが東西エルサレムでの主権を主張する一方で、パレスチナ側は、東エルサレムを将来樹立されるべきパレスチナ国家の首都とするとの立場をとる。国際社会はイスラエルによる東エルサレム併合を認めておらず、さらに国連総会決議181号に基づいて同国の西エルサレムでの主権も承認しない立場をとり、各国は大使館をテルアビブに置いている。

なぜエルサレム問題は複雑で、紛争当事者の主張は相容れないのか。それは第一に、エルサレムが三つの一神教の聖地を擁するからである。ユダヤ教の聖地である嘆きの壁や神殿の丘、イスラームの聖地で岩のドームやアル・アクサー・モスクを擁するアル・ハラム・アッ・シャリーフとその西壁であるアル・ブラークの壁、キリスト教の聖地である聖墳墓教会など、旧市街とその周辺には各宗教の聖地が混在する。とくに、嘆きの壁、アル・ブラークの壁と神殿の丘／アル・ハラム・アッ・シャリーフは、ユダヤ教とイスラームの聖域が重なる場所であり、聖地の管理権や信徒のアクセス等も問題となっている。

第二に、イスラエルは東エルサレム併合以降、東西エルサレムにおける主権を確立するため、東エルサレムとその周辺地域で、パレスチナ人の土地の接収とユダヤ人入植地の建設・拡大を進めてきたことが挙げられる（地図参照）。「ユダヤ化」と呼ばれる政策である。ここで注目すべきは、ユダヤ化政策はイスラエルの国内法に則って「合法的」に、あるいは合法と違法の間のグレーゾーンを用いて実施されてきたことである。イスラエルは東エルサレムを「国内」と規定しており、また東西エルサレムにおける同国の主権に対する国際社会からの承認を得るため、被占領者であるパレスチナ人からも受け入れられる占領政策、すなわち「良き統治」（1967～1993年エルサレム市長を務めたテディ・コレックの政策）を目指していたからである。

パレスチナ人の土地の接収は、「公共の目的」を名目に個人が所有する土地の接収を認めるいイギリス委任統治時代の法律「１９４３年土地接収法」や１９５０年にイスラエルが制定した「不在者財産法」を適用して進められた。接収された土地には、ユダヤ人入植地が建設・拡大された。入植地は、東エルサレムのパレスチナ人地域の間、あるいは東エルサレムとヨルダン川西岸地区を分断するように配置され、パレスチナ人地域の拡大や経済的発展が妨げられてきた。さらに１９９０年代後半以降、西岸地区を大きく抉《えぐ》るような「大エルサレム」と呼ばれる大規模な入植地建設が進められている。

第三にイスラエルは、エルサレムの人口をユダヤ人優位にすることによって「ユダヤ人国家」の首都としての正統性を確立することを目指してきた。入植地建設・拡大がユダヤ人口増加の政策であるならば、一方でパレスチナ人人口の抑制を目指す政策も存在する。これもユダヤ化の一環である。１９６７年以降、東エルサレムのパレスチナ人は「イスラエル入国法」に基づいて「居住権」という外国人としての法的地位を与えられている。居住権を維持するためには一定の条件を満たす必要があり、満たさなくなった場合には無効となる。また内務大臣の裁量によって剝奪可能であるため、不安定な法的地位である。例えば、３年以上継続してイスラエル国外に居住した者は居住権を喪失するが、海外留学や出稼ぎに行ったパレスチナ人が居住権を失い、生まれ育った故郷に住むことが困難になったケースがある。１９６７年から２００６年までの40年間で、８２００人以上が居住権を喪失した。

パレスチナ人人口の抑制を目指すもう一つの政策として、住宅建設問題も挙げられる。イスラエルでは、「１９６５年計画建設法」に基づき、市から住宅建設許可を得なければならない。しかし、エルサレム市の都市計画では、パレスチナ人の住宅建設が可能な地域が制限されているため、彼らが建設許可を取得することが困難になっている。人口増加に伴って住宅需要も増すパレスチナ人地域では、市の許可なく「違法建設」が行われ、その結果、イスラエルの法律に則って「違法建築物」が破壊されるという問題が起こっている。

しかし、これらの政策によっても、イスラエルはその人口政策目標を達成していない。1967年の占領当初、東西エルサレムの全人口の74・2%がユダヤ人、25・8%がパレスチナ人およびその他であった。イスラエルは、その人口比を維持、最低でも7対3の比率を守ることを目標として設定したが、1995年にはアラブ人口の30%を超えた。

エルサレム問題をさらに複雑にしているのが、2002年に始まった分離壁建設である。分離壁建設は、2000年に始まった第二次インティファーダを受けて、セキュリティを確保することが目的だとイスラエルは主張している。しかし、分離壁は西岸地区を大きく抉《えぐ》り、複雑なルートを辿りながらパレスチナ人地域を分断しており、通勤・通学・農地へのアクセス等の移動を含め、人々の日常生活に多大な困難を引き起こしている。また、分離壁建設のためにパレスチナ人の土地が接収されている。

「良き統治」と「ユダヤ化」の両立を目指し実施されてきたイスラエルの非軍事的占領政策に対して、東エルサレムのパレスチナ人は主としてイスラエルの法廷で抵抗を試みている。占領者の法的枠組みに規制されつつも、それを利用しながら自らの生活空間を守ろうとしているのである。エルサレム問題は宗教・民族・境界線といった視点から語られることが多いが、同時に人々の生活空間に焦点を当てることによって、この問題に対する理解が深まり、解決への糸口が見つかるのではないか。

（飛奈裕美）

41

# イスラエルとパレスチナの非対称性

★国家主体と非国家主体★

イスラエル・パレスチナ関係は強者と弱者の関係である。これはイスラエルが経済、軍事面で圧倒しているだけではなく、イスラエルは国家であるのに対し、パレスチナは非国家であるためだ。そのためパレスチナは交渉の場を自ら設定できず、イスラエルは有利な場で交渉を進めてきた。この非対称な関係を示すに当たり、本章ではイスラエル政府をイスラエル、その対となるパレスチナ自治政府、ヨルダン川西岸とガザ地区のパレスチナ自治区、パレスチナ人を便宜上まとめてパレスチナと呼びたい（パレスチナの定義上の広がりは第1章参照）。

非対称性について、まず経済面を見てみたい。2013年度の統計によると、単純な一人当たりのGDP差ではおよそ12倍、貿易面ではパレスチナの対イスラエル貿易は貿易総額の約70％と依存している一方、イスラエルの対パレスチナ貿易はわずか3％しかない。またパレスチナの関税等をイスラエルが代理徴収し、還付するという制度が存在するが、その額はパレスチナの税収の約3分の2を占めている。イスラエルが何らかの理由で税還付をやめることで、この制度が制裁の道具として機能している。同様に全パレスチナ人労働者のうち約16％はイスラエル国内と入植地で働いているが、イスラエル軍の検問はしばしば彼らをイスラエルの労働市場から締め出すこととなる。このようにイスラエルはパレスチナの「人・モノ・カネの移動」を容易に遮断することができる立場にある。

続いて軍事面だが、2014年のガザ紛争だけみても、イスラエルの死者は民間人と兵士を合わせても67人であるのに対し、パレスチナは2251人、その内の3分の1は子どもであり、その一方的な関係が見て取れる。さらにヨルダン川西岸に設置された分離壁はイスラエルの絶対的優位な軍事力を象徴している。

そして何よりも重要なのは、国家主体と非国家主体の関係という現実である。イスラエルは国家として1949年に国連で承認されているが、パレスチナは2012年に総会での投票権のないオブザーバー国家として承認された。この違いによって、イスラエルがテロなどの理由でパレスチナを交渉パートナーとして認めないといえば、あらゆる交渉がストップする。例えば、1969年に当時のイスラエル首相ゴルダ・メイールは「パレスチナ人など存在しない」と発言し、パレスチナ解放機構（PLO）との話し合いを拒否していた。また1986年にはイスラエル人がPLOと直接話し合うことを禁止する法案さえ作っている。さらには、パレスチナが国家でないがゆえに、分離壁が国際法違反との批判を受けても無視することができる。

だからこそ、間を取り持つ仲介者を両者は求めている。パレスチナはイスラエルと直接向かい合うのではなく、第三者を介することで対等な交渉を求め、イスラエルもまた前述のメイールのような公式見解によって、パレスチナと直接対話することが難しいため、他者の仲介を必要としてきた。

# 第41章

## イスラエルとパレスチナの非対称性

初期の仲介者はエジプトとヨルダンなどのアラブ諸国であった。エジプトを盟主とするアラブ連盟では、常にパレスチナの大義を訴え、パレスチナ問題の代理人として振る舞った。第四次中東戦争後の1978年、エジプトがキャンプ・デービッド合意によって対イスラエル戦線から離脱すると、次はヨルダンが重要な仲介者となっていく。ヨルダンは西岸の領有権を主張していたことや、国内にパレスチナ難民を多く受け入れていたことからも、パレスチナとの結びつきが極めて深い。そのため、イスラエルはパレスチナ問題を対ヨルダン外交の中で解決しようとした。これが「ヨルダン・オプション」というヨルダンの主権の下にパレスチナ自治区を作るという構想を生み出すこととなった。また、1991年のマドリード中東和平会議において、イスラエルの反対でPLOがパレスチナの代表として参加できなかったため、ヨルダン・パレスチナ合同代表団というかたちでPLOが会議に出席したこともあった。

しかし、いずれの国家も仲介者としては力不足であった。そのため超大国アメリカが仲介者として名乗りを上げることとなる。端緒となったのはレーガン大統領であり、1982年に中東和平の構想として「レーガン・プラン」を提示した。しかし、これはPLOを承認せずに、ヨルダンを交渉相手としていたという点でそれまでの延長に過ぎなかった。いずれにしても、このとき以降、アメリカがイスラエル・パレスチナ関係の仲介者として振る舞うこととなり、今でも重要な関係国となっている。ただし、その立場はイスラエル寄りであり、「誠実な仲介者」とはいえない。

1993年のオスロ合意でアメリカ以上に重要な仲介者はノルウェーであった。このとき、ノルウェー政府ではなく、社会学者テリエ・ラーセンが交渉のきっかけを作った。アメリカを主な仲介者としてきた両者にとって、ノルウェーという新しい仲介者は交渉の「横道」を作り出し、合意締結に重要な転機となった。同時に、PLOとの接触を禁じた法律が廃止されたこともこれを後押しした。

オスロ以降では、2003年の和平への「ロード・マップ」に代表されるように、「カルテット」と呼ばれるアメリカ、ロシア、EU、国連といった大国、国際組織が仲介者の役割を果たしていくこととなった。注目したいのは、EUや国連といった国家の枠組みを超えた組織が重要な役割を担い始めたことである。前述のとおり、パレスチナはオブザーバー国家であるため、国連総会での投票権を持たない。しかし、2014~15年の総会決議だけでみても、イスラエルに対して非難決議は20回行われ、同時に議論されたイラン、北朝鮮、シリアにはそれぞれ1回しか行われなかった。さらに、国連下部組織のユネスコや、独立した国際機関の国際刑事裁判所へのパレスチナの加盟など、国際機関を舞台にしたパレスチナ外交の盛り上がりを示している。EUでも、2014年のスウェーデンのパレスチナ国家承認やイギリス下院での承認決議といった動きは、欧州を迂回してイスラエルへの大きな圧力となっている。

これら公的機関だけではなく、民間でも仲介者が現れ始めている。国際サッカー連盟（FIFA）に対し、パレスチナ・サッカー協会はイスラエル軍の検問によってパレスチナ人選手の移動が制限されていることなどを問題視し、イスラエルのFIFAでの資格停止を求めていた。ただしFIFAの資金スキャンダルによる混乱や、ユダヤ人ロビー団体の圧力などによってパレスチナ側が採択できないと判断したため訴えは取り下げられた。同様に、研究者あるいは学生運動のBDS（第58章参照）などによるイスラエル・ボイコットも民間を通じたイスラエルへの圧力となっている。

以上のように、イスラエルとパレスチナはその非対称性を背景として、仲介者を通した関係を築きあげてきた。当初はイスラエルが自らに有利な仲介者を選び、また自由に場を設定していた。もちろん現在でも、イスラエルが圧倒的に強いことに変わりない。しかしパレスチナは国際社会を仲介者とする外交を展開することで、非対称関係の中での攻勢を強めている。このことで、イスラエル・パレスチナ関係は強者と弱者という関係から、一部でパレスチナが有利な立場に立つことができ始めている。両者の関係は今まさに新たな時代を迎えているのである。

（澤口右樹）

コラム17

# パレスチナを旅行する

鈴木啓之、山本健介、臼杵悠、児玉恵美、南部真喜子、塩塚祐太

〈交通編〉

パレスチナ暫定自治区の交通網は、都市間のものと都市周辺のものに分けられる。前者ではバスもあるが、圧倒的に利用されるのがセルビスと呼ばれる乗り合いタクシーだ。ここでは、2016年現在、旅行者にもアクセスが容易なヨルダン川西岸地区に限って紹介していきたい。

旅の出発点はエルサレムだ。というのも、イスラエルへ空路で入国する場合も、ヨルダンから国境を越えて陸路で入国する場合も、ミニバスやセルビスが最初に着くのがエルサレムだからだ。このエルサレムから、自治区の中心都市ラーマッラーと巡礼地として有名なベツレヘムへのバスが出ている。いずれのルートも分離壁の近くを通り、検問所を通過する。エルサレムに戻るときにチェックがあるため、パスポートは必携だ。ラーマッラーからは、北部のナーブルスや東部のエリコ、南部のヘブロンなど、西岸のほぼすべての街に行くことができる。また、ベツレヘムからは南部のヘブロン行きのセルビスが頻発している。運転手が威勢よく目的地を叫んでいるので、行き先を確認して乗り込み、満員になって出発するのを待つ。タイミングがよければすぐに出発できるが、たいていは10分から20分ほど他の客を待つことになる。時刻表どおりに電車もバスも動く日本では想像もつかないが、基本的に中東のどこに行ってもこのスタイルは変わらない。

シートベルトを締めたら準備完了、丘陵地を猛スピードで駆け抜ける小旅行の始まりだ。とくにエルサレムを経由せずにラーマッラーとベツレヘムの間を移動しようとすると、急勾配に急カーブの「ワーディー・ナール（火の谷）」が待っている。パレスチナ人の多くはエルサレ

ムへの立ち入りがイスラエルに厳しく制限されているため、こうした迂回路を利用している。ちなみに、エルサレムからは、隣国ヨルダンの首都アンマーンへ向かうミニバスも出ている。こちらも高地のエルサレムから、死海のほとりまで、高低差1000メートル以上を一気にくだる。キング・フセイン橋で国境越え専用バスに乗り換え、さらにヨルダン側でセルビスかバス、またはタクシーを拾うと、再び丘陵地を登ってアンマーンを目指す（ヨルダン入国ビザの事前取得を忘れないようにしたい）。

上：エルサレムのバスターミナル（2013 年 9 月・筆者撮影）
下：ミニバスの車内（2012 年 9 月・筆者撮影）

次に、パレスチナの街中の交通を見てみよう。基本的にどの街にも、都市間を移動するセルビスと、街の中を周回する小型のセルビス（タクシーとして借り切ることもできる）がある。街中のたいていの場所にはセルビスで行けるが、慣れない旅行者はタクシーを使った方がよいかもしれない。ちなみにアラビア語でもタクシーは「タクシー」なので、セルビスやバスを降りた途端に、「タクシー！　タクシー！」と呼びかけられることもある。ラーマッラーほど大きい街になると、行き先ごとにセルビスの乗り場が分かれる。街の人に乗り場を聞いて回る根気が必要だ。北部のナーブルスやジェニーン、南部のヘブロンまで行くと外国人観光客がぐんと減り、周囲はほぼパレスチナ人だけになる（正確にいえば外国人観光客もいるのだが、多くは貸し切りのツアーバスを利用するので、セルビスで同乗することはまずない）。

満席になったセルビスの車内では、アラビア語のヒットソングが流れ、こちらがアラビア語を解そうが解すまいが、前後左右から質問攻めにあうこともよくある。そうこうしているうちに、いつのまにやら車内ではお菓子や飴などが振る舞われ、和気あいあいとなって目的地を目指すのだ。

〈宿泊編〉

パレスチナ暫定自治区での旅行で悩ましいのが宿の確保だ。都市部にはホテルや簡易宿泊所があるが、農村部となるとかなり難しい。後者の場合は、村の篤志家がやっている私設の宿泊所や、ホームステイというかたちになる。また、たいてい難民キャンプにはボランティアを受け入れるゲストハウスがあるので、知人がいるなら紹介してもらうのもよいだろう。ここでも、旅行者が訪問しやすいヨルダン川西岸地区に限って紹介していく。

宿が一番充実しているのは、ＮＧＯ関係者や巡礼者、企業関係者、外交官、そして観光客が集中するエルサレム、ラーマッラー、ベツレヘムだ。とくにエルサレムは西エルサレムの宿泊施設も含めれば、さまざまな宿を選ぶことができる。旧市街のダマスカス門を出た周辺にはいくつか老舗のホテルがあり、併設されたレストランをめぐるのも楽しい。調度品にパレスチナ刺繍をあしらった宿もあり、いろいろと目を楽しませてくれる。自治区の中心都市ラーマッラーも、高級ホテルからバックパッカー宿まで、さまざまな宿泊施設がある。意外かもしれないが、ラーマッラーには若者が集うナイト・クラブもあり、若者と外国人の交流の場になっている。ベツレヘムは、クリスチャン系のゲストハウスやホテルなどが充実しているが、長期滞在の場合は家具つきアパートを借りることもできる。キリスト生誕の地とあって、とくにクリスマスの時期に大変な賑わいを見せ、宿泊費も高騰する。イスラーム教の二大祝祭（断食明け祭と犠牲祭）の頃にはイスラエル国籍のパレスチナ人が、ショッピングなどを目的に西岸地区を訪れる。こうした時期の宿泊は、事前の予約を忘れないようにしたい。

安宿の魅力は人と人の近さ（2012 年 8 月・筆者撮影）

以上の「三大都市」以外となると、宿の数はぐんと少なくなる（余計なことだが、ビールなどアルコール類にお目にかかる機会もぐんと減る）。ただ、「フンドゥク（ホテル）」というアラビア語を頼りに、商店のすき間にある隠れた宿を見つけ出すのもよいだろう。北部のナーブルスでは、パレスチナ人が利用するドミトリー式のホテルや、中・高級のホテルを見つけることができる。ドミトリーの魅力は、何より現地の人々との交流だろう。ヘブロンから商売に来た青年や、イスラエル国籍のパレスチナ人、身分証の更新のために湾岸諸国から戻ってきた壮年の男性など、まさに人の交差点である。そんなところに日本からの旅行者など来たらみな興味津々、お茶一杯の時間もあれば個人情報は全部引き出されてしまう。一方で中・高級のホテルは雰囲気がガラリと変わり、お昼時には近所の多少裕福な奥様方が水タバコ片手にランチを囲んでいたりする。

南部のヘブロンには、旅行者向けのホテルは2015年現在ほとんどなく、看板を掲げながら実際には廃業しているというケースもある。入植地が市内にある特殊な状況のため、他の都市と比べて衝突が起こりやすく、一晩を過ごそうとする外国人は少ないのが現状だ。ヘブロンを頻繁に訪れる外国人は、ヘブロン近郊に住むパレスチナ人の家庭に宿泊するか、あるいは短期間で賃貸できる部屋を探すことになる。ただ、最近ではヘブロン再生委員会（ＨＲＣ）（第22章を参照）が中心となって、マムルーク朝時代の建築物をホテルにリノベーションする動きがある。近い将来に、イスラーム王朝期の歴史的建築物に宿泊し、伝統的な市場での買い物や人懐っこいヘブロンの人々との交流など、その魅力を余すところなく堪能できる日が訪れるかもしれない。

＊渡航するときには、外務省が公開する海外安全情報などで最新の治安状況を確認して欲しい。

# V

# 経済と社会

# 42

# パトロン・クライアント関係

## ★近代パレスチナ社会の支配層★

パレスチナの名望家《アーヤーン》は、中央政府から徴税を請け負って農業主体の経済活動と国有地、とりわけ聖地の管理を任され地域の行政権を代行してきた氏族を指す。その多くは都市に居住する大都市所有者で、農業生産と納税の責を負った。名望家は領有地の農民といわゆるパトロン・クライアント関係にあって、村落部に至るまでその経済活動を把握していた。農民から成る自警団を組織して生産者の安全を維持すると同時に、周辺地域の為政者との血縁を基礎とした関係に基づいて、巡礼ルートを通る隊商を含めた地域の安定化を維持したのも名望家であった。域内にはイスラーム征服以前に居住していたキリスト教徒・ユダヤ教徒がおり、異なる宗派との共存も維持されてきた。特にヌセイベ家は、イスラーム征服時より異なる宗派がひしめき合うエルサレムの安全を保障し、聖地の安寧に尽くした名残が旧市街にある宗派ごとの街区である。

また19世紀に入ると、西欧経済の進出という国際化の波を受けて、経済自治的な活動も行うようになる。20世紀初頭には宗派の平等が提唱され、パレスチナに何世紀にもわたって居住していた外国籍のユダヤ教徒、キリスト教徒らと共に商工会議所を結成するなど、地元経済の発展を目指した。近代までの名望家たちは、地域の絆、宗派を超えた紐帯を重要視し、現在の国家区分を超えるネットワークを通じてパレスチナの繁栄を支えた。

ユダヤ人移住に対してもオスマン帝国議会に議員を送っていたハーリディー家のユースフ・ジィア・アル・ハーリディーは移民の大量流入による諍いを案じて、「シオニストが移住することに何ら意義はなく」、パレスチナは「ユダヤ人にとっても故郷である」が、知己であったフランスのラビに書簡を送った。その書簡はヘルツルに渡り「アラブ人とユダヤ人双方に利益をもたらす経済を築く」ための計画的な移民と現地の住民に対する利益を強調すると返信していた。

第一次世界大戦以降、委任統治パレスチナではオスマン法を採用したために、表面上は名望家の地位が保たれていたが、それを脅かしたのは豊富な資金と技術力を持って流入したユダヤ系移民の排外的な経済活動であった。委任統治局は統治費用を軽減させるためシオニストの資本を活用し、政治的自治権も与えた。これに反発した名望家は従来と異なる政治的役割を積極的に果たそうとしたが、委任統治下の経済的繁栄の恩恵を優先させた名望家もおり、政治活動は足並みが揃わず対立することも多かった。政治活動に対する弾圧を受けた名望家は国外に追放され、周辺地域から切り離された経済構造の変化や都市化に伴った従来の都市－農村関係の変化と共に彼らの社会的影響力は大きく減じた。名望家の地位は世襲で引き継がれてきたが、オスマン帝国末期の土地改革、委任統治政策に乗じて土地の売買を進めた者、商品作物生産の開始により商人層からも経済的地位上昇を果たす者が表れた結果、名望家層の構成は大きく変動した。

イスラエル建国と同時に、強制的な立ち退きと避難民の離散によってパレスチナ社会関係は劇的に変化、名望家も時代の影響を受けた。多くはその血縁・地縁的繋がりを持った周辺地域に逃れ、ヨルダンなどでは大臣など政府中枢の役職を担った。離散した名望家は、従来の血縁的ネットワークに加えて移動先の国家・地域と新たな結びつきを強めた者、パレスチナ人同士の協会などを結成して祖国帰還を志向した者など立場が分かれた。

第三次中東戦争後、西岸・ガザ地域が占領下に置かれ、周辺地域との往来の制限により経済活動は閉鎖的な環境に置かれた。イスラエルへの「出稼ぎ」など土地から切り離された経済活動が増大し、占領地経済はイスラエルの経済的動向に大きく左右されるようになった。このため、西岸・ガザ地域に残った名望家の経済的庇護者の地位は低下した。土地の接収と入植地の拡大などの影響も大きく、土地の所有権を基盤とした経済力は大きく減じた。

しかしながら、自治政府中枢にも名望家出身者が多く含まれるように、名望家は依然として主要経済の農業地を含めパレスチナの土地利権における重要な位置を占めている。また、オスロ合意以降はPLO幹部らがパレスチナに帰還し、国際社会は巨大な援助金をパレスチナに流入させた。結果的に、帰還した活動家と地元で暮らしてきた名望家との間には軋轢が生じた。オスロ合意は政治的な問題を先送りし、経済的にはパレスチナが援助漬けになる事態を生んだ。援助は新たなエリート層を輩出し、域内には一層複雑な利害関係が生じだ。それぞれ異なる利害を主張する名望家、新たに生まれた中間層の間で、麻痺したパレスチナ経済の状態を打開するような協力関係を結ぶことは難しい状態にある。

（田村幸恵）

# 43

# 水と土地

★権利あるいは空間をめぐる問題★

パレスチナにおける水資源を含めた土地問題とはいわゆる「領土問題」ではない。そもそもパレスチナ人には未だ排他的な主権の及ぶ領土を備えた国家がない。そのことが、住民の土地への権利の承認／否認をめぐるこの問題をより複雑かつ深刻なものにしている。

19世紀後半以降のパレスチナでは、オスマン帝国の土地改革により登記事業が開始されるなど土地制度の近代化が進められていた。一方で、村や親族単位の社会的慣習によって土地は運用されていた。第一次世界大戦後のイギリス委任統治期には、土地は区画化され、土地への権利は新たに行う地籍調査に基づいた登記によってのみ保障されることとなった。こうした土地制度上の移行期にシオニスト移民が流入し、シオニスト機関によって大量の土地が購入され囲い込まれ、多くのパレスチナ人農民は土地を追われた。これが、パレスチナにおける土地問題の発端である。

しかし、1948年のナクバ／イスラエル建国によって多くのパレスチナ人難民が発生し、土地問題は決定的局面を迎える。難民が所有していた都市部の不動産は「不在者財産」、農地は

「遺棄地」として最終的にはイスラエル政府の管理下に入った。さらに、オスマン土地法や委任統治期の法令の恣意的な再解釈や改変により権利取得要件が不可能なまでに厳格化されるなどして、イスラエル領内に留まった多くのパレスチナ人住民の土地所有権が否定された。いまだ大半の土地が未登記だったこともそれを容易にした。他にも、「公的利用」を名目にした土地収用は続き、1976年3月30日（「土地の日」）、パレスチナ人はこれに反対して、死傷者も出た大規模なデモを起こす。以後大規模な土地収用は止んだものの、収用自体は今尚継続している。

第三次中東戦争後、イスラエルはゴラン高原を併合し、東エルサレムを半併合し、ヨルダン川西岸とガザをその占領下においた。占領地ではイスラエル軍による支配が開始されると、土地登記事業は停止され、軍による「治安」を目的とした大規模な土地収用（軍による強制的借地）が行われた。しかし、入植地建設目的の軍による「一時的」土地収用をイスラエル最高裁が違法としたエロン・モレ判決（1979年）後、イスラエルは占領地での土地政策方針を転換させる。それまで西岸を併合していたヨルダン政府は、イギリスが着手していた土地登記事業を継続する一方で、オスマン土地法を維持し土地制度の大幅な変更を行っていなかった。イスラエルはこうした状況を利用し、それまで自国領内で行ってきたのと同じ法的手法や人的資源を使い、未登記の農地や荒蕪地《こうぶち》を中心に住民の土地所有権自体を否定していった。そして、それらの土地を元ヨルダン政府下の国有地と同様に国有地として取り扱ったのである。この他にも難民の元所有地である「不在者財産」など権利関係が不明確なままのさまざまな範疇の土地が、イスラエル軍の権限下に集約された。こうした土地に、パレスチナ人の都市や村は（一部は既存の村内部にまで食い込むかたちで）囲まれ、事実上「恒久的な」ユダヤ人入植地が建設されてきた。

1993年のオスロ合意により、ガザ地区の約65%からイスラエル軍は撤退したが、西岸はより体系的にエリアA、B、Cへと空間的に分割される。エリアA、B（エリアBは民政のみ）はパレスチナ自治政府の統治下に入る一方、イスラエル軍の下部組織である民政局の権限下にあるエリアCは西岸の64%を占める。結果、エリアA、BはエリアCによって分断された離島のような状況になっている。さらに、いわゆる分離壁が2002年に建設され始めてからは、占領地自体が外部から隔離された空間となり、とくにガザ地区の住民は孤立した生活を強いられている。他方、西岸内部の「境界」地域では、軍や入植者の侵入と日々対峙しながらの生活をパレスチナ人住民は余儀なくされている。

エリアCでは民政局による都市計画に沿わないものは違法建築となり、たとえ私有地であってもその上に建てられた建築物は違法と見なされ、（2000年代だけでも6000件以上出されている）解体命令の対象となる。そのため、社会インフラも整備されない同地区でパレスチナ人が暮らすことは非常に困難な状況にあり、エリアCに居住するパレスチナ人はパレスチナ自治政府人口の4%あまりである。この間に、民政局は未登記地の地籍調査のためと称した土地の囲い込みを同地域で拡大させている。

パレスチナ自治政府は、2002年にパレスチナ土地庁（2007年にガザ地区部門は分離）を設立し、未登記状態での土地利用・取引が常態化している状況を改善すべく新たな土地法の整備や登記事業を本格的に開始するなど、とくに大都市部では土地開発が進んでいる。しかし、人口増加による住宅用地や新規工業用地不足などが問題化している。そのためパレスチナ自治政府はエリアCでの新規開発を求めているが、これまで民政局がパレスチナ側に土地利用を認めたのはエリアCの1％にすぎない。

一方、水への権利はそれまで概して公に開かれたものであったが、イスラエルは占領直後の軍法令ですべての水資源は国家に属すると定めた。こうして降雨量が少ないパレスチナの自然環境下で限られた水資源をイスラエルが押さえることで、パレスチナ住民がイスラエル側に水の供給について極度に依存するという状況が生み出された。ヨルダン川が地域の主な水源としてあるが、軍は占領後にこの河川地域をすべて押さえ、パレスチナ住民のアクセス権を認めていない。よってパレスチナ住民が利用できるのは、地下の帯水層からくみ上げる地下水と小規模な雨水貯水池・タンク等に限られている。結果、パレスチナ人は慢性的な水不足に悩まされてきた。

被占領後の西岸・ガザでは、軍法令158で、軍の許可なく新たに井戸を掘ることが禁止された。これはオスロ体制以前に認められたのは、わずかに13か所の家庭利用用の井戸の掘削だけである。これはこの間軍によって破壊された数百という井戸の数を大幅に下回る。そのため、パレスチナ側はイスラエルの水公社であるメコロットから購入する水にも依存してきた。その割合は2014年時点で、全家庭利用分のおよそ30％（西岸60％、ガザ4％）にまで及ぶ。メコロットからの水の供給は入植地が優先されるため、入植地で需要が高まるとパレスチナ側への水の供給量は低下するという。ちなみにメコロットの西岸への供給分の主な水源は同西岸内にある井戸である。

オスロ合意はこうした状況に変化をもたらしたとはいえない。例えば、1995年にはイスラエルとパレスチナ双方の政府代表からなる協同水委員会が発足した。同委員会は、西岸における新たな井戸掘削の承認などの水資源開発および排水処理等を協議する場となっており、その決定には両者の合意が必要である。これはつまり、エリアCでの民政局の排他的権利はそのままに、エリアA、Bにおいてもパレスチナ自治政府に水資源開発の自由は保障されていないことを意味する。この体制下では、パレスチナ自治政府が入植地への既存の水供給を追認するかたちとさえなっているのである。

このように複雑かつ重層的な法体系の下で、パレスチナ人の土地や水への権利問題の最終的解決は今なお先送りされ続けている。１９４８年以降、占領、オスロ合意を経て、イスラエルとパレスチナ間の非対称な関係が保持されたまま、土地問題は徐々にパレスチナ人難民・住民の権利をめぐる政治から空間をめぐる政治へと変容していく。が、はたしてそれは問題の解決へと繋がるのだろうか？

（吉年誠）

# 44

# ヨルダン川西岸の産業

## ★実地調査から見える現状と課題★

イスラエルとの紛争のさなかにあるパレスチナに、いったい産業などあるのかという声を耳にする。確かに、いろいろな意味で、産業には困難な条件がそろっているが、本章では、業種ごとの企業数や従業員数、その他いくつかの経済指標を示すことで、わずかなりとも右の疑問に答えたい。

パレスチナと言っても、西岸地区、ガザ地区があり、両者は環境も現状も大きく異なっている。ひとくくりにして、パレスチナ産業を語ることはできない。ガザは2008年12月から翌年1月にかけて、さらには2014年7月8日から8月26日にかけて、イスラエル軍による空爆と地上軍による攻撃で、壊滅状態となり、いまだに数十万人が、破壊された住居の修復もできないままであることが、国連の調査で報告されている。このような状況では、ガザ地域の産業の現状を語ることなど、とてもできない。また、地域そのものが封鎖状態で、検問所の通行許可を得ることはきわめて困難であるため、産業調査そのものが難しい。

そこで、本章では、ヨルダン川西岸地区の産業に限定して話を進めたい。

## 第44章

# ヨルダン川西岸の産業

2008年に外務省に対して日本のODA支援を効果的に行うために、パレスチナの現状調査が必要という提案書が提出された。この調査は国際協力機構（JICA）のプロジェクトとして予算化され、日本人専門家7名、現地パレスチナ人専門家12名からなる調査チームが2009年に、約10カ月間の現地調査を行った。調査結果は、パレスチナ、イスラエル、ヨルダン、日本の各政府に提言をともなう報告書として提出された。

2008年、パレスチナの経済省へのインタビューで、パレスチナの代表的な産業、とくに輸出をともなう国際的な産業についての質問への回答では、次のような産業がパレスチナの代表的産業と回答されている。

①石工、大理石、②建設資材、③織物、衣類、④食品加工、⑤手芸品、陶芸品、⑥金属加工、⑦化学工業、⑧石鹸、洗剤、⑨農業、農産加工品、⑩製薬、⑪中間テク～ハイテク、⑫水彩、油絵、である。

水彩や油絵を産業の分野に入れてよいかは多少疑問が残るが、観光地としてのパレスチナでは、あるレベルでビジネス産業として成り立っているようである。また、農業については、2006年に小泉純一郎首相（当時）がパレスチナのアッバース大統領を訪問し、「ヨルダン渓谷、平和と繁栄の回廊構想」を提唱して注目を浴びた。

2008年から2009年にかけてのJICAによる産業調査では、この「平和と繁栄の回廊構想」の見直し案を模索して、変更提言するという作業に入ることになった（筆者は、この調査のプロジェクトメンバーとして参加した）。

**表1　産業別主要経済指標**

（単位：1000 米ドル）

| 経済活動 | 企業数 | 従業員数 | 従業員の給与所得 | 生産高 | 中間消費高 | 生み出された合計付加価値 | 固定資産構成 |
|---|---|---|---|---|---|---|---|
| 全産業活動 | 16,201 | 79,566 | 41,1828.2 | 4021,525 | 2394,736 | 1626,789 | 53,508 |
| 鉱業と採石業 | 211 | 1,721 | 10,362.4 | 120,439 | 54,384 | 66,055 | 5,926 |
| 食品産業 | 2,128 | 14,698 | 72,570 | 909,782 | 559,593 | 350,189 | 5,926 |
| 繊維産業 | 386 | 1,230 | 3,362 | 27,222 | 16,212 | 11,010 | 4 |
| 衣類、服飾関係 | 1,580 | 11,505 | 45,406 | 118,914 | 45,983 | 72,932 | 1,028 |
| 皮製品および関連製品製造 | 412 | 2,352 | 11,245 | 85,991 | 45,715 | 40,277 | 160 |
| 新聞雑誌関連の印刷および複写 | 427 | 1,882 | 12,194 | 67,027 | 40,380 | 26,647 | 915 |
| 石油製品精製 | 145 | 846 | 4,316 | 62,504 | 34,475 | 28,029 | 2,632 |
| ゴムおよびプラスチック製品製造 | 238 | 1,592 | 10,219 | 139,198 | 75,570 | 63,628 | 925 |
| 金属加工および組立て業（機械・機械部品を除く） | 3,656 | 9,456 | 32,143 | 325,776 | 197,729 | 128,047 | 1,237 |
| その他、輸送部品と備品、付属品製造 | 2,769 | 10,111 | 45,509 | 302,225 | 190,523 | 111,702 | 4,937 |
| その他の製造業 | 243 | 895 | 3,826 | 47,853 | 26,814 | 21,039 | 36 |
| 電気、ガス、蒸気、空調の提供 | 13 | 3.301 | 54,219 | 600,648 | 405,796 | 194,852 | 15,050 |

出所：Palestine Economic Policy Research Institute – MAS（企業数、従業員数、産業活動によるパレスチナの主要経済指標　2013年版）より筆者作成。

そこでの調査により、パレスチナ産業の現状がいろいろ浮かび上がってきている。

まず、表1において、パレスチナ産業の全体像を示す。個々の産業を説明するよりも、業種別の企業数、それぞれの従業員数、業種の売り上げ規模や利益、従業員に支払われている給与などを一覧にすることで、産業全体について理解できるだろう。

いくつか代表的な企業の指標を挙げると次のとおりである。なお、最初の行の全産業の数値は、ここに記載していない業種も含めたすべての合計の数値であり、記載した業種のみの合計ではない。

この表の背景を示せば、次のよ

うになろう。

①　食品産業の比重が高いのは、パレスチナの主要産業であるオリーブ（オイル）、遊牧民ベドウィンの牧畜による肉加工（ハム・ソーセージ）乳製品（チーズ・バター・ケーキ・クッキー等）が産業構造の中でも主要な位置を占めているためである。

②　次には、機械および機械部品や輸送部品の加工・組立てが大きな比重を占めている。これは、紛争中とはいえ、ＧＤＰがパレスチナの10倍以上の規模をもつ、隣国イスラエルからの下請け的製造工業の比重が高いことを示している。

③　鉱業・採石業では建築材料の大理石が産出され、ビルの外壁用化粧板として海外にも多く輸出されている。

④　衣類、織物関係は、ガザが中心であったが、壊滅状態になったガザから西岸地区に移ってきているとみられる。

⑤　表には出てこないが、オリーブオイル、石鹸、洗剤、薬品などは数多くの零細企業として成り立っている。

⑥　生産高で金額が最も高くなっている電気、ガス、蒸気、空調については、これ自体が産業として何か生み出しているわけではなく、これらのエネルギーによって右の産業が成り立っているものである。日本や多くの産業先進国に比べて、他の産業に対してこの比率が高いということは、他の生産高が低いため、生産へのエレルギー効率が低いことを示している。

次に、パレスチナ産業が、過去どのように推移したかを、表2で示す。

| 年度 | | | | | | | | |
|---|---|---|---|---|---|---|---|---|
| 2005 | 2006 | 2007 | 2008 | 2009 | 2010 | 2011 | 2012 | 2013 |
| 12,211 | 11,351 | 14508 | 14,539 | 15,322 | 15,617 | 17,090 | 16,263 | 16,201 |
| 58,242 | 49,990 | 61,690 | 59,641 | 67,052 | 65,538 | 72,022 | 78,724 | 79,566 |
| 150,739 | 138,283 | 191,463 | 205,209 | 251,150 | 277,059 | 311,979 | 388,413 | 411,828 |
| 1,457,236 | 1,474,364 | 1,808,282 | 2,056,157 | 2,293,632 | 2,700,320 | 2,819,353 | 3,798,060 | 4,021,525 |
| 8694,07 | 807,763 | 1,072,383 | 1,087,820 | 1,247,097 | 1,388,345 | 1,530,267 | 2087,919 | 2,394,736 |
| 605,829 | 666,602 | 735,899 | 96,8338 | 1,046,536 | 1,311,975 | 1,289,086 | 1,710,140 | 1,626,789 |
| 18,048 | 22,361 | 44849 | 35,668 | 38,647 | 69,823 | 66,632 | 84,660 | 53,508 |

この表では、個別の業種ではなく産業全体の数値が年によってどう推移したかを示している。これを見ると、パレスチナのさまざまな出来事、例えばインティファーダや政治情勢などがどの時点で産業や経済に影響をもたらせたかの分析材料になろう。

2015年現在、困難な状況の中とはいえ、パレスチナの産業規模、経済規模は成長しているようにもみえるが、表2をみると、必ずしも順調に成長路線を通ってきたのではなく、さまざまな政治情勢の中で浮き沈みしつつ、現在の姿になっていることがわかる。

最後に、イスラエルによる占領政策によってパレスチナ企業が強いられている課題について述べてみたい。分離壁と検問所の問題である。

ヨルダン川西岸地区は随所に分離壁ができ、現在この壁の距離は700キロメートルを超えている。道路が壁で寸断されると目的地まで大きく迂回しなければならず、移動には時間がかかる。また、西岸地区全体で450カ所を超えるといわれる検問所によって通行の自由を奪われている。

### 表 2　企業数、労働就任人口、主要経済指標の推移 1997 ～ 2013

| | 年度 | | | | | | | |
|---|---|---|---|---|---|---|---|---|
| | 1997 | 1998 | 1999 | 2000 | 2001 | 2002 | 2003 | 2004 |
| 企業数 | 14,438 | 14,471 | 14.849 | 14,509 | 14,605 | 14,179 | 13,693 | 12.690 |
| 従業員数 | 66,113 | 65,099 | 72.660 | 76,918 | 69,569 | 65,526 | 60,185 | 58.979 |
| 従業員給与 | 184,517 | 179,455 | 227.740 | 236,756 | 177,014 | 137,967 | 134,801 | 161.184 |
| 生産高 | 1,391,361 | 1,285,996 | 1.613.737 | 1,708,694 | 1,270,345 | 976,900 | 1,058,365 | 1.460.142 |
| 中間消費高 | 733,386 | 690,426 | 826.595 | 1,010,151 | 811,088 | 609,850 | 581,369 | 807.541 |
| 合計付加価値 | 657,975 | 595,573 | 787.142 | 698,544 | 459,258 | 367,050 | 476,991 | 652.602 |
| 固定資産構成 | 45,497 | 23,029 | 34.242 | 27,247 | 15,590 | 10,016 | 8,933 | 31.693 |

注：2001, 2002, 2003, 2004, 2005, 2006, 2007 年は、西岸地区およびガザ地区を含めた数値である。1998-2009 年は統計指標 ISIC-3. による。2010-2013 年は統計指標 ISIC-4 による。

出所：Palestine Economic Policy Research Institute – MAS（企業数、従業員数、産業活動によるパレスチナの主要経済指標　2013 年版）より筆者作成。

荷物を積んで走るパレスチナ企業のトラックは、事前に通行許可証を申請して、それを提示しなくては検問所を通過する事はできない。さらに検問所ではトラックの荷物をすべて降ろしてセキュリティ検査を受けなくてはならず、検査後その荷物を再度積み上げるという作業が必要になる。これが、通行する検問所毎に必要である。トラックの積載トン数に従った、通行料を検問所ごとに支払わなくてはならない。

　個人IDによって、通過できない検問所もある。例えば、エルサレム在住以外のパレスチナ人は、エルサレムには入ることができない。また、イスラエルによる通関のルールは頻繁に変わり、通関の役人すら熟知できておらず、混乱は日常的である。輸送についても、通関のセキュリティ検査の機械サイズが、国際標準より小さく、そのため、荷物サイズはその機械を通過できるサイズにあらかじめパックしておかなくてはならない。また輸出入は品物によって制限される。

　ここで記した、分離壁、検問所における、企業にかかる時間と手間は、企業にとってはコストである。このコスト高のために、価格競争力が低下せざるを得ず、ビジネス上大きなハンディを背負っている。

以上がパレスチナ産業の特徴や課題といえる。読者にはこの章の大半は、産業自体の内容よりも、この国の産業がイスラエルによる占領政策によっていかに負担を強いられているかの説明に終始すると感じたかもしれない。しかし、これらの課題は、将来、パレスチナが国として独立を果たし、占領政策の呪縛を脱することができたとき、その多くが解決されるだろう。教育レベルが高く、かつ国の発展を心から願う人々の意識は、産業の分野において大きな発展をもたらし、経済を大きく成長させることになると信じている。

（岩浅紀久）

コラム18

# パレスチナの伝統工芸品

塩塚祐太

この地域は歴史的にも大陸の要衝としてさまざまな人が行き交い、ローマやマムルークの時代からの歴史を持つ伝統産業が現代にも連綿と引き継がれている。ヨルダン川西岸地区北部のナーブルスと南部のヘブロンは、古い時代から地域の二大中心都市として、政治、文化、経済の拠点であった。

ナーブルスの街は「小ダマスカス」とも呼ばれ、ナーブルスの人の気質の高さはどこか日本の京都人を思わせる。ローマの時代から残る情緒溢れる旧市街のスーク（市場）は、いつもたくさんの人々で賑わっている。産業では繊細な手工業が栄え、装飾豊かな家具やバリエーションに富んだアラブ・スイーツが産業として知られている。現地を訪れた際には、チーズと小麦粉で作られた「クナーフェ・ナーブルシーエ」をぜひご賞味いただきたい。とくにナーブルスで作られた石鹼は「ナーブルス石鹼」として名を馳せ、レヴァント地域においてレバノンのトリポリ、シリアのアレッポと並ぶオリーブ石鹼の名産地であった。千年以上もの間この地域に根づくオリーブ農業に、オスマン朝時代を通して改良を重ねられた石鹼産業は、20世紀前半に最盛期を迎え、街の至る所に石鹼工場が所在し、レヴァント地域一帯やエジプトにまで輸出されていた。イスラエル建国後の政治情勢の煽りを受けて徐々に外部市場へのアクセスを断たれていった石鹼産業は１９５０年代以降、オリーブ農地の荒廃とオリーブオイルの価格高騰を受けて、原材料に使用していたオリーブをやむなく地場産のものからイタリアなどヨーロッパの安い輸入オイルに代替するようになった。

現在残るのは、中心部に位置するナーブルス名家のトゥーカーン家が運営する工場を含めわ

工場で見られるオリーブ石鹸の塔

ずか数カ所のみとなってしまった。しかしその工場を訪れると今でも伝統的な製法で作られたオリーブ石鹸が、いくつもの塔を成して積み重ねられている様子を見ることができ、中東地域に名を馳せたナーブルスの石鹸産業の息吹を感じることができる。

一方，西岸地区南部に位置するヘブロンは、古くは産業・商業の中心地としてヨーロッパやアジア、アフリカから交易のため商人たちが集まる街であった。住民たちはどことなく日本でいう大阪人のような商人気質を感じさせ、聖地イブラーヒーム・モスクを中心に栄えたスークは多くの巡礼者、買い物客で賑わう。ヘブロンには革製品や織物など実にさまざまな工場が立ち並ぶが、なかでもガラス・陶器産業は地域の一大産業である。エルサレム旧市街聖地にある「岩のドーム」の壁面のアラベスク装飾にも代表されるように、この地域には青を基調とした独特な模様のタイル・陶器の伝統産業が知られており、多くの工場はエルサレムとヘブロンに位置している。

「ヘブロン・グラス・セラミック・ファクトリー」は、ヘブロンの主要ファミリーであるナトシェ家の人たちが創業した街最大のガラスと陶器の工場である。もともとヘブロン旧市街で小さな工場を営んでいたが、20世紀初頭に規模拡大のために郊外の広い工場へ移転し発展を遂げた。工場を訪れると訪問客たちはまず、中心にあるガラスを溶かす大きな釜の熱気に気圧《けお》されるかもしれない。そんななか、黙々と作業するガラス職人たちが、14世紀に起源を遡るガラス工芸の技術を披露し、訪問客を歓迎してくれる。

ヘブロンのガラス職人（筆者撮影）

また陶器の工芸品は青を基調とした伝統的な模様のほか、色や模様にさまざまな改良を加え、食器や壺、マグカップなどバラエティ豊かな品揃えで、買い物客を悩ませている。

これら伝統工芸に思いをめぐらせれば、パレスチナ人の土地と歴史との一体性を感じとることができる。パレスチナの人や文化とより深く交わりたければ、このような町工場を覗いてみるのもおもしろいだろう。

# 45

# パレスチナの農業

## ★資源と市場への限られたアクセス★

パレスチナの農業においては、オリーブ、ブドウ、アーモンド、イチジク、柑橘類といった樹木作物の栽培が大きな割合を占め、その他には野菜や穀物の栽培、畜産が見られる。

パレスチナは二つないし三つの気候帯にまたがり、ガザ地区およびヨルダン川西岸の山脈以西は地中海式気候、ヨルダン渓谷の広がる西岸東部は半乾燥気候または乾燥気候である。農業の形態と、それに関係する自然地理的条件から、次のように西岸の4つの地域とガザ地区に区分できる。

①ヨルダン渓谷地域：年間降水量は100～200ミリメートルであり、灌漑施設が必要とされる。主な作物は冬野菜やブドウである。

②中央山脈東斜面地域：年間降水量は150～300ミリメートルであり、主として畜産が行われるが、湧水による作物栽培も行われている。

③中央山脈地域：山脈の標高は400～1000メートルであり、年間降水量は北部で600ミリメートル、南部で300ミリメートルと差がある。主に天水農業が行われており、オリーブ、果物、野菜などさまざまな作物が栽培されている。

④中央山脈北西山麓地域：標高100～300メートルの地域で、年間降水量が400～700ミリメートルと最も多い。中央山脈地域と同様の天水農業が主体であるが、灌漑による野菜栽培も見られる。

⑤海岸平野地域：ガザ地区全体がこれにあたり、年間降水量は200～400ミリメートルである。灌漑農業により、主に柑橘類や野菜が栽培されている。

農家の種類は、西岸とガザのどちらにおいても約7割が畑作専門であり、約1割が畜産、約2割が複合農家である。灌漑栽培が行われる作物には、柑橘類、トマトやキュウリ、ナス、イチゴ等がある。一方、オリーブやブドウ、イチジク、アーモンド、プラム、穀類、豆類等は主として天水によって栽培されている。畜産物には、羊、山羊、牛、家禽類、ラクダがあり、養蜂も各地で行われている。

灌漑農業は、水不足と水質汚染による大きな影響を受けている。灌漑用水としては主に地下水が用いられ、西岸では湧水が利用されている地域もあるが、下水処理水の再利用は限られている。また、雨水を活用するために、小規模なため池や集水タンクを設ける農家が数多く見られる。

また、水質悪化の原因となっているのは、塩水や排水の地下水への混入である。ヨルダン渓谷やガザ地区では帯水層が浅いことから、地下水の過度な汲み上げによって、高塩類濃度の水がそれぞれヨルダン川と海から逆流し、地下水の塩水化が引き起こされている。それにより、土壌の塩類集積や、農作物の生育障害、灌漑設備の劣化といった問題が発生している。また、4割以上の家庭が下水道につながれていないことから、生活排水が土壌に直接浸透し、地下水を汚染している。

パレスチナの農業がＧＤＰに占める割合は、２０１３年の時点で４・１％にすぎない。しかし、閉鎖等の情勢の変化によって失業率が不安定に変動する社会において、労働力を一時的に受け入れる雇用吸収源として、貧困削減に重要な役割を果たしてきた。農業セクターの公式な就業者人口は1割程度だが、非公式就業者の約9割を吸収していると考えられている。

しかしながら、食料の供給は不十分かつ不安定であり、とくにガザにおいて食料安全保障は重大な問題となっている。国際連合食糧農業機関（FAO）によると、西岸では食料不安に陥っている人口の割合が約2割であり、ガザでは2014年のイスラエル軍侵攻の後に約8割に上った。その要因としては、政情不安や、穀物の自給率が5％と低いことが考えられる。

イスラエルによる占領や入植地が農業に与える影響として、4つの事柄があげられる。

一つ目は、水資源の使用制限と水質汚染である。イスラエル当局は西岸において、パレスチナ人が所有する既存の灌漑用井戸に使用水量の制限を設け、そのうえ、ダムや新しい井戸の設置許可を与えていない。しかし、入植者には井戸を掘ることが許され、水の使用量は規制されていない。

水質汚染に関しては、入植地内の工業団地における排水にはイスラエルの排出基準が適用されず、汚染水が放出されて周辺に住むパレスチナ人の生活環境を悪化させている。

二つ目は、土地の没収と入植者による農業経営である。西岸の6割以上にあたるC地区では、農地を没収されたり、イスラエル軍や入植者によって樹木を引き抜かれるという被害を受けている。また、ヨルダン渓谷では入植者が大規模農業を行っており、元々その地で農業を営んでいたパレスチナ人が、不利な条件で働く労働力となっている。

三つ目は、輸出入や流通の制限である。農産物の輸出や流通、農業技術、インフラの輸入が制限さ

図　農作物の分類ごとの耕地面積（2010/2011 農業年度）

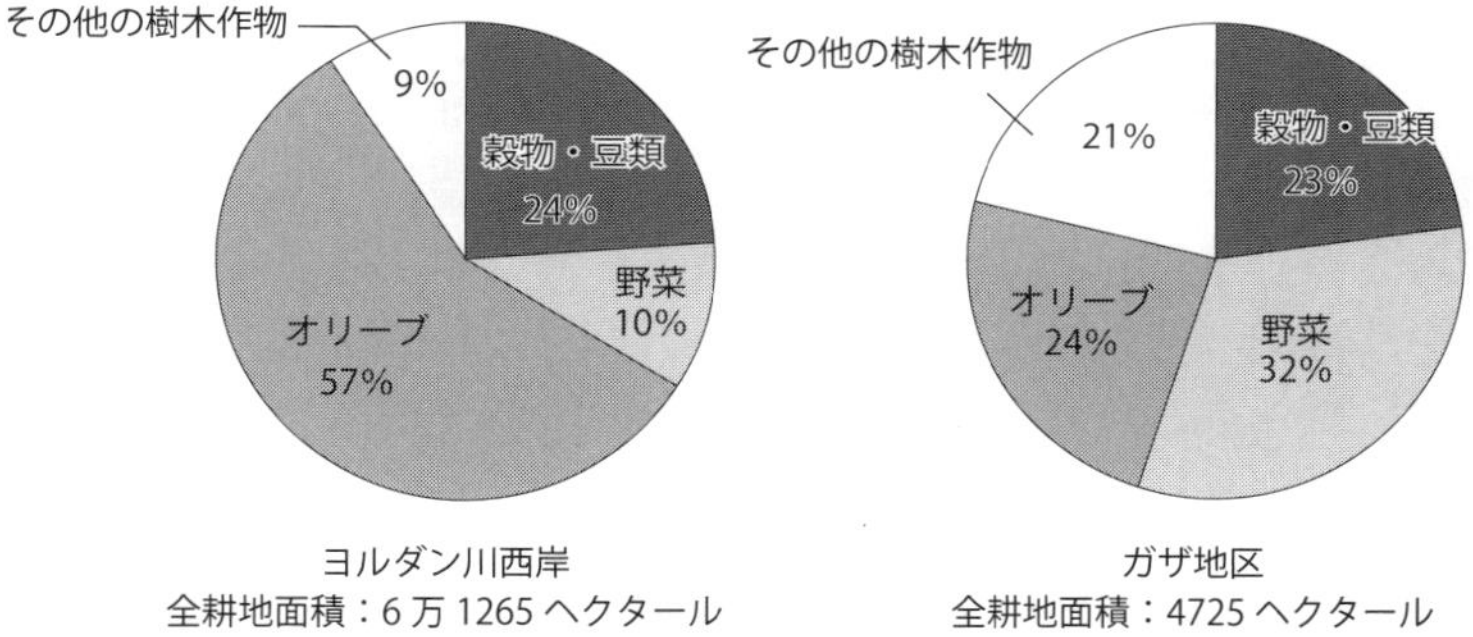


出所：パレスチナ中央統計局のデータをもとに作成。

れており、農薬や肥料、種苗といった投入材についてはイスラエルからの輸入に依存している。イスラエルの農産物はパレスチナの市場に自由に入ることができ、自治区の食料消費の4分の1以上を構成している。イスラエルからの輸入農産物は比較的安価なため、パレスチナ人の生産する農産物の価格が引き下げられている。収益性の低さにより、農業をやむを得ず断念する農家もあり、パレスチナ農業のイスラエル経済に対する依存が強まっている。

四つ目は、イスラエル当局によるパレスチナの農業銀行の閉鎖によって、信用市場の発展が制限されていることである。投資が制限されることで、生産性向上のための設備導入が困難になり、農業への新規参入の機会がさらに失われる。

このように、水資源や土地といった資源に関する権利が制限され、流通や投資といった経済活動を通じた発展が阻害されることで、農業は政治経済的変動に対して脆弱になっている。パレスチナ自治政府の農業部門への予算配分はわずかであり、農家は補助金や公共サービスをほとんど享受できていない。

パレスチナで活動する農業関連のNGOや市民組織は30団体以上あり、国際機関や、JICAを含む各国ODAもさまざまな分野で支援を行っている。下水施設の整備によって再生水の利用を増加させることや、灌漑インフラの改良、農業技術研修といった活動により、生産性が向上することが期待される。しかしながら、イスラエルとの政治的関係が改善されない状況下では、農業の発展のための根本的な問題解決には至らないであろう。

（大伴史緒）

# 46

# 農村の生活

## ★パレスチナの文化を育む農村の暮らし★

山々を覆う一面のオリーブ畑と、そこに点在する村々。人々で活気溢れる都市部とは別に、パレスチナの農村はゆったりとした時間が流れる、のどかな空間である。そこに住む人々は、大家族に囲まれ、たくさんの子どもは元気に外を駆け回っている。見慣れぬ来訪者にも好奇心強く、温かく招き入れてくれる。そんな空間に、パレスチナの原風景を見ることができる。本章では、農村に暮らす人々の生活や文化を紹介したい。

三大宗教の聖地エルサレムを擁し、古くから大陸を結ぶ要衝として知られたパレスチナ地域も、オスマン朝時代にはエルサレムやガザ、ラムレ、ナーブルスなどの都市部の人口は地域全体の4分の1ほどだったと言われ、大多数の人口は数百と点在する農村に暮らしていた。現在、パレスチナ中央統計局の報告書によると2012年時でヨルダン川西岸地区とガザ地区における人口約430万人の内、都市部の人口は73・8%、農村部の人口はわずか16・8%とされ、都市部に人口が集中していることがわかる（その他約9・4%は難民キャンプ在住者）。ところが、ラーマッラーの街中で人々に声をかけると、実にたくさんの人が名前も聞いたことないような小さな村々の出身であったりす

オリーブを収穫する女性（ナーブルス県ジット村、筆者撮影）

る。パレスチナ人の多くは、アラビア語で「ファッラーハ」と呼ばれる農民であると言っても過言ではないだろう。

パレスチナで代表的な農産物と言えばオリーブ。ヨルダン川西岸地区のとくに中部から北部にかけては、丘という丘に石積みの段々畑が連なり、古くから人々はオリーブ栽培を営んできたことがわかる。一方で20世紀中頃までは、現在イスラエルの領内に位置する海岸沿いの広大な平野部、そして北部の水源豊かな地域では、人々は柑橘類や大麦、タバコなどを広く栽培してきた。当時、主要港湾都市だったヤーファー周辺でもオレンジ栽培が盛んで、ヨーロッパにも名を馳せるほど豊かな農業地域だった。１９４８年イスラエルの建国以降、これら農業に恵まれた土地の多くはイスラエルの領内となり、今では「ヤーファー・オレンジ」と言えばイスラエル産を指すようになり、沿岸部一帯の豊かな土地は農業大国とも言われるイスラエルの下地となった。

一方、ヨルダン川西岸地区は丘陵地帯で、岩がちで乾燥した厳しい土地にも強いオリーブが、何世代にもわたり受け継がれ、人々の生活を支えている。厳しい土地に根ざして実をつけ続けるオリーブは、政治的に過酷な状況で生き続けるパレスチナ人の「耐え忍ぶ《スムード》」という価値観を象徴している。

オリーブ農家の一年は、冬から春の間に始まる。雨季真っただ中のこの時期は、乾いた土地が青々とした草原に変わる美しい季節だ。その頃オリーブ畑では、ロバに犂《すき》を引かせて土を耕す姿がよく見

第46章
農村の生活

られ、土に十分な水分と肥やしの床を整えておくのである。6月から9月にかけて全く雨が降らない乾季を忍ぶと、人々は9月の終わりに降り出す雨を待ちわびる。オリーブの収穫はこの乾季の終わりである10月頃に始まり、農家は一年で最も忙しい時期を迎える。パレスチナにおけるオリーブの収穫は、家族や親戚を総動員して行われる。子どもや女性が地面に近いところの実を摘み、元気な若者は男女構わず、細い枝先にまで登って高いところの実を摘む。以前は木の棒で叩いて、高いところの実を落とす方法が行われていたが、現在では品質保持意識の広まりから、多くが手摘みによる収穫となった。オリーブの根元には黒編みのシートが広げられ、一粒のオリーブも大切に集められる。落ちた実を寄せ集めて収穫するのは、子どもたちの仕事だ。収穫は日の出から始められ、昼食時にはオリーブの木の下に家族が集まり、一番搾りのオリーブオイルとザアタル（タイム）という薬草をパンに付け合わせて食べる。午後の収穫の合間にはたき火を起こし、カルダモンの風味の効いたアラブ・コーヒーで一息入れる。農場での定番の風景である。日が暮れるまで黙々と作業は続き、収穫は3、4週間で一気に済ませられる。その間町や村の製油所はフル稼働して、良質のオイルを精製する。積まれたオリーブの95％は食用のオリーブオイルとして精油され、そのほとんどは地場で消費される。またピクルスや石けんの原材料ともなる。

オリーブの他にも、農村地帯では畑作が盛んだ。ジェニーン県やトゥバス県など北部では麦類、西岸地区西部のカルキリヤ県やトゥルカレム県では地下水が豊富なため野菜栽培が幅広く行われている。冬でも温暖なヨルダン渓谷もパレスチナの主要な農産地で、標高の高い南部のベツレヘム県やヘブロン県では広大なブドウ畑が見られる。

トラクターで農地へ向かう家族（ナーブルス県、筆者撮影）

最近ではハウス栽培も増えてきているパレスチナであるが、八百屋では季節の旬ものがふんだんに並び、季節を過ぎるとその品が見られなくなる代わりに、次の旬ものがまた店先に並ぶ。夏と冬では八百屋の棚も全く違い、八百屋で季節の移り変わりを知ることができる。冬の寒さが緩んで桜のような花をつけるアーモンドの木が咲き乱れる季節、市場や八百屋にはイチゴやビワが高く収穫され始め、モロヘイヤも旬に入ってくる。それが過ぎるとアンズやイチジク、ファックースと呼ばれる黄緑色で産毛の生えたキュウリ、スイカやサボテンの実は、パレスチナの夏の風物詩である。そして夏の中旬頃からはブドウの季節を迎え、乾期の終わりで秋に入るとオリーブ収穫、初冬にはリンゴや桃などの果物が多く並ぶ。また農産物ごとにも名産地があり、スイカはジェニーン産、ブドウならヘブロン産、アンズはラーマッラー近郊のキリスト教徒の村であるジフナ、ナスはベツレヘム県西部のバッティール村のものがおいしいと言った具合である。各地域では町おこしも兼ねた名産物の収穫祭があり、ダブケという伝統ダンスやコンサートで賑わい、地域内外の人々の交流の場となる。

このようにさまざまな食材の揃う土地は多彩な食文化を育み、パレスチナでは多種多様なサラダ、肉料理、煮込み料理などが食べられる。主食には米料理やパスタも多くあるが、やはりパン食が最も

第46章

# 農村の生活

親しみがある。パンも形状や大きさ、材料によってさまざまな種類があり、代表的なのはパン屋で作られるホブスという丸いピタパン。しかし、パン屋のない小村などでは昔から、各家々や集住した家族にひとつ、タープーンという伝統的なパンの石焼き窯があり、女性たちはこれで、平たく表面はでこぼこしたパンを焼き上げる。アラブ世界でもとくにパレスチナ名物として知られる料理「ムサッハン」は、30センチ大のパンの上に丸ごとチキンを載せ、みじん切りタマネギと松の実、紅いシソのような味のスンマックというスパイス、たくさんのオリーブオイルをかけてオーブンで焼く、農村馴染みの逸品料理である。他にも、ほうれん草やザアタル、チーズ、卵などを包んだり載せたりする惣菜パンも、村の女性たちの自慢料理だ。

素朴だが、豊かな文化を持つ農村地域ではあるが、反面で移動制限や土地・水資源の接収など厳しい占領政策も、都市部より大きな影響を被っている。さらに、高失業率とイスラエル領内や近隣入植地での日雇い労働といった不安定な雇用形態への依存は、深刻な社会問題となっている。そのため都市部への移住は年々進み、コミュニティは衰退し、未使用地は更なる接収の対象となる。そして人々の農村離れにより、原産種の保存や段々畑の整備など、これまで培われてきた持続可能な農業の文化や技術も途絶えつつある。

これらの状況はみな、政治情勢や経済停滞と深く結びついた問題であるが、状況を改善するために、地元NGOなどさまざまな団体が文化や伝統を守る活動を展開している。何より、地元住民による農業組合や女性団体、またはユース・クラブなどの活動も活発であり、今後農村コミュニティを守り、パレスチナの伝統文化を次世代につなぐ動きとなっている。

（塩塚祐太）

# 47

# 通貨と金融

## ★オスロ合意は何をもたらしたか★

パレスチナへ行ってみようか、と思った人たちはその場合どのお金を旅先で使えばよいのかと思ったことはあるだろうか。今、67年占領地で使われているお金はイスラエルのシェケルである。歴史的パレスチナの残余が軍政統治下に入った際、真っ先に行われたことの一つがすべてのアラブ系銀行の閉鎖だが、同時にイスラエル貨も入り、以来日用されている（現在でもヨルダンやエジプトの通貨が場合によっては用いられ、例えばラーマッラーの金細工店にはヨルダン・ディナールや米ドルでの値段も提示する店もある）。両地区の金融は暫定自治が始まるまで両替商やイスラエル資本の銀行により主に担われたが、その機能は著しく制限されたものだった。

①両替商は送金や手形の決済に預金貸付という銀行の主要機能を、限られた範囲と規模ではあるが果たしていた。イスラエル貨のインフレ率が高かったため、公式レートと両替商間の闇レートの間には差があり、両地区のパレスチナ人は米ドルへの両替を盛んに行っていた。湾岸産油国等への出稼ぎからの送金や、西岸地区とヨルダン間の商取引の決

済はアンマーンを拠点にして行われていた。

しかし当時のイスラエル統治下では送金は「違法」であったため、文書を交わさず信用に基づき口頭で行われていた。また一部の大手両替商は預金を取りローンを貸し付けていたが、これも同様であった。それゆえ送金貸付ともにその規模と拡張は、古くからの知己と氏族の範囲に留まり、アンマーンに倍する利子が供されるにもかかわらず、事業家以外は送金すら利用したがらないという有様であった。また公式な決済機能がなかったため、両替商はときどき決済用に現金を密輸していた。

②82年の時点で27のイスラエル資本銀行の支店があった。だがパレスチナ人は預金没収と税金を恐れほぼ利用しなかった。しかもそれらの支店はパレスチナ人にローンを提供しなかった。両地区からの預金はすべてイスラエルに投資された。

イスラエルで雇われているパレスチナ人のための送金・小切手決済とパレスチナ人貿易商のための保証と信用状の提供を行った。とくに両替商が提供することの出来ない保証と信用状はパレスチナ人の貿易商に取り極めて価値のあるものであり、ドル箱業務であった。

③イスラエル当局は81年にパレスチナ資本であるパレスチナの銀行のガザでの再開を許可した。しかしインフレが激しいイスラエル貨以外の取り扱いが一切許可されなかったため、預金を集めることが難しくまた貸し出しも低調であり、さらに高インフレ率のため実質赤字であった。西岸地区では同じくアラブ保険が70年代半ばより許可を得て営業していた。主に自動車保険を扱っていたが、30日間の短期融資も行っていた。短期融資は最大3年間まで繰り返すことができた。

④農村部では商人や地主が農民に貸し付けていた。雑貨店が掛け売りや現金貸付を行う場合もあった。他方西岸地区の農協は低利で貸し付けを行っていた。
⑤支店閉鎖後も事務所を残したヨルダン資本の銀行は、オスロ合意以前の西岸に複数存在した。しかしいずれも貸付には消極的であり、ヨルダン側に保証人がいない限り利用できなかった。86年にカイロ・アンマン銀行が西岸での営業を再開し、西岸ではヨルダン貨も取り扱えた。

このように両地区では67年以後公式な金融制度・市場は著しく限られたものであり、両替商による非公式市場が成長した。不安定な制度と政治的状況のため、現金はしばしばタンス預金というかたちで退蔵された。その際に選好されるのは、インフレの激しいイスラエル貨ではなく、ヨルダン貨などの安定した通貨であった。これは投資の量と方向性を規定する効果を持った。すなわち金融仲介機能が貧弱なため、農工業会社や新規プロジェクトは必要な資金を借りることができず、西岸経済は資本不足に悩んだ。ガザ地区も同様であった。

オスロ合意の翌94年、経済に関するパリ協定が結ばれ、パレスチナ金融監督庁（ＰＭＡ）が設立された。ＰＭＡは将来の中央銀行のひな形として設計され、この後両地区には正常な機能を持った銀行が生まれることとなる。同年パレスチナやアラブ資本の銀行が両地区で営業を始め、同年末には全行あわせて20の支店が営業していた。オスロ合意後は両地区内外のパレスチナ人による投資が相次いだが、パレスチナ資本の銀行の設立も相次いだ。94年のパレスチナ商業銀行を始め、７行がこれまでに設立されている。２０１５年現在２つのイスラーム銀行を含む7つのパレスチナ資本の銀行と10の外国資本の銀行が両地区で営業している。両地区内の銀行の監査や規制はＰＭＡが行っている。パリ協定に基づき、手形決済機構はイスラエルに統合されるかたちで設立され、ＩＭＦによれば、両地区独自の決済システムをつくろうというＰＭＡの動きは財界の強固な反対に遭い頓挫した。しかし２０１０年には地区内の銀行間の決済を行うシステムが始動した。

両地区のパレスチナ人の行動も変わった。例えば預金額は１９９６年から２０００年までで約2倍に増えている。これは銀行に対する信頼性が増したということであり、同時にイスラエル兵による盗難を避けるのに有効な手段であるという認識が広まったためとＩＭＦの報告書は書いている。またヨルダン資本の3行は、98年は全預金額の80%を集めていたが、02年6月にはその割合は58%まで低下した。減った分はパレスチナの銀行に吸収されている（13年現在3分の1強がパレスチナの銀行にある）。両地区の金融制度は正常化され順調に発展しているように見える。

しかしパレスチナ自治区は現在独自の通貨を持っていない。オスロ合意と同様パリ協定も国家主権に関する部分は将来の課題として先送りした。そして結局そのままである。そのためＰＭＡは金融市場の崩壊を防ぐ「最後の貸し手」機能（ＬＯＬＲ）を持っていない。他方シェケルの流通はパリ協定で公認された（ヨルダンディナールと米ドルも両地区の法貨）。暫定自治開始以前と変わらない点をさらに挙げれば①イスラエルによるシニョレッジ（通貨発行益）の取得②公定歩合を自らの経済情勢にあわせて変えられない、③為替相場に対し影響力を持てない（加えて関税自主権がないため地区内産業の保護ができない）といった点があげられる。これらは仮にイスラエルによる国境管理がなかったとしても両地区の産業発展を大きく妨げるものである。

さらにパレスチナの銀行はイスラエルの手形交換所へ直接アクセスできない。それゆえ膨大な預金と引き換えにイスラエルの銀行が代行している。またハマースが立法評議会（国会）選挙に勝利して以来、両地区で流通しパレスチナの銀行に預けられたシェケルの現金の受け入れを、イスラエルの銀行は拒否した。その後少額が引き取られイスラエルの銀行内のパレスチナの銀行の口座に振り込まれたが、多くはパレスチナの銀行の各店舗に退蔵され利潤獲得の機会を逃し、またイスラエルの銀行から短期ローンを借入せざるを得ず、多額の損失を出した。

また現在でも投資の多くが非生産部門、中でも不動産に対しなされていることが指摘されているが、これは金融機関・制度の問題というより、両地区がおかれている状況のせいであろう。これは監査強化や投資制度整備といった措置ではカバーできない。産業構造同様、金融もオスロ前後では断絶以上に連続性があるのではないか。大衆ストやデモの中にあるパリ協定廃棄を求める声は、これを一定示唆してはいないだろうか。

（鈴木隆洋）

# 48

# 公共部門と公共サービス

## ★あまりに不安定な現実★

ヨルダン川西岸地区とガザ地区の行政は、1994年の自治開始からパレスチナ暫定自治政府に委ねられてきた。自治政府の公共部門は、西岸地区とガザ地区の福祉や保健衛生などを保障する役割を任されたのである。しかし、公共部門での雇用が政治的に利用されたり、実際に提供するサービスに問題を抱えたりなど、取り組むべき課題は多い。この章では、自治政府の公共部門をとりまく現状を、雇用という側面とサービスの提供という側面から見てみたい。

自治政府の公共部門は、パレスチナ人の雇用という点で大きな役割を果たしてきた。高い失業率の緩和に、公共部門での雇用が用いられたのである。しかし、こうして巨大化した公共部門での雇用は、すぐに自治政府によって政治的道具として利用されることになった。事実、アメリカの非営利団体である外交問題評議会（CFR）が1999年に発表した報告書では、「巨大な公共部門での雇用を通して、失業を緩和し、また政治的忠誠心に応え……」という状況が報告されている。このように課題の多いパレスチナの公共部門に対しては、内外からさまざまな改革が試みられてきた。自治政府は2008年に改革開発計

給与支払い遅延を報じるニュース（クドゥス紙 2015年8月3日付）

画（Palestinian Reform and Development Plan, PRDP）を立ち上げ、世界銀行から援助を受けて、公共部門の改革に乗り出した。この中で、社会保障の充実や税収の確保に加えて強調されたのが、公務員給与の削減である。世界銀行の２０１３年の報告書は、２０１０年までにＧＤＰのおよそ20％まで給与への支出を引き下げた点に評価を与えている（２００７年には27％に達していた）。

しかし、公共部門が政治的道具とされる状況が解消されたわけではない。「パレスチナ中央統計局」（ＰＣＢＳ）の２０１４年の報告書によれば、被雇用者全体に占める公共部門の割合は、西岸地区では15％前後であるのに対し、ガザ地区ではおよそ40％と非常に高い。もちろん、ガザ地区での状況は、まずはこの地域で民間企業の活動が困難であり、さらにこの統計に含まれない多くの失業者が存在することを考慮せねばならない。しかし、それに加えて、ファタハ系の自治政府とハマースの政治対立の影響も指摘される（第21章参照）。ドイツのフリードリヒ・エーベルト財団（ＦＥＳ）の２０１４年３月の報告書によれば、ガザの公務員には二系統の給与体系が存在する。つまり、２００７年の分裂後にハマースが独自に採用した公務員と、それ以前から自治政府に雇用されていた公務員である。ハマースによるガザ地区掌握（２００７年）後、

# 第48章

## 公共部門と公共サービス

ファタハが率いる自治政府の呼びかけによってガザの公務員の60%がストライキに入った。これに対抗してハマースは、独自に2万8000人を雇用して、給与を自ら捻出している。注目すべきは、ストライキに応じていようと応じていなかろうと、もともと公務員として雇用されていた人々に対して、自治政府が給与を支払い続けていることである。2014年6月のファタハとハマースによる「党派和解」を経て、こうした非効率的な雇用状態の改善が目指されている。

大きな公共部門を抱える自治政府にとって、最も悩ましいのは職員給与の捻出である。実際に、職員給与は自治政府の支出の約半分となっており、負担は大きい。これに対し、自治政府は外国からの援助資金とイスラエルから送金される関税収入によって給与を捻出している。ところが、このいずれの資金も、決して安定した財源ではない。先ほどのFESの報告書によれば、月額でおよそ1億2700万ドルの関税送金がイスラエルによって意図的に止められることがたびたび起こり、そのたびに月額2億ドルの公務員給与の支払いが延期されたり、給与が減額されたりしている。和平合意で取り決められた関税の代理徴収が、イスラエルによって政治的に利用されている。また、外国からの援助資金も、ハマース政権成立時（2006年）に一時停止され、自治政府に大きな圧力がかけられた。選挙は公正に行われたものの、「テロ組織」と位置づけられたハマースが躍進した結果に、ドナー国から政治的圧力が加えられたのである。パレスチナの公共部門やそれをめぐる状況は、どこまでも政治的な色味を帯びている。

さて、一方で実際のサービスの提供を見てみると、別の課題も浮かび上がってくる。サービスの根幹となる資源がイスラエルによって管理されているため、電気や水といったインフラレベルで問題が

破壊された火力発電所（2014 年、土井敏邦撮影）

生じている。その実例を、世界銀行が公開した報告書から見てみよう。

まず電力部門に着目すれば、ガザ地区に１社、西岸地区に４社の電力会社がある。しかし、エルサレム周辺地域を管轄するエルサレム電力会社（Jerusalem District Electricity Company, ＪＤＥＣＯ）を除けば、いずれも経営状態は芳しくない。このうちガザの電力会社は暫定自治政府とガザ市の共同会社、ヘブロンを中心とした南部地域の２社はヘブロン市や周辺自治体の出資により成り立ち、ＪＤＥＣＯは完全な私企業である。ところが、西岸地区の４社は、その電力をイスラエル電力会社（Israel Electric Corporation Ltd, ＩＥＣ）から購入しており、それを販売しているにすぎない。直接ＩＥＣが電気を供給する地域もあるため、西岸地区の電力の30％が直接ＩＥＣから供給され、残りの70％も依存状態にある（エリコにのみ、ヨルダンから電気が供給されている）。ガザ地区も基本的に同じ状況だが、ガザには自治区でほぼ唯一の火力発電所があり、またエジプトからもわずかながら電力の供給を受けるために事情が異なる。ところが、この発電所がイスラエルによる２０１４年の大規模攻撃で破壊されており、また発電用燃料の不足もあって、ガザ地区での電力事情は極端に悪くなっている。

次に水道部門を見ると、自治政府が水道局（Palestine Water Authority，ＰＷＡ）を設立したものの、占領期にイスラエルの国営水道会社が水源を確保しているため、十分な水資源の確保ができていない（第43章参照）。また、水源の問題に加え、自治区では汚水処理でも課題を抱えている。西岸地区では一部の都市部を除けば多くの地域で未処理の汚水が廃棄されている。この状況は、ガザ地区ではさらに劣悪なものになる。ガザ地区では複数の市が合同して１９９６年に沿海市水道事業（Coastal Municipalities Water Utility，ＣＭＷＵ）を設立したものの、２００８年から繰り返されるイスラエルによる施設の破壊と電力不足のため、汚水処理が不可能になっている。未処理の汚水をためた池が決壊し、住宅地に大量の汚水が流れ込む悲惨なニュースも聞かれる状況である。こうした電力、水道事情は、医療活動や地域の保健にも深刻な影響を与えている。

パレスチナの公共サービスは、さまざまな制約や規制、課題の中で運営されている。もちろん、サービスの提供という点から見れば、市町村によるものや、国連機関、各種ＮＧＯによるものも存在する。１９６７年からのイスラエル占領期には、こうした諸組織による努力が、西岸とガザの市民生活を支えていた。しかし、より効率的で望ましい公共サービスの提供のためには、自治政府が効率的な公共部門を確立すること、そしてなによりもイスラエルとの関係性の変化が求められているのである。

（鈴木啓之）

コラム19

## アンマーンの交通事情と難民

臼杵悠

アンマーンはいくつもの山からなる町である。急な坂が多く、電車を走らせることができないので、交通機関といえばバスかセルビス（乗り合いタクシー）に限られる。

ところが、このバスが、路線数は多く経路も複雑、公式の路線図もないのである。アンマーン市民もすべてを把握していない。どこかへ行こうとすれば、何度も乗り継ぎが必要となる。目的地までかかる時間が読めない。車で30分のところを1時間以上かかるのが普通で、車を持つことができない貧しい人々や学生は、とくにアンマーン市内の移動にとても苦労する。

そもそもアンマーンが急速に発展した主な理由は、1948年の第一次中東戦争と1967年の第三次中東戦争によって、莫大な数のパレスチナ人がヨルダンに流入したためであった。突発的だったために都市計画が追いつかず、しかし人口は急速に増加し、アンマーンはまとまりなく発展していった。そのため都市が拡大するたびに、付け加えるようにバス路線が作られていったことで複雑化したのである。

バスの主要発着駅の一つに、アンマーン北部から約20キロメートルに位置する「バカア」がある。バカアはパレスチナ難民キャンプがあることでも知られている。二つの戦争時、避難してきたパレスチナ人のためにヨルダン内には難民キャンプがいくつか作られた。現在も、国連パレスチナ難民救済事業機関（UNRWA）が管轄するものだけで10カ所のキャンプがヨルダン内に存在する。

その一つ、バカア難民キャンプである。第三次中東戦争をきっかけに緊急で作られ、ヨルダン内で最も面積が広く、人口規模も最大である。かつては住民もほとんどなく、キャンプも一時

## コラム19

## アンマーンの交通事情と難民

的に設置されたはずだったこの場所は、キャンプが作られたことでバスの主要駅になるほど大きくなった。

アンマーンの中心部、ダウンタウンを通るバスの中で、バカア行きはとくに利用者数が多い路線の一つである。ダウンタウンは市内で最も古く、人口密度も最も高い地域で、安い商店が多く並んでおり、週末は多くの買い物客で賑わう。

ところが、利用者の数に対してバスの本数はそれほど多くない。バスが到着すれば乗客が我先にと入り口に突進し、運転手が「一人ずつ乗れ!」と叫ぶのは日常茶飯事である。席にも限りがあるので、運が悪いと目的地まで買った荷物を抱えて、大きく揺れる車内で1時間近く立ちっぱなしである。しかもバスが遅れて到着したときの混雑はとくにひどく、1時間以上待たされた乗客はイライラし、待っていた乗客が全員乗れないことすらある。それでも、たとえ移動が面倒だとしても、バカアに住むパレスチナ人の生活はバカアにとどまることはない。バスに乗ってアンマーン市内やバカア周辺の町へ買い物に行ったり、学校に通ったり、自由にヨルダン内の都市を行き来して生活している。

ヨルダンではバカアだけでなく、ほかにもパレスチナ難民キャンプ行きのバスを見かける。すなわち、難民キャンプと市内を人々が頻繁に往復しているということである。この事実は、難民キャンプは人々が長期間生活している場であり、一方で生活がキャンプの中だけで終わるのではなく、他のヨルダンの都市とも交流して生活していることをも意味する。いわば、彼らの生活がヨルダンに根づいているという点では、パレスチナ問題の解決が容易なものではないことがうかがい知れる。

# 49

# ワクフ

## ★翻弄されたイスラーム的信託制度★

エルサレムの旧市街に名望家、ハーリディー家が1899年に設立した図書館がある。1967年の第三次中東戦争後、一時、イスラエル当局に接収されたが、80年代に裁判で所有権を取り戻し、1万2000点以上の貴重な史料を所蔵する文化施設として機能している。筆者が2012年に訪れた際には、図書館を管理しているハーリディー家の老婦人が誇らしげに美しい羊皮紙のコーランなどを見せてくれた。このハーリディー図書館はイスラームに独特の財産寄進制度「ワクフ」によって設立・運営されてきた。ワクフとは、イスラーム法上、設定者が私財の「所有権」の移転を永久に禁止し、その管理・運営を管財人に委ね、財産（ワクフ財）からの収益を特定の目的（最終的には慈善事業）のために分配するシステムと定義され、イスラーム的信託制度とも呼ばれる。この制度は人々の宗教的満足感や家族の名声を高めるため、また、財産を支配者からの没収、相続による細分化、債務不履行による差し押さえなどから守るため、9世紀頃からイスラーム教徒の住む地域で広く普及した。ワクフは、モスクや学校、病院などの公共・宗教施設や店舗、隊商宿、浴場などの商業施設を提供し、イスラーム社会では欠

第49章

# ワクフ

かせない制度となった。しかし、19世紀以降の近代化の中、ワクフ財の非流動性や運営の非効率性などが問題視され、さまざまな改革が行われた。多くの国で家族ワクフ（第一の受益者が設定者の家族などで慈善目的でない）が廃止され、人々のワクフ設定のインセンティブは低下した。国家が管理する慈善ワクフ（モスクの運営など慈善行為のみを目的としたワクフ）も効率的な運営が行われず、ワクフ制度は衰退の一途をたどってきた。しかし、近年、ワクフを再生しようとする動きもみられ、クウェートやマレーシアなどでは現金ワクフを応用したワクフ銀行など新たな試みが行われている。パレスチナでも、ハーリディー図書館のようにワクフは多くの人々に利用されてきたが、第一次世界大戦後のイギリスの支配、その後のイスラエル建国により大きな影響を受けた。

イギリスの委任統治に対抗するため、パレスチナのイスラーム教徒らは1921年、イスラーム裁判所の裁判官の任命権やワクフの管理権をもつイスラーム最高評議会（SMC）を設立。その決定は、委任統治政府に承認を受けなければならなかったが、比較的、独立した運営をすることができた。委任統治政府に対する武装闘争が激化し、1937年にSMCの権限は停止されたものの、委任統治政府はパレスチナを支配した約30年間、ワクフの根幹に手をつけることはなかった。

1948年のイスラエル建国後のパレスチナにおけるワクフを考える場合、イスラエル、ヨルダン川西岸、東エルサレム、ガザの4地域に分けて考察する必要がある。第一次中東戦争に伴い、多くのイマーム（イスラーム教指導者）やワクフ関連職員らが戦火を逃れ、難民となり、イスラエルが、ヨルダン川西岸やガザなどを除くパレスチナ委任統治領の約75%を支配した。その結果、ワクフ財とワクフ対象（モスクや学校など）のある土地の支配者が異なる事態が生じた。つまり、収益を生み出す土地などのワクフ財が新国家イスラエルにあり、その受益者（ワクフ対象）であるモスクが、ヨルダンの支配する東エルサレムにある場合などである。また、イスラエル政府は1950年、管財人がいなくなったワクフ地（ワクフ財の土地）や難民となった人々の所有する土地を国有化することなどを目的に、不在者財産法を施行した。1965年にはこの法律が改正され、家族ワクフの分割が可能となり事実上、家族ワクフの解消を促進。1937年以前にSMCが管理していた慈善ワクフもイスラエル政府の管理下に置かれ、1970年代中頃までにはイスラーム教徒が所有していた土地とワクフ地の80％以上がユダヤ人の所有地になったとする研究もある。一方、管財人のいるワクフは宗教省の管理下に置かれ、新たなワクフはほとんど設立されなかった。

東エルサレムを含むヨルダン川西岸は1950年、ヨルダンに併合され、そのワクフはヨルダンのワクフ省の傘下に入った。ワクフ省はワクフの管理を強化したが、一般に西岸の人々はワクフ省を信頼し、新たなワクフも設立された。1967年にヨルダン川西岸を占領し、東エルサレムを併合したイスラエルは当初、西岸のワクフを国内同様、宗教省の管理下に置こうとしたが、西岸に住むイスラーム教徒らの反発を恐れ、原則としてヨルダン支配下の管理システムを踏襲。実質的にヨルダンのワクフ省が西岸のワクフ管理を続けた。ただし、入植地建設のため管財人のいないワクフ地はたびたび没収された。オスロ合意を受け、1994年にワクフの管理権はヨルダン政府からパレスチナ自治政府に移された。その後、自治政府はワクフの管理・運営に努力しているが、成功しているとは言い難い。2013年のワクフ財からの収入は約460万ヨルダン・ディナール（約7億8000万円：1JD＝170円）ある計算だが、徴収できたのは、その約27・5％にあたる約126万JDのみという。

これは、ヨルダン支配時に適用された法律の名残で、ワクフ財の賃借人の権限が強く、レンタル料の支払い延期が容易なことなどによる。また、レンタル料が市場価格より非常に安い契約になっていることも解決すべき懸案だ。

宗教施設の多い東エルサレムでは１９６７年のイスラエル併合以降も、不在者財産法は適用されず、地元のイマームらによって設立された組織がワクフを管理した。旧市街にあるイスラームの聖域「アル・ハラム・アッ・シャリーフ」にあるアクサー・モスクと岩のドームも昔からワクフ制度を利用して運営されてきた。イスラエル政府は、イスラーム教徒以外がこの聖域に立ち入ることを実質的に禁止したが、嘆きの壁と隣接するこの地はユダヤ教徒にとっても聖なる場所「神殿の丘」であるため、ユダヤ教徒とイスラーム教徒がしばしば衝突。２０００年９月にアリエル・シャロンが約１０００人の警官や兵士らとこの地を訪問したことは、アル・アクサー・インティファーダと呼ばれる第二次インティファーダの引き金になった。

1899年にワクフ設立されたエルサレム旧市街のハーリディー図書館（筆者撮影）

１９４８年にエジプトが占領したガザでは、委任統治時代のシステムが踏襲され、エジプト当局が委任統治時代のＳＭＣの役割を果たした。ＳＭＣの下部組織であったワクフ委員会は占領以前と同様に機能していたが、ワクフ財とワクフ対象の分離に直面（ワクフ財、とくに農地の多くがイスラエル領になった）、収入が減少した。１９６７年のイスラエル占領後、当局はワクフの直接的管理を避け、イスラーム裁判所の裁判官、ワクフ関連職員の任命権をもつにとどめた。法律上はワクフ管理当局がすべてのモスクを管轄していることになっていたが、実際は多くのモスクが、ムスリム同胞団などのイスラーム組織によって運営された。１９８７年にムスリム同胞団の闘争組織として登場したハマースは翌年に発表した憲章で、パレスチナを「（不可侵な）イスラームのワクフ（地）」とし、パレスチナ全土の解放を目指している。

以上、見てきたように、パレスチナのワクフはイスラエルの建国以後、大きな試練に見舞われた。ほかのイスラーム社会ではさまざまなワクフ改革が行われたが、パレスチナでは改革する余裕もなく、支配者の変更やシステムの分断などによって翻弄され続けてきた。

（高岩伸任）

# 50

# 難民の初等・中等教育

## ★UNRWAの教育と育つ人材★

UNRWA（国連パレスチナ難民救済事業機関）は703の学校で年間約50万人のパレスチナ難民の子どもたちの教育を行っている。その学校を訪ねると、子どもたちが生き生きと目を輝かせて勉強していることに驚かされ、そして元気づけられる。以前、レバノン・ベイルートのパレスチナ難民キャンプに住む難民の小学6年生を対象とした研究を行った際にも、多くの子どもたちがもっと勉強してよい仕事につき、家を助けることが将来の夢だと語っていた。また、2012年のガザ地区の8日間の戦争のあとも、子どもたちは遊びを通した心理的サポートプログラムを数日受けて、すぐに勉強を再開していた。もちろん、クラスメイトや家族が亡くなったり家が破壊された子どもたちには、カウンセラーなどを通して必要な援助が提供されていたが、訪問時は試験前であったこともあり、子どもたちも先生も試験に間に合うように勉強しなければ、と話していたのが印象的であった。

パレスチナ難民は子どもへの教育を重視し、希望の光と考えていることで知られている。上記のエピソードはその典型例であろう。土地や建物を追われ、財産をなくし、避難先の定住が結果的に約70年にもなる彼らが、今なお、なけなしのお金を投資してでも子どもたちの教育を重視する。それは、教育を通して子どもたちの将来をよりよいものにしたいという意気込みの表れであろう。では、この難民の子どもたちはどこでどのように学んでいるのだろうか。

ＵＮＲＷＡは中東の５つのエリア（レバノン、シリア、ヨルダン、ヨルダン川西岸、ガザ地区）でパレスチナ難民のために７０３の学校を運営している。ＵＮＲＷＡの教育部門はその目標を次のように掲げている。「パレスチナ難民が個人として、また地域・世界の市民として自主的かつ生産的に社会的、政治的、経済的そして文化的活動に参加するための可能性を最大限に広げるため、質の高い教育を提供すること」。この目標に基づき、パレスチナ難民の子どもたちが日々学んでいる（２０１４／２０１５年度）。ＵＮＲＷＡの学校は、レバノンを除いた4エリアでは日本で言う中学校まで、レバノンでは高校までで、その後子どもたちは受入国等の学校・大学へと進む。

ＵＮＲＷＡの学校には約２万２０００人の教師がおり、彼らもほとんどがＵＮＲＷＡの学校の卒業生である。教師の人数が限られているため、一人当たり週に約25時間授業を受け持ち、自分の専門でない教科も教えることもある。例えば、数学の先生が体育も担当して時間数を多くしている。多くの先生は教師であることに誇りを持っており、パレスチナの伝統を伝え、後輩を育てることに喜びを感じている。ここでも難民の子どもへの教育の大切さを重視する態度が見られる。

学校のカリキュラムは難民の受け入れ国のものを使用している。例えば、ヨルダンではヨルダンのカリキュラムを、レバノンではレバノンのカリキュラムに基づいている。ヨルダン川西岸やガザ地区のパレスチナでは１９９４年のオスロ合意までは、イスラエル政府の決定に基づき、西岸ではヨルダ

1948 年の第一次中東戦争で生まれたパレスチナ難民のために作られた、ナハル・アル・バーリド難民キャンプ（レバノン）。1950 年代初頭まで 6000 人の難民がテント暮らしをしていた。（写真／ UNRWA）Archive, S. Madver.）

ンの教科書を、ガザではエジプトの教科書を使用していた。オスロ合意後すぐにパレスチナ国内でカリキュラム開発センターが作られ、段階的にパレスチナのカリキュラムが導入されて、２００６年に今のカリキュラムの原型になるものとなった。ＵＮＲＷＡの学校ではパレスチナ独特の市民教育や歴史教育は通常の授業やパレスチナダンス、補足教材を通じて行っている。ヨルダンやパレスチナではカリキュラムはアラビア語で教えるようデザインされているがレバノンでは原則カリキュラムを英語とフランス語で教えることになっている。

　また、補足的学習内容には人権教育が含まれ、ＵＮＲＷＡの教育改革の中でも重点がおかれている。人権教育は非暴力、社会的結束、紛争解決、人権宣言に基づきガザで始まったが、２０１３・１４年度からはすべてのＵＮＲＷＡの学校が包括的な人権教育を取り入れて、生徒会の活動などを通して民主参加を実践する試みがなされている。

　２００８年からは、ＵＮＲＷＡでは学習

者を中心に教育を展開していくことを目的とした教育改革を実施している。中でも、学習者に一番影響を与える立場にいる教育者の教育に力を入れ、教訓的で暗記的な学習から脱皮し、参加型で自主的学習を促す教育法を駆使できる人材の育成に重点が置かれている。また、学校単位の自治性を高め、教育の質向上と学習環境の改善のために、校長のマネジメント能力を伸ばすことにも尽力している。さらに、学習教材が手に入りやすい電子図書館を開設したり、すべての子どもたちが教育を受けられる統合教育（Inclusive Education）も目指している。

補足になるが、ガザでは、学習に困難を感じる生徒たちのためにInteractive Learning Programme（ILP http://ilp.unrwa.ps/）という自主学習プログラムが２００８年から行われている。２０１１年からのシリアの国内紛争、難民の流出、国内避難民の増加に伴い、勉強の継続が困難になっているシリアのパレスチナ難民の子どもたちに対し、このＩＬＰをパレスチナのカリキュラムベースではなくスキルベースに変えて提供している。インターネットさえあればアクセスができ、アラビア語や算数をゲームを通して学べるようになっている（http://slp-syria.unrwa.org/）。さらに、ＵＮＲＷＡは衛星放送番組を持ち、パレスチナのカリキュラムに合わせたアラビア語、算数、英語、理科などの授業を行うとともに、伝統的な歌やお話の紹介、子どもが主人公の学校ドラマ、健康趣向の料理紹介なども行っている。この番組はアラビア語を母国語とするどの国の人々にも利用できるようになっている。

もちろん、課題も多い。多くのＵＮＲＷＡの学校（７００のうち５００）は二部制で運営されており、課外授業やクラブ活動などの子どもたちの自主性を養う活動や、美術、体育、音楽などの授業時間が削られたりする弊害が生じている。学期ごと、もしくは月ごとに登校時間が変わることがあり、子どもたちが生活のリズムを整えたり、両親が学校行事に参加するのに不都合が生じることがある。また、15％の学校は賃貸の建物で運営されており、部屋が狭く、先生の教室内での移動が難しかったり、狭いクラスに生徒がぎゅうぎゅう詰めになり、グループ作業が困難なことがある。中途退学も問題であり、約10％の男子生徒や5％の女子生徒が小・中学校を卒業する前に学校を離れている。

そのような困難の中、パレスチナ難民の子どもたちは一生懸命勉強している。そしてそれをUNRWAは支えている。2014年末の世界銀行の発表では、UNRWAの学校に通っているパレスチナ難民の子どもたちは国際数学・理科教育動向調査（TIMMS）等の国際比較教育調査で平均よりも高い結果が出たと報告した。教育を大切に思うパレスチナ難民の民族性が国を形作り、国家としての原動力になっていくのではないだろうか。その日が一日も早く訪れることを祈らずにはいられない。

（清田明宏・大澤小枝）

# 51

# 占領下で学ぶ

## ★大学設立にかけた願いと挑戦★

2012年8月、ヨルダン川西岸地区のビールゼイト大学に、半旗が掲げられていた。イスラエル占領下での大学運営に尽力し、大学という場を通して「平和的抵抗」を提唱したガビ・バラムキ元学長が、82歳で死去したのである。本章では、彼が残した自伝を手がかりに、パレスチナ人が高等教育に込めた願いを追っていきたい（ガビ・バラムキ『平和的抵抗』）。

パレスチナでの近代教育は、イギリス委任統治の頃にその黎明期を迎えた。委任統治政府が各地に初等学校を設立したのはもとより、ハイファー、アッカー、エルサレムなどの都市部では、個人や団体によって中等学校が設立されたのである。ただし、大学に相当するものはしばらく設立されなかった。この点は、すでに1910年代にテクニオン大学（イスラエル工科大学）とヘブライ大学を設立していたユダヤ人住民と大きく異なる。もし大学での教育を望むならば、パレスチナ人（アラブ人）の学生たちはレバノンやエジプトなど周辺国や欧米の4年制大学へ進学する必要があった。

パレスチナ人が周辺国の大学に通う状況は、イスラエル建国後も変わらなかった。難民となって周辺国に居住した者はもちろんだが、西岸地区とガザ地区の住民もエジプトやレバノンなどの大学で学んだ。というのも、当時もまだ西岸地区とガザ地区には4年制大学がなかったのである。エジプトのカイロ大学に集ったパレスチナ人学生グループからヤーセル・アラファートを指導者としたファタハ（パレスチナ解放運動）が、レバノンのベイルート・アメリカン大学（ＡＵＢ）に在席したグループからジョルジ・ハバシュを首班としたＰＦＬＰ（パレスチナ解放人民戦線）が結成されたことはよく知られている。大学は、血気盛んな若者たちが出会い、故郷について熱く語り合う場でもあった。

ところが、１９６７年の第三次中東戦争は、西岸地区とガザ地区の学生に大きな試練を与えた。イスラエルに占領されたことで両地域は周辺のアラブ諸国から切り離され、学生をふくめて住民が域外に出ることが格段に難しくなったのである。煩雑な移動許可申請に加えて、ひとたび外に出れば再入国の拒否や財産の没収、より身近なところでは送金のトラブルが生じる恐れがあった。一方で、イスラエル国内ではアラブ系の総合大学の設立が許されない現実があった。この頃すでに教員となっていたバラムキは、パレスチナ人の高等教育の場が奪われていることに危機感を覚える。とくに彼の危惧が深かった理由は、当時のビールゼイトの教育プログラムを見れば明らかだろう。１９５２年にフォード財団からの資金を得て始めた2年間の短期大学コースは、修了後にＡＵＢへの編入を想定していたのである。当時の学長の判断によって、ビールゼイトは１９７２年に4年間の大学コースを新設し、占領下で最初の4年制大学として「ビールゼイト大学」と改称した。バラムキは当時を振り返り、このように述べる。

ガビ・バラムキ（写真／ビールゼイト大学）

新課程の最初のクラスで出会ったさまざまな学生たちは、私たちの理想をまさに反映していた。講堂には、短いスカート姿の街から来た女性や村出身の長衣の女性、上物の新品シャツとズボンを身につけた中流層の青年、くたびれているが念入りにアイロンがけされた服を着た難民キャンプの青年など、すべてのバックグラウンドから若者たちが集っていたのだ。

ビールゼイト大学の新設によって、占領下での大学教育の時代が始まった。翌年にはベツレヘムにバチカンの支援の下でベツレヘム大学が開設され、北部のナーブルスでも１９７７年にナジャーフ短期大学に４年制コースが設置された（ナジャーフ大学と改称）。その後も、ガザ地区のガザ・イスラーム大学、ヘブロンのヘブロン大学、エルサレムのアル・クドゥス大学などが、１９７０年代から８０年代初頭までに次々と設立されたのである。しかし、ほどなくしてイスラエルの軍当局が、こうしたパレスチナ人の大学運営に介入する意志を見せ、占領下の大学教育は危機の時代を迎える。

バラムキは、４年制コース設立後に、軍当局からの設立許可申請の強制や、新キャンパス用の土地購入の差し戻し、使用する教科書の提出命令、外国人講師の再入国拒否などがあったと記録している。こうした圧力は、学生団体を中心として大学生が政治活動をはじめると、より直接的なものに変わっていった。とくにビールゼイト大学への取り締まりは厳しく、１９７４年11月には当時の学長がレバノン南部に強制追放されている。イスラエル当局は、１９８０年７月に軍令８５４号を発令し、パレスチナ人の高等教育機関を、軍の管轄下にあるものとして明記した。学生によるデモやユダヤ人入植者との衝突など、大学周辺で問題があるたびにキャンパスは封鎖され、ビールゼイト大学の封鎖日数は１９８２年には２００日近くになった。しかし、こうした取り締まりが、かえって学生たちの反発を招く。１９８６年の12月には、イスラエル軍と学生グループがビールゼイト大学で衝突し、２人の学生がキャンパスで殺害されるという悲劇が起こった。怒れる学生たちは、それから1年後に発生したインティファーダで、抗議活動の先頭に立つことになる。

ビールゼイト大学の学生評議会選挙の演説会（2011年）。党派ごとにわかれ、毎年あつい選挙戦が繰り広げられる（筆者撮影）

バラムキが目指した学問による抵抗は、ある意味で当時のパレスチナ・ナショナリズム運動の一つの姿を表していた。パレスチナ解放機構（ＰＬＯ）は、設立とほぼ同時に「パレスチナ研究センター」を設立し、学問的な視座から自らの歴史を記述する作業を始めている。数多くの刊行物が出版され、その一部は日本語にも翻訳された。この研究センターが１９８２年のレバノン侵攻の際にイスラエル軍の標的となり、さまざまな歴史的資料が持ち去られたことは、いかにイスラエルがこうしたパレスチナ人による学術・研究活動に敏感であったのかを表している。

1994年の自治区設立を経て、2016年現在、アラブ大学連合(AARU)に登録されるパレスチナの大学・短期大学は19となった。これにともない、卒業生の数も1994年の3000人ほどから、2014年現在ではその10倍近い3万7000人へと増加している。毎年卒業のシーズンには、卒業証書を抱えたガウン姿の学生の写真が新聞を飾り、また入試の季節には成績開示のお祭り騒ぎが待っている(日本では信じられないが、インターネットですべての受験者の得点を確認できる)。トップの学生は大統領府に招かれ、大統領や首相から表彰の名誉を受ける。西岸にはじめて4年制大学が設置されてから40年後に死去したバラムキも、こうした活気あふれる光景を見ていたことだろう。

一方で、課題も多い。自治区の経済が停滞するなか、学位取得後の就職先を見つけるのに、学生たちは苦労している。また、学生数の増加に教員の数が追いついていない問題もある。先ほどの学生数が10倍になった時期を見れば、教員の数はおよそ1600人から6000人へと4倍ほどに増えたに過ぎない。筆者が2012年にイスラエルで夏期集中のヘブライ語講座を受講したとき、多くの同級生が東エルサレムに住むパレスチナ人高校生であった。聞けば西岸地区の大学よりもイスラエルの大学の方が教員の割合が多いことを理由に、ヘブライ大学への進学を希望しているという。さまざまな課題が残るなかで、パレスチナ人学生たちは悩みながら今年も進路を選択している。

(鈴木啓之)

コラム20

## 記録し、発信する
### ——パレスチナ研究機構の挑戦

鈴木啓之

左に首をかしげた鳥のマークをご存じだろうか。パレスチナ問題について勉強しようといくつか書籍を手に取れば、きっとどこかで目にすることだろう。ペリシテ人の壺に描かれた図案をデザインした、「パレスチナ研究機構」(Institute for Palestine Studies, IPS)のシンボルマークである。

IPSは、1963年にレバノンの首都ベイルートで設立された独立研究機関である。国際的に知られる英語雑誌『パレスチナ研究ジャーナル』(*Journal of Palestine Studies*, JPS)を発行することで有名だが、もし今この文章を読んでいるあなたがアラビア語を理解するならば、この組織が発行するさまざまなアラビア語書籍の魅力に引き込まれることだろう。IPSのウェブサイトによれば、アラビア語、英語、フランス語で刊行された書籍や雑誌の数は600を超える。学術研究に加えて、資料集や回顧録、インタビュー記録、国連のパレスチナ関連決議など、パレスチナ問題に関するあらゆる情報が刊行されている。

この組織の設立には、パレスチナ問題に深い関心を寄せた一人の研究者の存在があった。シリア人の哲学者にして思想家と述べても過言ではないコンスタンティン・ズライク(1909~2000年)である。アメリカのプリンストン大学やミシガン大学で知見を広げたズライクは、アラブ民族主義の提唱者の一人であり、またパレスチナ人の故郷喪失について「ナクバ」(大災厄)という言葉をもっとも早く書籍で使用した人物である。

晩年の彼が答えたインタビューの記録が残っている。彼がIPS設立について語った箇所を

上：ズライク（Azīz al-‘Aẓma. 2003. *Qusṭanṭīn Zurayq: ‘Arabī li-l-Qarn al-‘Ishrīn. Beirut: Mu’assasa al-Dirāsāt al-Filasṭīnīya* より）
下：パレスチナ研究機構のロゴマーク

少し抜粋してみよう。

> パレスチナ問題への関心の中で、この問題が思想および学問的手段で闘われ、また擁護される必要があると1963年に確信した。すでに述べてきたとおり、この問題はシオニストが犯した不正によって奪われたアラブの権利の問題であるが、この事態を招いた理由はいくつかある。この闘争においては、軍事や政治に加えて、情報の面で分が悪かったのである。……かくして、パレスチナ問題への関心はその不均衡を正す試みにつながり、研究機構の設立が行われたのだ。

IPSは、パレスチナ人やパレスチナの歴史についての情報はもとより、イスラエルの国会（クネセト）やシオニズムに関するシリーズ書籍、英語やヘブライ語で刊行された注目すべき研究書のアラビア語訳などを刊行してきた。また、1981年から2008年までのあいだ、フランスを拠点にフランス語雑誌も発行した。その根底には、情報が不十分であることへの、ズライクの危機感が強く反映されていたに違いない。ベイルートの事務所には図書館が併設され、その名も「コンスタンティン・ズライク図書館」と命名されている。１９８２年にはワシントン事務所を開設し、１９９５年にはエルサレムに傘下組織として「エルサレム研究機構」がビールゼイト大学（第49章参照）教授のサリーム・タマーリーによって開設された。こうしたさまざまな支部を持つＩＰＳの書籍は、ウェブサイトを通じて日本からも注文することができる。ベイルートを訪れた際に、せっかくだからとＩＰＳの事務所で書籍をいくつか購入した。販売担当の職員が「ウェブ経由で何度か購入してくれていますよね？」と、顧客リストから私の名前を探し出してきたときには驚いた。彼の机の後ろには、いまから発送されるであろう大量の封筒が積み上げられている。ズライクなど、ＩＰＳ設立者たちが目指した情報の発信に、私も大いに助けられている一人である。

ちなみに先ほど引用したズライクのインタビューだが、これもＩＰＳ発行の書籍である。まさに舌を巻くしかない、見事な情報発信の徹底ぶりである。

# 52

# 変遷する障害者福祉

## ★誰も置き去りにしない社会に向けて★

1990年代後半にヘブロン地区の人口1万人程度の村で、2000年から翌年にベツレヘム地区の人口1万5000人程度の難民キャンプで、全戸訪問健康調査に携わった。両地域ともに、どうしても社会サービスのシステムに乗れない、どこにも行き場がないといった問題にぶつかるのは、障害児・者だった。同僚のパレスチナ人看護師は、「健康に生まれても栄養不良になってしまう、健康でも失業してしまうような社会経済状況なのだから、障害の問題にまでは手が回っていない。だからと言って、社会から置き去りにされてはいけない」と、いつも言っていた。

パレスチナにおける最初のパレスチナ人による入所型福祉施設は、イギリス統治下の1940年に遡る。キリスト教徒の篤志家であるシクセク夫人が、傷病者のためのナーシングホーム（療養所）をベツレヘム郊外のベイト・サーフールに開設した。わずか2ベッドから始まったが、瞬く間に利用者が増え、施設は、ベツレヘムに隣接する町ベイト・ジャーラーに移動した。1947年から48年のナクバにより多くの難民がベツレヘム地域に逃げてくるなか、ナーシングホームでは多くの出産を介助し、１９５０年には10ベッドを持つ助産院を開設した。また、母親たちから懇願され肢体不自由児のためのホームも開設した。１９６７年にはエルサレム郊外のアイザリアに、90ベッドを備える新施設が完成し、重度心身障害児・者のための総合的な入所施設となった。「シクセク夫人の家」あるいは「メルジャ」と呼ばれるこの施設には、パレスチナ全域からサービスを必要とする子どもや人々が集まり、現在も約80人の４歳から90歳代までの重度心身障害児・者が生活している。

パレスチナにおける障害児・者への福祉事業は、その始まりから現在もまた、慈善団体によるものが多い。例えば、キリスト教徒の多い街ベツレヘムのバス乗り場の周辺には、聴覚障害児のためのキリスト教系施設「エフェタ」、通りを挟んで、地元キリスト教徒が運営する視覚障害児・者と知的障害児のための「希望の家」、交差点を曲がって坂を下るとドイツ系団体による障害者のための施設「ライフゲート」、そこから坂を上るとオランダ人によって設立された入所型障害児施設「ヤミマ」と、さまざまな団体が活動している。海外からの支援で始まった団体も多いが、現在はパレスチナ人による運営になってきている。慈善団体は宗教的な背景を持つ団体が多く、キリスト教もイスラームもある。ガザ地区唯一のリハビリテーション専門病院であるアル・ワファー・リハビリテーション病院は、イスラーム系の福祉団体アル・ワファー・ソサエティによって運営され、病院と老人ホームを併せた施設として重要な医療・福祉サービスを提供してきた。この施設は、２０１４年のガザ戦争でイスラエル軍の砲撃により甚大な被害を受けた。

障害者運動が盛んになったのは１９７０年代から80年代である。イスラエルの占領に対する解放運動と相まって、女性の権利、健康への権利といった運動も活発になり、障害者の権利獲得のための運動もその一つであった。１９８７年12月に始まった第一次インティファーダによって、この動きは加速した。１９８８年には1万人以上が負傷し、その内の約４０００人は医療機関での治療が必要なものだった。負傷から身体障害に至る者も出てきた。国連パレスチナ難民救済事業機関（ＵＮＲＷＡ）は、地域リハビリテーションセンターを開設・拡充して障害を持った人々への理学療法を実施した。また、ＹＭＣＡ東エルサレムは、１９８９年にベイト・サーフールにリハビリテーションセンターを開設して対応するなど、民間団体もこの状況に対応していった。

それまで、障害者は、家庭内で身をひそめるようにして過ごしがちだったり、一部の篤志家による施設内のみが生活空間だったりする傾向は否めず、「障害」は、ともすれば社会から放置されてしまうような問題だった。しかし、イスラエルの占領に対する抵抗運動としてのインティファーダでの負傷による「障害」は、社会的政治的な意味を持つ「障害」であった。このことはパレスチナ社会が「障害」に対して関心を高めるきっかけともなった。１９９２年には約６０００人の会員からなる障害者連合が発足した。

時を同じくして、パレスチナにおいても地域リハビリテーション（CBR: Community Based Rehabilitation）が始まった。ＣＢＲは、障害児・者が機能的な回復を図るとともに、地域で安心してその人らしい暮らしができ、地域で支えることができるよう、保健医療・教育・社会サービス分野が協力し実施していく体制を作ることを意味している。１９８０年代の世界的潮流で、とくに途上国の村落部に住む障害児・者と家族が、地域資源を活かしながら生活の向上し地域で暮らしていくための取り組みであった。世界保健機関（ＷＨＯ）がこの動きを主導した。パレスチナでは、１９８０年代終わりにスウェーデンの国際ＮＧＯディアゴニアによってＣＢＲが紹介され、１９８９年から95年にかけて、パレスチナの大学やＮＧＯが共同で、地域における障害者の実態調査を実施し、障害を持ちながら地域で暮らし、地域で支えるという活動が展開された。

１９９４年にパレスチナ自治政府が設立されると、社会福祉省が障害児・者の担当部局となった。サービス提供においては、教育省、保健省とも連携した。自治区全域での施設治療レベル、治療施設と地域（在宅）の中間レベル、地域レベルの３つに分類して、障害の時期やレベルに応じた戦略が取られた。自治区全域のレベルでは、西岸地区に３カ所、ガザ地区に２カ所の医療設備を持つ障害児・者施設（いずれも民間団体）が定められた。各施設は脳性まひ、脊髄損傷といった病態別に機能が割り当てられ、専門性の高いサービスが提供された。中間レベルはＵＮＲＷＡやＮＧＯによるリハビリテーションセンターでサービスが提供された。地域レベルについては、ＣＢＲが踏襲され主にＮＧＯがその機能を担った。１９９９年には障害者法も制定され、そこには、障害者へのリハビリテーションの提供、職場の保護、公共スペースでのバリアフリー、公共施設へのアクセスの保障などが、含まれた。

しかしながら、パレスチナにおいて障害児・者が置かれている現状は厳しい。２０１１年にパレスチナ統計局によって実施された障害調査によると、人口の３％が中等度または重度の障害を抱えており、約10万人と推定される。約半数は身体障害である。身体障害の原因は、病気が４割程度、先天性の問題が１割、出産に起因するものが８％、イスラエルからの攻撃に起因するものも約５％ある。15歳以上のすべての障害者の３分の１以上は学校に行ったことがない。

18歳以上の身体に障害を抱える人々は、人々とのコミュニケーションは7割以上、公共の場所等で過ごすことには半数以上が、問題を感じていない。しかし、就労、教育となると状況は厳しい。職を探すことは8割以上、仕事となると9割以上が、無理だと感じている。大学や専門学校への就学は95％以上が無理だと絶望的である。リハビリテーションが必要な人の内の4割近くはそのサービスを受けられていない。また、日常生活においても、親戚や友人の訪問、社会活動への参加、地域内での移動、ということに8割以上ができないと感じている。

パレスチナにおける障害者への福祉は、慈善団体による献身的な活動、障害者の権利獲得運動、第一次インティファーダに伴う障害問題の社会化、CBR運動、自治政府による制度・法整備と発展してきたと同時に、それらは現在進行形でもある。障害者への対応は、個別性が高く長期化することが多く、さらに少数派のためのインフラ整備は費用対効果が高いとはいえないなかで、資金を要する。経済的に厳しいパレスチナにおいて、誰も置き去りにしない社会をめざし、障害者福祉の充実することは、社会の大きな課題となっているといえるだろう。

（藤屋リカ）

コラム21

## 分離壁

南部真喜子

パレスチナ西岸地区ラーマッラーのある人権団体の事務所で朝、一本の電話が鳴った。「仕事へ出かけたきり、一週間家に戻らない」という息子の妻の安否を心配した母親からの電話であった。スタッフがイスラエル当局に問い合わせると、分離壁を迂回し「無許可」でエルサレムに行こうとしたところをイスラエル軍に捕まり、刑務所に拘留されていることが判明した。彼女は一児の母親で、夫に稼ぎはない。西岸地区で仕事は見つからず、生きていくために、イスラエルで不法労働を続けていた。

イスラエルと西岸地区の間の分離壁は、第二次インティファーダの最中の2002年に建設が始まった。一番高いところでは8メートルになるコンクリート壁の他にも、電流フェンスや有刺鉄線など、かたちはさまざまである。イスラエル政府は、壁の目的を「西岸地区からの攻撃を防ぎイスラエル市民を守るため」とする。しかし、ただイスラエルとパレスチナを分離するよりも、実態はずっと複雑である。

分離壁は、国際的に認められている両者の境界線を大きく外れ、パレスチナ側に深く入り組んで設置された。その結果、もともとあったパレスチナの村が壁のあちら側とこちら側に分断されてしまったところもある。農地、病院、学校――それまで日常的に通っていた場所が、行くことのできない場所になった。地元住民や国際社会の反対を受けて、壁のルートが変更された場所もあるが、一度分断された村は元には戻れない。生活手段を失った人々はやむなく別の場所へ移動する。それは自発的な移動と見なされる。

ベツレヘムにあるアイダ難民キャンプでは、家のすぐそばにコンクリート壁が建設された。

アイダ難民キャンプに建設された分離壁（筆者撮影）

壁の下の方には、手の届く範囲で描かれたカラフルな壁画や自由を謳うメッセージが並ぶ。一方、壁に設置された４つの監視塔からは兵士がキャンプを見おろす。そのうちの一つは、住民と兵士の衝突の際に燃やされ、真っ黒焦げになっていた。かつて子どもたちが遊んでいた丘は壁に阻まれ、その向こう側に見えるのは赤い屋根の集合住宅、ギロ入植地である。キャンプ内での雇用は少なく、住民の多くが働いていた工場や職場は今では壁の反対側だ。壁を越えての就労には、イスラエルが発行する許可証が必要だが、それも難しくキャンプ内の失業率は拡大した。冒頭の女性のように、仕事を求めて壁を越える西岸地区からの労働者は後を絶たない。見つかれば逮捕されるかもしれない。それは家族の人生をも変えることになるかもしれない。それでも生きるために取った選択肢である。

コラム21

## 分離壁

労働に限らず、西岸地区とイスラエルの行き来は容易ではない。イスラエル内に住むパレスチナ人が西岸地区に行くことはできても、西岸地区のパレスチナ人が、例えばエルサレムに住む親戚の家へ行くことは、許可証を持たない限り日常的には不可能である。聖地を擁し、パレスチナ人にとって精神的支柱であるエルサレムは、西岸地区からは切り離されている。西岸地区の友人宅にお邪魔して、「今度はうちに遊びに来てね」とは気軽に誘えない。エルサレム在住の友人の車には、壁の反対側にいる知人に届けるために託された洋服や本が常に入っている。そんなパレスチナ人同士の微妙な立場の違いも生み出している。

家族のふるさとが見てみたい、病院でよい治療を受けたい、エルサレムで礼拝をしたい——日常のささやかな願いも、すべてはイスラエルの裁量次第だ。「なぜ自分たちの土地で自由に生きられないのか」「なぜ自分たちの土地で」そういう声は、分厚い壁に阻まれて届くべき場所に届いていないように感じる。建設が開始されて10年以上が経つ現在も、壁は静かに、けれども確実に進行中である。

エルサレム旧市街熟練の靴修繕おじいさん（武田祥英撮影）

ヘブロンの陽気なケバブ屋さん（武田祥英撮影）

VI

# パレスチナと日本

# 53

# 対パレスチナ外交

## ★人的交流から資金援助まで★

日本とパレスチナとの外交関係は、１９７０年代に始まる。当初は、政府レベルの通常の外交というよりも、議員グループによる人的交流や国連機関を通しての関与が中心であった。これは、当時の「パレスチナ」が政治組織としてパレスチナ解放機構（ＰＬＯ）に代表される一方で、国家やそれに準ずるステイタスを認められていなかったことが大きい。しかし、パレスチナ暫定自治区の成立を経た１９９５年からは、自治政府を対象としたＯＤＡによる直接支援が始まり、首相や外相を含めた要人の往来も盛んになった。本章ではまず、日本とパレスチナの外交関係が始まる頃から話をしよう。

１９７３年の湾岸アラブ諸国による石油減産・禁輸宣言は、日本社会に大きな衝撃を与えた。いわゆる、「（第一次）オイルショック」である。第四次中東戦争に伴い、アラブ石油輸出国機構（ＯＡＰＥＣ）がイスラエル支援国や関係の深い諸国に対して、石油の禁輸措置を宣言したのである。石油価格は高騰し、またアメリカとの深いつながりから、日本が禁輸対象国になる可能性もささやかれた。当時の田中角栄内閣は、日本の対中東外交の見直しを迫られた。官房長官の二《に》階堂《かいどう》進《すすむ》は、「我が国はパレスチナ人の平等と自決を求める国連決議を支持している」と発言し、談話のかたちで「パレスチナ人の国連憲章に基づく正当な権利が承認され、尊重されること」などを日本政府として求めると明言した。あくまでオイル・ショックが発端の外交アピールであったが、日本政府が公式にパレスチナ問題に対する立場を示した瞬間である。国連パレスチナ難民救済事業機関（ＵＮＲＷＡ）への日本政府の拠出金は、１９７４年には年間５００万ドルへと大幅に増額された。これは、１９５３年から行われてきたそれまでのＵＮＲＷＡへの拠出金の総額を上回る金額である。パレスチナ研究機構（ＩＰＳ、コラム20参照）が各年に発行していた『パレスチナ問題年鑑』の１９７６年版は、「１９７４年末より、日本は中東問題に関してワシントンから大いに独立した立場を取っている」と評した。

奇しくも、政府レベルでパレスチナ問題への関心が高まったこの時期は、ＰＬＯが国連総会で「オブザーバー組織」資格を獲得するなど、外交路線を打ち出す時期と重なっていた。在京のアラブ諸国大使館の強い後押しもあり、外務省はＰＬＯの事務所を東京に開設することを検討する。そんな折に来日したのが、ＰＬＯの駐レバノン代表であったシャフィーク・フートである（第18章を参照）。直前に日本共産党の代表団がレバノンを訪れており、それに呼応するかたちで、１９７５年８月に来日した。この来日の時点で、参議院議員の大鷹《おおたか》淑子《よしこ》（コラム24参照）が、フートを羽田空港で出迎えている。女優・李《リー》香蘭《シャンラン》として著名であった大鷹は、旧姓の山口淑子の名でテレビ・リポーターとして活動し、レバノンなど中東現地でのリポート経験があった。こうした「現地通」の人物との関係は、フートの滞在を実りあるものにしたに違いない。彼はこの滞在の最後に、外務省の中村輝彦（中近東アフリカ局長・当時）の署名入り書簡を受け取り、ＰＬＯ東京事務所の開設が確約されたと自伝で述べている。

ＰＬＯ東京事務所は、１９７７年に東京都目黒区に開設された。現在の駐日エジプト大使館のほど近くであり、後に日本語雑誌『フィラスティン・びらーでぃ』を発行する頃には、渋谷区円山町のアパートにも分室が設けられた。開設を祝うパーティーには、後に首相になる大平《おおひら》正芳《まさよし》の姿も見える。初代代表はファトヒー・アブドゥルハミードであり、１９８３年には後任のバカル・アブドゥルムナイムが就任した（著作では「バカル・アブデル・モネム」と表記される。資金難による１９９５年の事務所閉鎖まで彼が代表を務めた）。

すでに述べたように、この時期の日本からのパレスチナに対する外交は、主に国連機関や議員グループを通じたものであった。１９７８年と１９７９年の国連総会では、外務大臣の園田直《そのだすなお》が「パレスチナ人の正当な権利（自決権）」に言及するなど、日本政府としての立場がアピールされている。ただ、やはり注目すべきは議員グループの活発な動きであろう。とくに宇都宮徳馬《うつのみやとくま》の存在は大きかった。当時無所属の衆議院議員であった宇都宮だが、もとは自民党に属し、中国など周辺諸国との国交回復を説いた政界の重鎮である。彼は、アルジェリア独立戦争では「アルジェリア民族解放戦線」（ＦＬＮ）を支持するなど、第三世界での独立運動にも深い理解を示していた。日本パレスチナ友好議員連盟（日パ議連）が１９７９年に大鷹淑子らの尽力で設立されると、宇都宮はその初代会長に就任している。当時の記録では「１００人を超える国会議員が加入した」との記述が見られ、党の垣根を越えて議員が集まる様子が見られた。１９８１年のアラファートＰＬＯ議長の初来日は、この日パ議連が実現したものである（当時の会長は内閣官房長官や外務大臣を歴任した木村《きむら》俊夫《としお》であった）。

ただし、こうした政界の活動が、当時の日本社会に芽生えつつあったパレスチナ問題への関心と連

PLO 東京事務所の日本語雑誌『フィラスティン・びらーでぃ』

動していた点は強調しておきたい。ＰＬＯ東京事務所には板垣雄三、広河隆一をはじめとするパレスチナ問題を専門とした研究者やジャーナリストが往来し、作家の小田実《まこと》や歌手の加藤登紀子、映画監督の若松孝二といった人々も頻繁にＰＬＯ東京事務所の雑誌『フィラスティン・びらーでぃ』に寄稿していた。

こうした日本の対パレスチナ外交は、１９９３年のオスロ合意を経て、現在では大きく変化している。外務省のウェブサイトでは、「関係者との政治対話、当事者間の信頼醸成、パレスチナ人への経済的支援」の三本柱を軸に、二国家解決案による和平の実現を目指すと述べられている。言い換えれば、現在の日本の対パレスチナ外交は、対イスラエル外交とのバランスが考慮され、さらにアメリカを中心に進められる二国家解決案と矛盾しないよう策定されている。１９９５年には、当時首相であった村山富市が、イスラエルとパレスチナの双方を訪問した。日本の首相が両地域を訪問するのは、これがはじめてである。日本政府はパレスチナ暫定自治政府に対して、無償資金協力と技術協力の枠組みでＯＤＡによる直接支援を開始し、研修員の受け入れや学校・病院の整備などを実施している。２０１４年度の外務省「政府開発援助（ＯＤＡ）国別データブック」に依拠すれば、パレスチナ暫定自治政府に対する日本からの援助額は、１９９５年の援助開始から２０１４年現在までに14億ドルを超える。

その中には、ＵＮＲＷＡや世界食糧計画（ＷＦＰ）、国連開発計画（ＵＮＤＰ）といった国連組織と連携した支援も見られる。また、日本独自のものとしては２００６年に提起された「平和と繁栄の回廊構想」（第55章参照）や、２０１３年に立ち上げられた「パレスチナ開発のための東アジア協力促進会合」（ＣＥＡＰＡＤ）などがあり、２００５年からの事業でＪＩＣＡが提案したアラビア語「母子健康手帳」はとくに評価が高い。豊富な資金援助に対して人的交流、および政治的働きかけが弱いとの批判はあるが、日本の対パレスチナ外交には、まだまだ発展の余地があると信じたい。

（鈴木啓之）

コラム22

板垣雄三

## アラファートの日本訪問とＩＰＴＩＬ

１９７０年代末の日本社会にとって、パレスチナ問題は非常に独特のものでした。加えて「第二次オイルショック」もあり、１９８１年にアラファートの日本訪問が実現します。このとき中心となったのが、元外務大臣の木村俊夫さんです。日本の首相が、官邸でアラファートと会うという事態が起こりました。80年代後半になって、やっとヨーロッパで、たとえばイギリスのサッチャー首相がアラファートと会談していますが、日本の動きはこれに先駆けるものでした。じつはこのときには、アメリカの外交官、元駐サウジ大使や国務省ＯＢなどがアラファート来日に合わせて日本に来るということも起きていました。当時、自民党内閣の首相は元社会党出身の鈴木善幸氏で、「日米安保は軍事同盟にあらず」と言って日米関係がギクシャクしていた最中に、アラファート来日が重なることとなり、アメリカも国務省から中東専門家を日本に張り付かせ、日本の世論の動きに関心を払っていたわけです。まだ冷戦期の勢力配置が意味をもっていた中でのアラファート来日は、単に日本の中のパレスチナ問題ということ以上の、大きな国際政治上の意義がありました。

関西ＴＶ（フジ系列）がアラファート登場の大型番組を流し、私は対談相手を務めました。アラファート離日後の内輪の打ち上げ会で、私はＰＬＯ東京事務所代表のハミードさんに「レバノンでこれから起きることが心配」と耳打ちしました。「これで、日本・パレスチナ関係は新しい時代に入る」なんて、そんな楽観的な話ではなかろう、と。やはり残念にも翌年、レバノン戦争が起きてしまいました。

83年の3月に、「イスラエルのレバノン侵略に関する国際民衆法廷」（ＩＰＴＩＬ）を、私たちは東京で開きました。日本で国際民衆法廷という試みを行ったのは、これが初めてだと思います。私と、作家の小田実《おだまこと》さん、そしてジャーナリストの芝生瑞和《しぼうみつかず》さんの3人で事務局を作りました。この報告書は、三友社というところから英文で出版されています。この法廷の陪審員は、議長の宇都宮徳馬さん（国会議員）をはじめとして、国際法の研究者や映画監督、作家などによって構成されていました。日本のみならず、フランスや南アフリカ、メキシコなどから人々が集いましたが、これは小田実さんの働きによるところが大きかった。ベ平連（ベトナムに平和を！市民連合）の活動を通じて、知り合いの知り合いを紹介してもらうかたちで、小田さんはネットワーク化の技術を持っていました。証人としては、イスラエルの弁護士のフェリツィア・ランゲル氏やパレスチナ人の詩人タウフィーク・ザイヤード氏などが参加しました。

アラファートPLO議長来日時のポスター（『フィラスティン・びらーでぃ』第24号より）

IPTILの試みは、今はほとんど記憶されていません（その記録 *The Israeli Invasion of Lebanon*, 1982［板垣ほか編、三友社刊］は国会図書館収蔵）。その後、イラク戦争の戦争犯罪に関する民衆法廷などの動きに、パレスチナ問題の研究者の関与がほとんど見られないのは残念です。

（文責／編者）

# 54

# 日本に来たパレスチナ人

――★パレスチナ駐日代表アブドゥルハミードと日本★――

祖国を追われ、国なき民として暮らす世界のパレスチナ人は７００万人以上という数字を見たことがある。アラブ諸国以外で最大のパレスチナ人が住んでいる国はチリだそうで、約50万人という統計がある。ついでアメリカの25・5万人。ホンジュラス25万人、メキシコ12万人、そしてドイツ８万人と続く。さて、日本にどれくらいのパレスチナ人が住んでいるのだろう。誰も正確に把握してはいないだろう。せいぜい一桁か二桁の数であろう。紙面に限りがあり、プライバシーもあるので、日本に長く住んだことのある過去現在の３人のパレスチナ人を取り上げる。

クウェート通信（ＫＵＮＡ）の特派員として長く日本に住んでいたオマル・ターハは、十数年前に日本で亡くなって、山梨県のムスリム墓地に静かに眠っている。無口だった彼は、過去のことを語ったことはない。ひっそり静かに暮らしていた人だった。日本人の伴侶がいたから、日本に骨を埋めたのだと思う。

さまよい、さすらうパレスチナ人たちの中に、おそらく日本での最長期間生活者であるヴラディミール・タマリがいる。キリスト教徒。画家。そして光工学研究者で発明家でもある。アメリカ留学中に日本人の京子と知り合って結婚し、日本を生活の場所に選んだのは１９７０年。今やパリを拠点に世界で活躍するオペラ歌手のマリアム・タマリの父親として紹介することもできる。彼女は文芸雑誌の『すばる』に「パレスチナの朝」を毎月寄稿する文筆家でもある。

ヴラディミールが来日して、いつしか45年の歳月が流れた。故郷を喪失した望郷の画家の水彩画はポエティックで、透明で、豊かな色彩が踊るようにあふれ、望郷のバラードにも聞こえる。

ヴラディミールが日本で最も親しくしたパレスチナ人はアブドゥルハミードではないかと思う。ファトヒー・アブドゥルハミード初代ＰＬＯ駐日代表のことを、皆は「ハミードさん」と親しみを込めて呼んでいた。ハミードは、１９８３年末に日本を去るまでの８年間をＰＬＯから派遣された代表として家族と共に日本で過ごした。パレスチナ北部のサファドで生まれ、１９４８年のナクバ（大災厄）でダマスカスに追われ、苦学してダマスカス大学で哲学と社会学を修めてジャーナリストになり、後に外交官となって日本に来た人だ。

ハミードはシリアのバアス党機関紙『アッサウラ』の編集長として頭角を現したが、その地位を捨ててファタハに入党すると、ニューデリーに派遣され、ＰＬＯ事務所を開設し、パレスチナ大使館になるまで外交努力を積み上げた。それが評価されて、次に東京ＰＬＯ事務所の創設を任された。目黒区青葉台に事務所を構え、そこを拠点にたちまちメディアの友人の輪を築いた。国際政治動向と社会の分析・解説で遺憾なく能力を発揮し、その鋭くダイナミックな分析に魅せられたジャーナリストは多い。頻繁にパレスチナ・中東情勢の公開講演会も開催し、自由な対話の機会を持った。日本の記者たちもまた熱心だった。

国会議員や外務省にも積極的に接した。パレスチナとアラブ世界への対応の重要性と自主外交の必要を訴えた。その努力は日本パレスチナ友好議員連盟の結成へと実を結んだ。それは、その後、日本がパレスチナ問題でどの西側主要諸国よりも一歩先んじた政治的立場を鮮明にすることにつながる。

『さすらいの30年』というＮＨＫのドキュメンタリーが放映されたのは、１９７８年春だった。それは１９４８年のナクバから30年間、戻るところを失い、彷徨い続けるしかないパレスチナ難民の真実を捉えていた。ＮＨＫでは初の本格的パレスチナ・ドキュメンタリーであった。（私がこのドキュメンタリー映像から受けた影響は決定的だった）この取材を、来日して間もないハミードが蔭ながら応援していたことも後に知った。

アラファートPLO議長訪日の際の『フィラスティン・びらーでぃ』（ハミード代表のエッセイ掲載号）

多くの人が評価する彼の大事な業績の中に、月刊情報誌の発行がある。一方通行でない参加型の開かれたパレスチナ情報誌『フィラスティン・びらーでぃ（パレスチナわが祖国）』を独自に編集し発行した。それをツールとして、経済界、政界、文学界、学術研究者、教育者、解放運動や平和運動の諸組織、報道関係、写真家、美術家、音楽家たちと多方面への交流の輪を広げていった。

在任中の最大の歴史的出来事は、１９８１年秋のアラファート議長初来日であろう。日本は正式にPLOをパレスチナ人民の唯一の代表と認めたわけでもなく、PLO駐日代表事務所に大使館並みの昇格を約束したわけでもないが、とにかく日本独自の中東外交を行うという並々ならぬ意思が働いていたのは確かだった。ファトヒー・アブドゥルハミードの外交力だと誰もが認めた。しかし、PLOが国際社会で得点を挙げると、イスラエルは焦燥感を募らせる。翌年のレバノン侵攻と無関係ではないかもしれない。

もう一つのハイライトは、1983年3月末の「イスラエルのレバノン侵略に関する国際民衆法廷」であろう。1982年のイスラエルのレバノン侵攻を民衆の立場で裁こうと、小田実、板垣雄三、芝生瑞和らを中心とした日本の知識人と市民が行動を起こして実現したものだ。法廷で証言する人を含め、参加のために来日した外国人は約30人。ボランティアの日本人たちはその数倍。趣旨に賛同した世界の知識人はラムゼイ・クラークやチョムスキーを含め、数十人に上った。翌年、この法廷の記録は英文と和文で出版されたが、それもすべてボランティアの力であった。ハミードのそれまでの支援の輪を膨らませる活動の蓄積がなければ実現はしなかっただろう。そして、彼の着任から離任までの8年間を常に代表補佐として横で支えていたのは関場理一だった。

1984年12月に各界から300人もの友人が駆けつけた「さよならパーティ」を最後に離日したハミードは、PLO本部となっていたチュニスに到着したが、待ち受けていたのは、新たな試練であった。長く外交畑を歩いてきたために、PLOの内部事情に疎くなっていた。要職に就けず、悶々としていたが、やがてPLO幹部のアブー・イヤードと本人の従兄弟のアブル・フルに誘われ、国際情勢分析リポートの編集に没頭することになる。しかし、このかけがえのない親しい同志二人は19

91年1月14日にモサド（イスラエル諜報機関）に暗殺された。米軍とその連合軍のイラク攻撃＝湾岸戦争はその3日後に始まった。

失意のハミードに追い打ちをかけるように、母や兄弟が次々に亡くなった。悲しみのどん底に沈んでいたハミードを元気づけようと、日本の友人たちが募金を集め、日本に招待することとなった。1991年6月、8年ぶりに日本の土を踏んだ彼は、懐かしい友人たちと旧交を温める。宇都宮徳馬、後藤田正晴、土井たか子、奴田原睦明、鴨志田恵一、平山健太郎、馬渕晴子、李恢成、広河隆一など、書ききれない人たちとの再会があり、新しい出会いもあった。

1993年に「オスロ合意」が締結される。ハミードは合意を認めなかった。しかし、3年間も呻吟した末、チュニスからパレスチナ自治区（西岸地区）に移る決断をする。観光・遺跡省の情報部部長という役職を与えられた。だが、すでにその頃までに健康を損なっており、仕事は実際にはできなくなっていた。98年に大手術をしたとき、アラファート議長が特別に見舞ってくれたことは、本人にも家族にも極上の喜びだったそうだ。一時回復して元気になったかに見えたが病状が悪化し、その1年後、2000年1月に家族に看取られ、静かに息を引きとると、ラーマッラーの殉教者墓地に葬られた。ファタハ本部はその後3日間を服喪期間としたという。第二次インティファーダが起きたのは、その8カ月後であった。

「オスロ合意」に反対したハミードが予見したとおり、パレスチナ人にとっては、さらに過酷な運命が待ち受けていた。「オスロ合意」はまやかしの和平合意だった。

（長沢美沙子）

## PLO東京事務所と日本

コラム23

板垣雄三

PLOの東京事務所ができたのは、1977年の2月です。この事務所は外交的な活動をするわけではなく、広報機関の一つというかたちでPLOが自主的に設置したものでした。この開設にあたっては、アラブ連盟の東京事務所の協力もありました。じつは東京にPLOのオフィスができる前から、PLOとしては日本に対する外交的な働きかけをしていました。アブドゥッラフマーンと称するパレスチナ人が、駐日アルジェリア大使館員として活動していたのです。だが、彼は日本政府から好ましくない人物として事実上追放される。72年早々のことでした（やがて日本が石油禁輸の対象国とされる背景をなす一事件）。これでPLOの日本に対するアプローチはいったん途絶えました。

PLO事務所の代表として日本にやってきたのはファトヒー・アブドゥルハミードという人で、我々は「ハミードさん」と呼んでいました。彼はジャーナリストとして活躍してきた経験をふまえ、日本に来ても独特の活動を展開しました。その特筆すべきことが、『フィラスティン・びらーでぃ』という機関紙の発行です。79年9月から83年9月まで、4年の間ほぼ毎月、通巻43号まで発刊されます。この雑誌は、どこかの大使館が自分たちの側の宣伝をするというものとは異なり、すべてが日本語で書かれ、かつ執筆者も日本人でした。じつはハミード氏が書いたものはあまりないのです。まったくないわけではありませんが。日本社会が自主的にパレスチナに対する理解を深めるフォーラムという位置づけの雑誌でした。この雑誌は公共の図書館や市役所でも棚に置いてあったりする、そういった時代でした。70年代末の日本社会にとって、パレスチナ問題は非常に独特の位置づ

## コラム 23

## ＰＬＯ東京事務所と日本

PLO 東京事務所開設（『フィラスティン・びらーでぃ』第 17 号より）

けにありました。

そうした状況を理解するうえで、77年11月に横浜で開かれた「パレスチナ問題を考える」というシンポジウムは重要です。私も主催者の一人でしたが、11月28日から3日間、横浜国際会議場で開きました。日本社会で高まるパレスチナ問題への関心も、ＰＬＯ東京事務所の開設と並行していたのです。このシンポジウムには議員の宇都宮徳馬さんや山口淑子さんなども参加していました。

日本政府との関係でいえば、ＰＬＯ東京事務所の場所にちなんで名づけられた「青葉台クラブ」という懇親グループ、いわばサロンがありました。日本の政財界の人物たちとハミードさんを中心にできあがっていて、その日本側の中心人物は、政界からは後藤田正晴氏が参加していた。そこで情報交換がされていたのです。後藤田氏は後に中曽根内閣で内閣官房長官に就任する人物です。ＰＬＯ東京事務所はそういう意味では日本国家政策の中心に関わるところにありました。こうした取り組みの中から、81年にアラファートＰＬＯ議長を日本に招待するという動きが出てきたのです。

（文責／編者）

コラム24

## 李香蘭とパレスチナ

板垣雄三

山口淑子さんのパレスチナとの関わりは、ニューースキャスターとして中東取材に行ったことから始まりました。李香蘭として、戦時中に日本の満洲支配の下で政治や軍事に翻弄され、中国人のふりをした俳優、歌手として国策のために利用された経験を山口さんは持ちます。その体験から、彼女は弱い者の立場でものごとを考え、行動しなければならないという生き方の原則を確立したのだと思います。

隣人同士が戦う。国と国が戦う。民族と民族が戦争をする。

私は、戦っていい戦争と、してはいけない戦争があるかどうかはわからない。ただ、どちらにしても、戦争は、敵と味方に人々を区分けして巻き込み、戦場の犠牲者としてしまう。

「戦争とは、そんなものだ」と、簡単に言ってしまえる人がいるだろうか。私には、できない。

アラブの砂漠の太陽と、中国大陸で経験した血の色の太陽は、そんな思いに私を染め上げる、共通したものがあった。

（山口淑子『誰も書かなかったアラブ』サンケイ新聞社出版局、１９７４年）

参議院議員になった頃、山口さんから私のところに連絡があり、パレスチナ問題の見方・考え方の助言を求められました。折々の質問は、最初のうちは、日本人一般の認識と同じ感じのものでした。たとえば、そもそもヨーロッパで迫害されたユダヤ人がどうして迫害する側にいるのかとか、パレスチナ人はユダヤ人を追い出したいのか、などです。山口さんは鉛筆でしっかりメモを取るので、答える側としては緊張したのを覚えています。勘のいい人でしたから、急速に理解を深め、最終的には元外務大臣の木村俊夫氏と組んで、1981年にPLO議長の

日本パレスチナ友好議員連盟設立会議での山口淑子（写真／『フィラスティン・びらーでぃ』第17号より）

アラファートを日本に呼ぶのに奔走しました。

山口さんが事務局長を務めていたパレスチナ友好議員連盟には、いろいろな人がいました。議員の宇都宮徳馬氏や岩動道行《いするぎみちゆき》氏などなど。

アラファート来日を可能とする段階では、パレスチナ友好議員連盟が正式なかたちで中心的な役割を果たしました。表向きにも実際にも、招待者は木村俊夫氏でした。ただ、このアラファート来日の際に、マスコミへの対応も含めて実際に仕事をしていく中心にいたのが、議員連盟の事務局長だった山口さんだったのです。

（文責／編者）

＊山口淑子氏は、正式には大鷹姓でしたが、板垣氏は旧姓の「山口淑子さん」として語っており、本コラムでは、そのままとした。

コラム25

# 「天よ、我に仕事を与えよ」

## ——自己否定と弱者の政治＝軍事再考

鈴木隆洋

ベトナム特需に沸く国内兵器産業に対し象徴的破壊行動を行ったベトナム反戦直接行動委員会に遅れること6年、大日本帝国の遺産の上にのうのうと立つ戦後日本に落とし前をつけんとした東アジア反日武装戦線による三菱重工爆破に先立つこと2年、国際根拠地建設を唱える日本赤軍の3ゲリラは1972年ＰＦＬＰと共同し、テルアビブ空港にて銃撃戦を展開した。

大量の観光客を巻き添えにした作戦は、革命の大義の下に許される暴力の限界の追求の歴史を前に、思想的未成熟の誹《そし》りを免れないだろうが、テルアビブ空港への道は明らかに片道切符であった。己の身を滅して革命、すなわち被抑圧人民の解放を前進させようという滅私の思想の背後にあったものは何だったのか。

ゲリラ奥平剛士は京大生であった。京都〈帝国〉大学の学生に期待されることは未来の資本家たること、その予備軍となること、そしてその有機的知識人となることである。すなわち日本帝国主義が達成した有形無形の蓄積を引き継ぎ、さらに発展させることである。ベトナム戦争をはじめとする盗人猛々《ぬすっとたけだけ》しい戦争に、また当時すでに東南アジア等で警戒の声が上がっていた日本帝国主義の復活に奉仕することである。それだけではない。京都には1200年分の澱《おり》が溜まっている。大学や観光地のすぐ近くに被差別部落があり、どこもいわゆる朝鮮部落と一体である。京大の近くには二つの警察署があるが、それは一義的には赤化学生対策ではない。無産大衆から蔑まれつつも、米騒動等の戦闘的無産大衆運動の先頭につねに立ってきた被差別部落民、加えて民族的闘争を行う在日朝鮮人は、警察権力の第一の取り締まり対象であった。このような時代と環境のもと、知識青年が自己否定を己に我知らず迫る状況が準備されていく。

「奥平剛士／これが俺の名だ／まだ何もしていない／何もせず　生きるために多くの代価を支払った／（略）／天よ　我に仕事を与えよ」。彼はこんな詩を詠んだ。この状況のなか生きている、生かされている自分がなすべきことは何か、彼の言う仕事は天職や召命に近い。彼は数多ある可能性の中から、根扱ぎにされたパレスチナ人民の解放を、己の仕事として選んだ。ハイジャックの女王ライラ・ハーリドが来日時に語ったように、当時はパレスチナ問題の存在自体を知らしめるための、宣伝としての暴力の時代であった。しかしそれは一面では（ISに通底する質を持つ）メディアに依存する闘い方である。メディアの世界での切った張ったに留まらない闘いを想像／創造することは可能か？

1975年嘉手納基地前で焼身決起した船本洲治は、メディアを通じて帝国主義と共犯関係を持ってしまう日本赤軍の闘い方を批判しつつ、ベトナム革命戦争で殺された無数の戦士は生き残っている戦士の中で生き続けている、敵を倒し自らは立派に生き残ってみせるという『弱者』の政治＝軍事をベトナム人民はわがものとしたと書いた。友常勉は、焼身決起とは敵を「悩ます」よりも人民の記憶の中で生き続けて「弱者の政治＝軍事」を遂行する、弱者が弱者であることを徹底することで果たされる政治＝軍事である、敵に与えたダメージによって測られる対他的な指標は不要であると書いている。

百人斬りを自慢するかのごとき動員数や掌握組織数の自慢と自己目的化でもなく、切磋琢磨といえば聞こえはよいが倫理主義を用いたコミューン内での異端審問に励むのでもなく、現今の条件下で、いかにこの時代の弱者の政治＝軍事はありうるかについて思いを馳せたい。

# 55

# 日本の経済支援

## ★国際協調と地域安定への試み★

1993年のオスロ合意を機に、欧米を中心とした国際的な和平を後押しするムードの中、日本の対パレスチナ支援は大きく飛躍した。オスロ合意以前の対パレスチナ支援というと、国連パレスチナ難民救済事業機関（UNRWA）を通した中東各地のパレスチナ難民支援が限定的に行われ（1953年～1993年までの40年間で約5億米ドルの拠出）、1988年から開始された国連開発計画（UNDP）への援助もわずかな資金拠出に留まるものであった。そしてオスロ合意後の最初の援助会合において、世界43カ国が5年間で総額21億米ドルの援助を確約した中、日本もアメリカ・EUに次ぐ2億米ドルの拠出を確約した。その後の20年間で、さまざまな政治的転換を迎えてきた現地情勢を背景に、日本は援助を通じてどのように関与してきたのかを俯瞰する。

和平実現を掲げ世界中から資金が投入された1990年代、設立したばかりのパレスチナ暫定自治政府には吸収困難な巨額の援助を円滑に活用していくため、ドナー諸国はさまざまな調整委員会や作業部会を形成していく。主要ドナー国となった日本も、2000年には年間実績で一時最大のドナー国となり、

１９９９年にはドナー諸国の閣僚級で毎年開催されるアドホック調整委員会を東京で開催するなど積極的な関与を示してきた。２０００年以降和平プロセスが頓挫し、第二次インティファーダが勃発すると、現地情勢の不安定化から日本は一時国際機関経由の緊急人道援助等のみとなるなど停滞するが、その後２００６年以降は再び一定の資金拠出を回復させている。２０１３年には日本政府の発案で、東アジア諸国の対パレスチナ支援の調整や促進を協議する「パレスチナ開発のための東アジア協力促進会合（ＣＥＡＰＡＤ）」を初開催するなど、現在でもパレスチナ援助において強い存在感を示している。

パレスチナへの日本の援助は、主要石油産出地域である中東の安定と、世界的問題としてのパレスチナ／イスラエルの和平実現を後押しする国際的協調という二つの意義を提示している。日本政府の対パレスチナ国別援助方針では、アメリカを初めとした国際社会が主張するパレスチナ国家樹立と二国家解決案を基盤とした和平推進に、日本の援助も貢献するものとしており、①両当事者に対する政治的働きかけ、②将来的な国家建設に向けたパレスチナ自治政府支援、③両当事者間の信頼醸成を三本柱としてきた。しかし、現地では依然として政治レベルでの和平交渉の停滞と、イスラエルの占領政策の継続による情勢の不安定化で、実

表１　1993～1998年のドナー別援助確約額（100万米ドル）

| | |
|---|---|
| アメリカ | 500 |
| 欧州連合 | 421 |
| ドイツ | 355 |
| 日本 | 312 |
| 欧州投資銀行 | 300 |
| ノルウェー | 244 |
| その他 | 2043 |
| 合計 | 4181 |

出所：Rex Brynen [2000] A Very Political Economy: Peacebuilding and Foreign Aid in the West Bank and Gaza. Washington, DC: the United States Institute of Peace Press Anne Le More [2008] International Assistance to the Palestinian after Oslo: Political guilt, Wasted Money. Oxfon: Routledge を基に筆者作成。

質的に日本の援助はパレスチナ社会の疲弊した状況を少しでも緩和する、パレスチナ経済社会インフラの整備・構築を実施してきている。

この政府方針を現場で具体的に形作る開発プロジェクトは、国連など国際機関の実施するプロジェクトへの資金拠出がその多くを占めている。和平プロセス以前から続くＵＮＲＷＡの難民支援やＵＮＤＰによる開発支援は代表的なもので、ＵＮＲＷＡへの出資は１９９３年以降２０１４年現在まで総額約４億４０００万米ドルを超えており、近年ではイスラエル軍によるガザ攻撃に際しての緊急援助は、ガザ地区での生活補助支援や食料支援に充てられている。ＵＮＲＷＡ同様、ＵＮＤＰに対しても日本は最大のドナー国として数えられ、１９９３年から２０１４年まで拠出総額は約３億４０００万米ドル、紛争後の復興支援や生活インフラの整備等に拠出されている。その他日本の拠出先となる国際機関は世界食糧計画（ＷＦＰ）や国連児童基金（ＵＮＩＣＥＦ）に加えて、近年ではジェンダー問題を扱うＵＮウィメン（ＵＮ Ｗｏｍｅｎ）やガザ攻撃後の不発弾処理を行う国連地雷対策サービス部（ＵＮＭＡＳ）など、パレスチナ地域において比較的新しく活動を始めた機関への資金分配もおこない、多様な活動を支援している。これらは、２００９年以降度重なる軍事侵攻に見舞われるガザ地区への緊急支援が中心になっていることも特筆しておくべきだろう。

自治政府への直接支援は、統治・経済社会開発推進のために２００７年以降毎年10億円規模で直接財政支援が行われている。直接財政支援は自治政府にとっては即効性と汎用性を持つ支援として受け入れられる一方、援助依存を高め、用途の不透明性から来る汚職などの懸念も挙げられる。そこで国際協力機構（ＪＩＣＡ）は、１９９８年にガザ事務所を立ち上げて以降、より長期的視座に立った自

日本の対パレスチナ自治区援助実績（単位：億円）

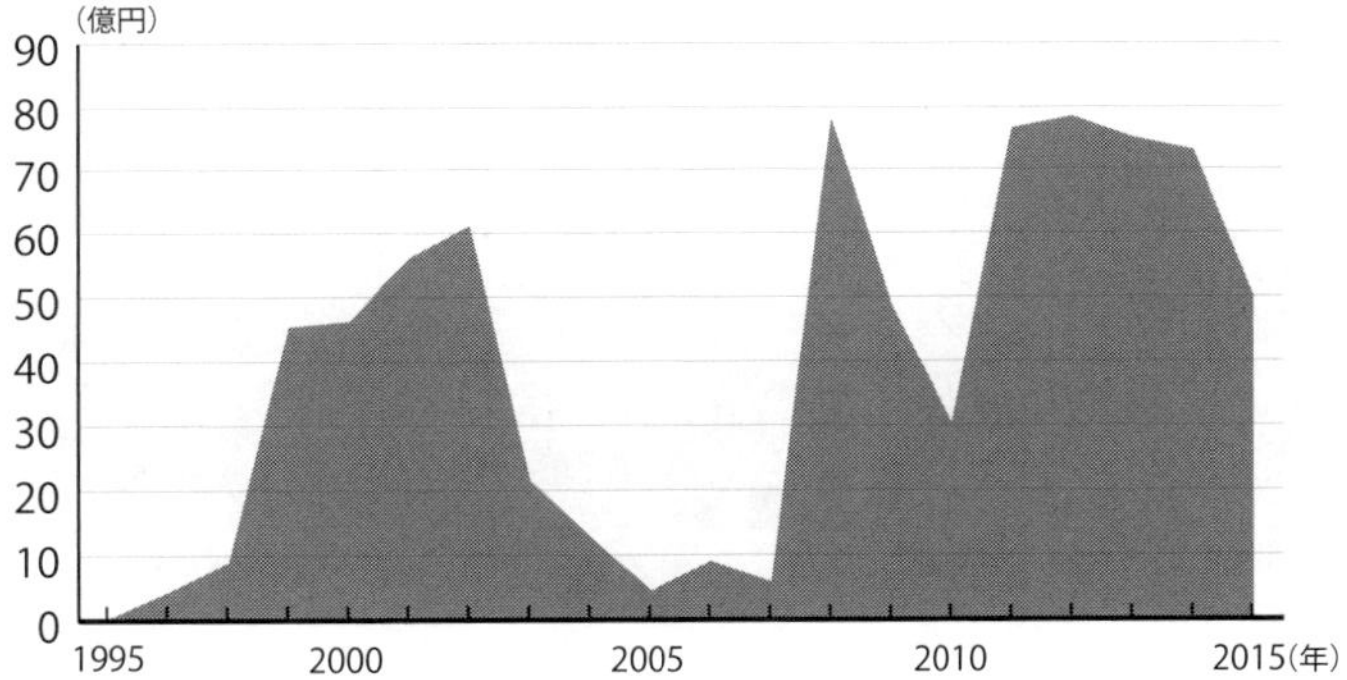


出所：日本国外務省、政府開発援助ODAホームページ、国別データブック・パレスチナを参照

治政府および地方自治体職員の能力向上支援（技術協力プロジェクト）などを通して、統治機構整備他、日本人専門家の派遣とパレスチナ人関係者の日本での技術訓練を実施してきた。２００５年から二度にわたって実施された「母子保健リプロダクティブヘルス向上プロジェクト」は、日本では一般的な母子健康手帳を現地において普及させ、母子保健の意識・知識向上を果たした代表的なプロジェクトとしてＪＩＣＡに紹介されている（第56章参照）。

援助方針にある三本柱をより具体化させる方策が、２００６年に提唱された「平和と繁栄の回廊」構想である。これは近隣諸国間の信頼醸成と自治区内の自立的な経済開発を促進させるものとして、ジェリコでの農産品加工団地建設を掲げた。パレスチナの主産業である農産物を加工する広大な工業団地を建設し、湾岸諸国へ輸出させることで、雇用創出や外貨収入獲得を目指すものであった。この構想の下にこれまで、ジェリコ市周辺ではＪＩＣＡや国連機関のプロジェクトで道路や上下水道の整備、

ジェリコ市を走るゴミ収集車（筆者撮影）

廃棄物処理場の建設、関連省庁職員の技術訓練など、運営基盤となるインフラ整備に多額の資金を費やしてきた。しかし、パレスチナ／イスラエル間の信頼醸成と当地における経済基盤の確立を図る壮大な試みであった一方、イスラエルの占領の影響を直に受ける土地の利用、人・物の流通の制限といった重要課題への対処や考慮がどの程度なされたのか不明瞭であった点も否めず、当初計画からは大きく紆余曲折を経、いまだ確たる完成見通しや被益効果は発表されていない。

２０１３年に実施された対パレスチナ援助のＯＤＡ評価（第三者評価）では、対パレスチナ援助の継続的な実施の重要性と、現地の開発ニーズに対応した民生の安定・向上に日本の援助が貢献してきたことが示されている。他方で、不安定な政治情勢の中での平和構築やイスラエルの占領下での開発が、決して開発プロジェクトのみで実現するものではないことも指摘され、援助方針の三本柱にもある政治的働きかけの不十分さへの批判が呈された。「平和と繁栄の回廊」構想に対してもその不確実さから、構想の理念を達成するために必要な見直しを検討するよう要請がなされるなど、厳しい提言となっている。

オスロ合意から20年を経たパレスチナは、合意締結当時に見通しとしてあった和平から大きく踏み外した現実の中にある。オスロ合意において棚上げされたエルサレムの帰属や境界線の位置、難民の処遇など当地における根本的な問題事項は、現在ではイスラエルの進める入植地拡張や分離壁建設なども密に関係し、政治的要因がパレスチナ社会経済の開発の効果発生や持続性をひどく阻害している。その例として、援助の投入先である自治政府の汚職や腐敗といったいわゆる援助漬け状態は現地では強く問題視されるところで、将来的見通しの曖昧な資金投入からくる現象ともとれる。このような事態にEUは、援助プロジェクトによる建造物がイスラエル軍によって損害を受けた場合、それを政治的場に持ち込みイスラエル政府を訴えていく姿勢を見せるなど、政治と援助の関係を重視してきている。日本はこれまで巨額の資金をパレスチナに投じてきたものの、政治的にはイスラエルへの協調姿勢を堅持しており、現状での安定化を求める傾向にある。パレスチナの人々の生活の安定と和平を掲げる日本は今後、被占領地であるパレスチナへの援助にどのようなビジョンを設定して取り組むのか、転換点に立っているのかもしれない。

（塩塚祐太）

# 56

# 日本の医療支援

## ★パレスチナに根づいた支援★

１９６７年の第三次中東戦争で、イスラエルはヨルダン川西岸地区とガザ地区を占領、東エルサレムを併合し、１９９３年のオスロ合意まで完全占領が続いた。その間、イスラエルが占領地パレスチナの保健医療の責任を担った。感染症対策を含む診療所での基本的な医療（一次医療）はある程度整備されたが、病院での治療といった二次医療はほとんど整備されず、26年間パレスチナ側の病院のベッド数は増えなかった。高度医療を提供する病院（三次医療）はパレスチナ側にはないままだった。一方、イスラエル側の病院は、ベッド数は増加し、世界に誇る高度医療を提供していた。

１９９４年にパレスチナ自治暫定政府が発足し先行自治が始まり、ガザとジェリコからイスラエル軍が撤退、行政権限が自治政府に移譲された。この行政権限に保健医療も含まれ、保健省が設立され、公立医療機関である12の総合病院と二つの精神病院および２０６の診療所が保健省の管轄下に入った。

パレスチナ医療支援として、日本政府は無償資金協力として１９５０年代から国連難民救済事業機関（ＵＮＲＷＡ）を通して実施し、１９８０年代半ばからＮＧＯによる支援も始まった

第56章

## 日本の医療支援

が、資金提供や小規模プロジェクトが中心だった。オスロ合意以降、日本政府は自治政府を通して、医療支援を含めパレスチナ支援を本格化した。日本のNGOも、アル・ジスル（旧日本パレスチナ医療協会）、パレスチナ子どものキャンペーン、日本国際ボランティアセンター（JVC）、日本YWCA、地に平和等が、日本人スタッフを常駐させての保健医療関連プロジェクトを展開した。NGOによるプロジェクトは現地NGOをパートナーとすることが多かった。

日本政府による保健医療分野での無償資金協力は、病院建設、医療機材支援といった保健省への直接支援に加え、地方自治体や現地民間団体への草の根無償協力での診療所建設や改修、医療器材提供などと多岐にわたる。2000年の第二次インティファーダ以降、自治政府への直接支援が困難になり、02年から08年は国連児童基金（UNICEF）経由での予防接種や子どもの感染症対策および栄養改善支援が実施された。また、2005年から12年には、国際協力事業団（JICA）による技術協力支援として、母子保健リプロダクティブヘルス向上プロジェクトが実施された。20年以上に及ぶ支援のなかで、パレスチナに根づいた日本政府による医療支援、ジェリコ病院と母子健康手帳を紹介したい。

ジェリコ病院建設計画は1996年に実施され、事業規模は19億円で、その年のパレスチナへの無償資金支援の中で最も金額が多く総額58億円の3分の1以上を占める。また、翌1997年の西岸地域医療機材整備計画（16億円）によりジェリコ病院の医療機材も整えられた。

ジェリコは、エルサレムの東、ヨルダン渓谷の水面下400メートルという世界で最も低い場所に位置する。ジェリコ市中心部にはヨルダン統治下の1954年に開設された病院があった。ホテルを転用した病院で、ベッド数50床のジェリコ地域唯一の病院だった。１９６０年代には10万人以上だったジェリコの人口は、第三次中東戦争で約３万人に激減し、病院は閉鎖された。１９７０年に病院は再開されたものの当時のイスラエル占領政府は病院運営に消極的だった。スタッフは少ないうえ、建物や機材の老朽化は激しく、１９９３年の病院ベッド稼働率はわずか35％程度だった。当時を知る医師は「劣悪な病院だった」と言う。

オスロ合意後、日本政府はジェリコ病院への機材提供に３億円の支援を決定し、１９９４年、自治政府への保健医療分野の権限移譲に伴い、機材は拡充された。医師は６人から17人へ、看護職員は16人から24人に増員され、病院ベッド稼働率も約80％に上昇した。しかし、老朽化やもともと病院でない建物の限界から、医療サービス確保のために新病院建設が必要だった。

１９９４年からの調査と準備を経て、96年に新ジェリコ病院建設が決定した。病院はジェリコ市南部に建設された。病院入口には、当時のアラファート大統領の名前と１９９７年８月４日の日づけが入った、日本支援による建設を記す石碑がある。新ジェリコ病院は、ベッド数は50床、内科、外科、小児科、産婦人等の診療科、臨床検査や手術設備、救急外来を備える総合病院となった。旧ジェリコ病院に整備された医療機材は新病院に移され、１９９７年の日本政府の支援によりさらに整備された。その後、欧米からの支援も入り、発展を続けながら地域基幹病院としての役割を担った。

ジェリコ病院は、現在もジェリコ行政区に住む約５万人に医療サービスを提供している。ベッド数は54床、病院ベッド稼働率は７割以上であり、１日に約20人が新規入院し、約３人が出産、６件程度の手術が実施される。また、１日平均約１３０人の外来患者と約40人の救急患者を受け入れている。

夜間交通手段の確保が困難だったり、イスラエルによる道路封鎖があったりするなか、総合病院が地域内にあることは、住民が安心して暮らすために不可欠とのことだった。住民からは「日本病院」と呼ばれている。

日本政府の技術協力支援として、ＪＩＣＡは母子保健に焦点を当てた母子保健・リプロダクティブヘルス向上プロジェクト（２００５年から08年）を実施、アラビア語のパレスチナ版母子健康手帳を開発し、ジェリコとラーマッラーで試行的に配布と活用を開始した。その後、母子保健・リプロダクティブヘルス向上プロジェクト（フェーズ2、08年から12年）として継続され、パレスチナ全域での母子健康手帳の配布と活用、保健省・ＵＮＲＷＡ・四つの医療系ＮＧＯからなる母子健康手帳国家調整委員会を設置しての制度化、現地専門家への教育を支援した。また、母子健康健手帳の印刷は日本政府によるＵＮＩＣＥＦ経由の支援によって実施された。

パレスチナでは１９８０年代にＵＮＩＣＥＦ主導で予防接種が強化された。当時、村落部では自宅出産が多く、母親は子どもが生まれたら地域診療所へ予防接種に連れていった。診療所では、子どもの予防接種記録票「黄カード」が母親に配布され、予防接種時には黄カードを持参し記録するように指導を受けた。この黄カードは広く普及し、母親はこのカードで子どもの予防接種を管理した。

２０００年から02年に日本のＮＧＯがベツレヘムの難民キャンプでの保健活動の一環として、日本の母子健康手帳を参考にアラビア語の母子健康手帳を現地看護師らと協働で作成し、プロジェクト地の難民キャンプで配布した。この母子健康手帳を受け取った母親からは喜ばれたが、第二次インティファーダによる社会情勢の悪化もあり活動は２００２年に終了し、母子健康手帳がパレスチナに根づくことはなかった。

２００５年から始まったＪＩＣＡの母子保健・リプロダクティブヘルス向上プロジェクトでは、母子保健手帳の開発と配布は中心的な活動であった。日本の母子健康手帳をアラビア語にするのではなく、保健省スタッフとともに現状とニーズに沿って開発が進められた。また、試用期間を経てその評価に基づいて、フェーズ２の２００８年以降に全域へと広げられ、パレスチナの母子保健システムの一部になるようにアプローチされた。

母子健康手帳が全域に普及した理由として、出産年齢にある女性の識字率がほぼ１００％で保健指導を含む母子健康手帳の必要性への理解が高かったことも挙げられる。また、母親が子どもの予防接種を「黄カード」を用いて管理してきた土台があり、そのうえで、保健省・ＵＮＲＷＡ・医療系ＮＧＯが合意してこのカードを廃止し、母子健康手帳に一本化することができたことも大きい。現在、母子健康手帳は保健省が印刷し、全対象者に無料配布している。パレスチナの母親たちが主体的に母子健康手帳を使っていけることが、今後の課題として挙げられる。

この２つの医療支援は日本のパレスチナ支援を代表するものであり現在も活用されている。現地にニーズがあり、実現を可能にする社会の準備ができており、パレスチナの人々とともに創り上げたことで、時を経てパレスチナ医療の一部となり得たのだろう。

（藤屋リカ）

# 57

# 市民社会による支援

## ★1万キロを越えての連帯とその課題★

「教えてくれよ。どうしてガザは、こんなにズタズタにされなきゃならないんだ?」

ガザ封鎖が始まって以来最悪の被害が生じた2014年のガザ戦争が停戦を迎えたのは、開戦から51日が経過した8月26日だった。冒頭の言葉は、8カ月後の2015年4月、日本のNGOスタッフとして筆者がガザを訪ね、破壊されたアル・ワファ病院跡地を視察していた際に、付近の住民から投げかけられたものである。やるせなさと憤りを秘めた彼の問いかけに呼応して生まれる「なぜこの人たちは傷つけられなければならないのか」「傷つけないために私たちは何をすべきなのか」という問いは、人道支援を行う人間なら誰しも突きつけられるテーマであるように思う。皆さんなら、いったいどう答えるだろうか。

イスラエル建国から70年近く、大国の意図に翻弄され続けてきたパレスチナの人々に対し、1980年代には支援のためいくつかのNGOが日本で立ち上げられた。レバノン南部でパレスチナ難民の子どもを支援する「パレスチナの子どもの里親運動」(1984年設立)、パレスチナ関連情報を発信する「アル・

ジスル－日本とパレスチナを結ぶ」の前身「日本パレスチナ医療協会」（1986年設立）、難民の子ども支援を精力的に続ける「パレスチナ子どものキャンペーン」（1986年設立）などがその初期の例である。また、1991年からパレスチナとの連帯活動を始めた日本YWCAをはじめ、キリスト教系の支援団体も多く存在する。一方で2007年から外務省による日本NGO連携無償資金協力が始まり、2014年以降はガザ復興支援拠出額の増加などの背景もあって、数千万円単位の政府系資金を受けて現地での直接支援を行うNGOの数も増えている。

これらの団体は、現地で暮らす人々のために何らかの事業を行う直接支援活動、日本や海外でパレスチナ問題について伝える発信活動、イスラエル・パレスチナ・日本の人々が直接触れ合う交流活動などを実施してきた。現地情勢が流動的、かつ近年はガザ地区において人道危機がたびたび起こることもあり、多くの団体は複数の活動を並行して行っている。また人々が直面する問題の多くはイスラエルの占領政策に起因するため、占領の終結を求めるアドボカシー（政策提言）活動へ精力的に関わる団体も少なくなく、日本政府やイスラエル大使館、メディア等に対したびたび要請文や声明を提出している。この章では、湾岸戦争を契機にパレスチナ支援を開始し、筆者も携わるNGO「日本国際ボランティアセンター（JVC）」を例にとって、直接支援活動の中の緊急支援、そしてアドボカシーについて紹介したい。

冒頭で触れたガザ戦争においては、東京23区の60％程度しかないガザ地区の面積に対し5000発以上のミサイルが降り注ぎ、そのうえイスラエル軍の地上侵攻のため46％の土地が立入禁止となった。平均すれば1日100発のミサイルがこの小さな土地に落とされた計算になるが、この中では2

００人以上が亡くなり、その77％は一般市民であった。「逃げる先なんてどこにもなかった」と人々が口々にいう現場では、この攻撃をかいくぐりながら多くのＮＧＯが緊急支援を続けていた。

ＪＶＣは、普段は子どもの栄養失調事業で協働しているガザの医療保健ＮＧＯ「人間の大地（Ard El Insan 以下ＡＥＩ）」とともに支援を行った。場所はＡＥＩのクリニックや、最大時には人口の約３人に１人が家を離れて逃げ込んだといわれる避難所である。国連が運営する学校が主な避難所となったが、住居に適さない校舎や校庭に２０００人以上が身を寄せたといわれる中では、コレラや皮膚病など感染症の蔓延が懸念された。トイレや水道の数も足りず、衛生の確保が非常に困難であったためである。そのような中、バケツやデッキブラシ、洗剤、そして消毒液などをセットにして配った「衛生キット」は非常に重宝された。

瓦礫の中で暮らすガザ住民の日常風景（筆者撮影）

同時並行で実施した子どもの精神ケアにおいては、子どもたちが負った心理的トラウマの重さを実感することとなった。戦闘攻撃機、ミサイル、壊された家、血溜まり、血を流す人、涙を流す顔……子どもたちが描く絵の多くにはこういったものがよく登場した。逃げる途中で同級生の遺体を見た子もいたという。レクリエーションも実施したが、寝ている間に家が攻撃され、傍らにいた父親と弟が殺されたという少女は、ついにニコリとも笑わなかった。

ＪＶＣは他にも「緊急人道サポートチーム」と呼ばれる市民団体と協働し、避難所で診療所を運営した。合計1万人を超える人々に物資やサービスを届けることができたが、活動はすべて６３２にものぼる日本の市民や団体から集まった約９２０万円の資金でまかなった。

市民の善意に支えられてこそ、ＮＧＯの人道支援は政治に利用されず中立であることができる。１万キロ離れたパレスチナに思いを寄せ、気持ちを託してくださった皆様に、再度この場を借りて感謝申し上げたい。

さて、停戦から約3週間後にようやくイスラエルの許可が下り、9月22日にＪＶＣスタッフの金子由佳がガザへ戻ることができた。まず行ったのは被害状況の確認である。ＡＥＩスタッフ、避難所の人々、友人……8日間で60人ほどから話を聞き取った金子が得たのは、ガザに住む１８０万人すべてが何らかの被害を負い被災したという重い実感であった。ＡＥＩには、自らが攻撃で自宅を失いつつも支援活動を支えたスタッフや、次々に運び込まれる負傷者を治療しながらも、家族の遺体を前にした遺族に「先生、なんとかしてください」と追いすがられ、たとえようもない葛藤を抱え込んでいた医師もいた。停戦を迎えたものの破壊の現実や喪失感はすぐに消え去らない中、ＡＥＩスタッフの一人はこう言った。「ガザにユカ（金子）が来てくれたとき、私の戦争が終わったの。彼女の顔を見たときに『戦争が終わった』『これですべて日常に戻るんだ』って、やっと思うことができたの」。

大きな喪失の中に取り残されている人々に日本の私たちが寄り添う意味を感じる一方、課題は大きい。ガザに足を運んだ際、筆者自身が現地で、冒頭のような言葉、そして人々が無言のうちに発する数えきれない問いに向かい合うことになった。「なぜ、一生かけてやっと建てた家が一瞬のうちに壊されなければならなかったのか」「なぜ、かけがえのない家族が殺されなければならなかったのか」「なぜ、支援に頼って暮らさなければならないのか」。そして、根本的な問いに到達する。「人道支援を届ける前に、そもそもなぜ国際社会は戦争を止めてくれなかったのか」

支援に従事する筆者や現場の同僚たちも、「なぜイスラエル自身が破壊の責任を取らず、その穴を国際社会やNGOが埋め続けなければいけないのか」という葛藤と向き合いながら活動している。ガザ人口の8割は支援を受け取らねば暮らしていけず、自立を阻まれ続けている人々自身の心も疲弊していく。封鎖の解除と占領の終結という課題に向き合うことなしに、パレスチナの人々を真に支えることはできないようにJVCスタッフは感じている。

戦争中、日本ではいくつかのNGOが協働し、人文字で「GAZA」を描くキャンドル・アクション等を実施、イスラエル政府へ要請を提出して、停戦と封鎖解除を訴えた。メディアにも取り上げられパレスチナの人々との連帯を示す機会となったが、停戦がなかなか実現されず死傷者の数が積み上がる情勢に悔しさを感じた人々は多かったに違いない。さらにはイスラエルの兵器に日本製の部品が組み込まれていたことも報道され、間接的でもガザ攻撃に日本が加担しかねない、という危機感が高まっている。根本原因であるパレスチナ・イスラエル間での力の不均衡・不正義を変えるためにも、イスラエル政府や市民社会への占領終結の呼びかけに加え、日本の政府や議員等に対する効果的な働きかけも今後は重要な課題となるだろう。

（並木麻衣）

# 58

# イスラエル・ボイコット運動

## ──★パレスチナにおける「アパルトヘイト」廃絶への挑戦★──

２０１５年6月、フランスの大手携帯会社テレコム社がイスラエルの事業から撤退すると発表した。これは、同社がパレスチナ西岸地区のイスラエル入植地で操業していることが、国際的なボイコット運動を誘引することを恐れての判断であったと考えられている。この出来事の直後には、アメリカでボイコット対策の緊急会議が開催され、イスラエルのネタニヤフ首相が、他の閣僚や政府高官、アメリカ・イスラエル公共問題委員会（ＡＩＰＡＣ）幹部等とともに出席した。そこで彼は、ボイコット運動について「我々（イスラエル）の生存権がかかっている問題だ」と述べ、危機感を露わにした。この章では、このように大きな政治問題となっているイスラエルに対するボイコット運動の歴史と現状について概観する。

イスラエル・ボイコットの源流は、委任統治時代の入植地製品不買の呼びかけに求めることができる。１９２２年の第5回パレスチナ・アラブ会議による入植地製品ボイコットの呼びかけが確認できる最も早い時期のものであり、１９３６〜３９年のアラブ大反乱でも、アラブ高等委員会が同様のボイコットの呼びかけを行った。

イスラエル国家成立後には、アラブ連盟の主導による「アラブ・ボイコット」と呼ばれる対イスラエル・ボイコットが大きな影響力をもった。ダマスカスに置かれた中央ボイコット事務局では、ボイコット対象企業のリスト作りが行われ、連盟加盟国に商品を輸出したい企業は、原産地がイスラエルではないことを確約する書類の提出を要請されるなどの行政手続きが各国ごとに定められた。オイルショック以降の数年間、アラブ・ボイコットの影響はピークに達し、その反動として１９７０年代後半にはアメリカの議会で、アラブ・ボイコットの要請に自国企業が従うことを禁じる一連の「反ボイコット法」が議決されるなどした。オイルショックの影響を大いに受けた日本においても、アラブ・ボイコットは無視できるものではなく、大手企業は軒並みイスラエルとの取引を自粛した。その結果、イスラエルで見かける日本車は富士重工の「スバル」しかない、といった状況が１９８０年代末まで続いた。

しかし、１９７９年にはエジプトがイスラエルと和平条約を結ぶなど、次第にアラブ諸国の足並みは乱れ、また、１９８０年代以降の新自由主義の世界的潮流の中、アラブ・ボイコットの効力は確実に低下していった。とりわけ、１９９３年のオスロ合意でＰＬＯとイスラエルが相互承認し、経済協力を進めることが合意されたことで、アラブ・ボイコットの求心力は消失した。

新たなイニシアチブは、２００５年７月の対イスラエルＢＤＳ運動の呼びかけによって始まった。ＢＤＳとは、Boycott, Divestment and Sanctions の略で、アパルトヘイト時代の南アフリカに対するボイコット運動を参考にして、個々の商品を対象とする消費者ボイコット、企業を対象とする投資引き揚げ、そして、最終的にはイスラエル国家を対象とする国連等による経済制裁という三段構えでイスラエルに対する国際的な圧力を形成することをめざしている。また、ボイコットの中には、イスラエルの大学や学術機関、文化団体との協力・提携を拒否する学術・文化ボイコットも含まれる。

ＢＤＳ運動は、パレスチナの１７０以上の市民団体が超党派で呼びかけたもので、２００４年７月の国際司法裁判所による「分離壁」に関する勧告的意見からちょうど1年のタイミングで発表された。この勧告的意見は、イスラエルが西岸地区で建設している「分離壁」の違法性を確認し、建設中止等を求めたものであったが、イスラエルはこの勧告に従わず、「国際社会」もその状況を事実上黙認した。こうしたイスラエルの国際法違反に対する「不処罰の伝統」を終わらせるために、まず、草の根の市民の行動によって、イスラエルに国際法の履行をさせる圧力を形成すべきだと訴えたのである。

ＢＤＳ運動がアラブ・ボイコットと大きく異なる点は、ボイコットの目標を、①第三次中東戦争以後の占領の終結、②パレスチナ難民の帰還権の承認、③イスラエルにおけるパレスチナ市民の平等権の実現、の3点に明確化したことであろう。ＢＤＳ運動が問題にするのは、あくまでもイスラエルが国際法によって保障されたパレスチナ人の諸権利を認めるかどうかであり、イスラエル国家の存在を認めるかどうか、一国家解決か二国家解決かといった、国家を単位とした議論から距離を置いた「権利ベースの解決」を要求している点に特徴がある。

ＢＤＳ運動では、欧米諸国を中心に世界各地の市民団体が持続的なキャンペーンを行っており、それらの調整を、西岸地区ラーマッラーを拠点とするパレスチナＢＤＳ全国員会（ＢＮＣ）が担っている。ＢＮＣは、パレスチナ人の代表的なＮＧＯ、労組、農業組合、難民組織等を網羅するネットワークとしての「権威」を有するものの、各地での具体的な運動は、それぞれの運動体のイニシアチブにゆだねられており、この点においても、アラブ・ボイコットとは大きく性格を異にする。ＢＤＳ運動は、汎アラブ主義をベースとしたアラブ・ボイコットの論理を、国際法および人権をベースとした論理に整理し直し、そのことによって「ポスト・オスロ時代」に対応したグローバルな運動形態を創出したということもできるだろう。

　この運動が、最も成果をあげている分野は、冒頭で紹介したケースのように、イスラエル入植地に関するものである。例えば家庭用炭酸水製造機を入植地で生産してきたソーダストリーム社は、国際的な不買キャンペーンの圧力の中、２０１５年に入植地から工場を撤退させた。また、エルサレムと入植地をつなぐ路面電車や路線バスなどの事業に資本参加していたフランスの多国籍企業ヴェオリアも、それらの入植地関連事業から撤退した。日本でも、近年、市民によるキャンペーンの結果、無印良品（良品計画）のイスラエル進出計画が中止になったり、入植地で工場を操業するコスメブランド・アハバの輸入元企業が同ブランド商品の取り扱いを中止するなどのケースが出ている。

　こうした動きは国際政治にも影響を及ぼしつつある。２０１３年7月にEUがイスラエル入植地に関わる団体・企業への資金援助を禁じるガイドラインを公表した。また、これまでに17以上のEU加盟各国が、自国企業に対し、入植地にかかわる経済活動には倫理的・法的リスクが伴うことを警告する声明を発表している。

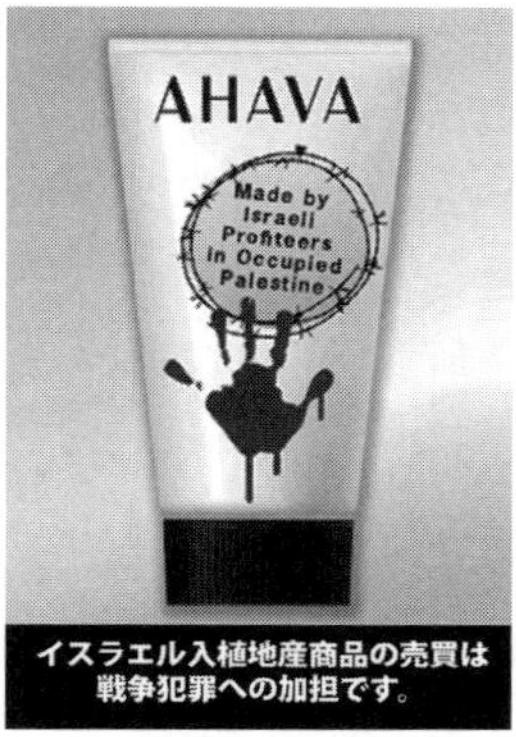


違法なイスラエル入植地で生産されているアハバブランドの日本撤退に一役買ったメッセージ・カード（提供・パレスチナの平和を考える会）

また、イスラエルの戦争・占領政策を支える重要なインフラである同国の大学や研究機関に対するアカデミック・ボイコットの拡がりにも注意する必要がある。２０１４年には約５０００人の会員を擁するアメリカ学会が「イスラエルの学術機関に対するボイコットを求めるパレスチナ人の市民社会による呼びかけに賛同し、尊重すること」を決議した。２０１５年のガザ侵攻に際しては、ロジャー・オーウェン、ラシード・ハーリディー、イラン・パペ、長沢栄治など、１００名以上の中東研究にかかわる研究者・司書が連名でイスラエルに対する学術ボイコットを呼びかけた。

こうした状況において、ＢＤＳ運動が今後、かつての南アフリカに対して行われたような、国連による制裁決議にまで発展するかどうかについては、さまざまな要因を考慮する必用がある。例えば、イスラエルがガザ地区で行ってきた無差別攻撃が戦争犯罪にあたるとして、国際刑事裁判所に提訴する動きが進んでいるが、そこでイスラエルの行為が「人道に対する罪」等の重大な戦争犯罪として認定されれば、制裁措置の決定的な法的根拠が与えられることとなる。今後の展開が注目されるところである。

（役重善洋）

# 59

# フェアトレード

## ★生活の糧としての伝統工芸★

開発途上国の生産者を貿易を通じて支援し、持続可能な社会をめざすフェアトレード。紛争下のパレスチナでも弱者の経済的自立を支援するために行われている。フェアトレード製品には伝統刺繍に代表される手工芸品や名産のオリーブオイル等があり、各地の生産者から国内外の消費者へフェアトレード認証された7団体（次頁参照）によって橋渡しされている。

パレスチナはアフリカとユーラシア大陸を結ぶ位置にあり、紀元前より数々の文明の影響を受けながら独自の文化を育んできた。伝統工芸には民族衣装を鮮やかに彩るパレスチナ刺繍、巡礼者向けにベツレヘムで作られるオリーブの木工品や真珠貝細工、アルメニア民族が持ち込んだ陶芸、ヘブロンの硝子などがある。南部の沙漠ではベドウィン（遊牧民）が羊や駱駝の毛を紡いで絨毯やテントを織り、中部や北部の緑豊かな農村では果樹の枝や麦わらで籠《かご》や盆が編まれ、海岸都市マジュダルは織物の産地として栄えた。同じ民族衣装でも、北部ではシリアやトルコの影響を受けたデザインが着られ、南部ではシナイ半島にも共通するベドウィン特有の色使いや幾何学模様が多く用いられた。

## パレスチナのフェアトレード団体

| WFTO（World Fair Trade Organization）認証団体 |
| --- |
| Bethlehem Fair Trade Artisans (www.bethlehemfairtrade.org) |
| Institute for Community Partnership (http://icp.bethlehem.edu/) |
| Holy Land Handicraft Cooperative Society (http://www.holyland-handicraft.org) |
| Palestinian Agricultural Cooperatives Union (PACU) (http://www.pacu.org.ps/weng/) |
| Palestinian Agricultural Relief Committees (PARC) Fair Trade Department (www.parc.ps) |
| Sunbula (www.sunbula.org) |
| **Fair Trade Federation 認証団体** |
| Canaan Fair Trade (www.canaanfairtrade.com) |
| 他にイスラエル領内でパレスチナ農家を支援する Sindyanna of Galilee が WFTO 認証されている。 |

１９４８年のイスラエル建国でパレスチナの大部分が破壊されたとき、暮らしの中に息づいてきた伝統工芸も壊滅的な打撃を受けた。マジュダルの機織り職人は難民となり、人々は生き延びるために民族衣装や装飾品をやむなく換金し、多くの貴重な文化的資産が失われてしまった。難民の多くは土地を追われた農村出身者であり、新しい現実の中で生活の糧を探さなくてはならなかった。そんななか、難民キャンプを中心に、少ない資本で始められ、女性たちが代々受け継いできた手工芸品、とりわけ刺繍などの収入創出プロジェクトが広がっていった。

現在、伝統工芸の中で携わる人数が最も多いのは、おそらくこの刺繍である。占領下のヨルダン川西岸地区とガザ地区の各地域に女性団体があり、多くが刺繍による収入創出を活動の一環としている。こうした生産者団体では布や糸を女性たちに渡し、各自が自宅で指定のデザインを刺繍し仕上がったものを団体に届け賃金を受け取る。刺繍はそこからバッグやクッション等の製品に縫い上げられて売られていく。

刺繍や裁縫で家計を支えるのは大部分が貧困家庭出身の女性たちで、若年婚、多産であることが多い。高等教育や職業訓練の機

第59章

## フェアトレード

会がなかった彼女らは正規の仕事に就くことも難しいため、手工芸品が家事や子育ての合間に稼げる唯一の手段となっている。生産者団体は自分の住む村や難民キャンプにあってアクセスしやすく、底辺にいる人達に収入の機会を与えている存在である。

彼女らの多くは一家の稼ぎ手でもある。占領地では、イスラエルによって産業を発達させない政策が取られてきたため、かつて男性の多くが日雇い労働者としてイスラエル内で働いていた。だが90年代よりイスラエルが閉鎖政策で西岸地区やガザを包囲する検問所や分離壁を作り、パレスチナ人はイスラエル軍の許可なしに占領地から出ることが不可能になった。これにより一家の長の男性が失業している家庭は数多い。ほかにも政治囚としてイスラエルに投獄されていたり、病気等で働けない男性に代わり、多くの女性が工芸品を作り家計を支えている。

刺繍や裁縫は表にたつ華々しい仕事ではないが、女性が活躍し家庭内や地域社会で力を発揮する現場である。村で女性として初めて運転免許を取得するなど、仕事をすることで行動力を高め経済力をつけたパイオニアが50歳代以上には多い。この世代には、自分の得られなかった機会を娘たちに与えようと刺繍や裁縫、織物での収入で子ども全員を大学まで通わせた人が少なからずいる。

生産団体には占領下特有の困難がつきまとう。最大の問題は経済活動に不可欠な人や物の移動が著しく制限されていることだ。商業も流通もイスラエルのコントロール下にあり、刺繍糸や布地にしても常時必要なものが入手できるわけではない。できあがった製品も観光客が集まるエルサレム市などイスラエル領内や海外に出荷することは容易ではない。

そこで活躍するのがフェアトレード団体だ。筆者の勤務するスンブラを例に挙げると、19のパー

ヨルダン川西岸地区のイドナ村女性組合で伝統刺繍をする女性（Sunbula/Steve Sabella）

トナー団体から公正な価格で買い取った製品をエルサレム市内2カ所のフェアトレード・ショップとネットを通じて販売することで女性や障害者など約2000人が継続的に収入を得ている。また生産者団体は自転車操業で、ミシンなど機材が故障しても買い替える余裕のない場合が多い。スンブラでは助成金や寄付を募ってそのニーズに対応したり、売れるものを作り続けるためにデザイナーを派遣して製品開発やスキル向上の訓練も行っている。こうした生産者団体への支援活動はほかにも、ジェニーンを拠点とするカナン・フェアトレードが農家の子どもを対象とする奨学金プログラムや農村女性の社会的起業を応援する少額融資を行ったり、ベツレヘムの聖地手工芸組合がオリーブ木工職人の労働環境改善のために作業所に粉塵除去装置を設置するなど、各地で取り組まれている。

　パレスチナのフェアトレード製品は、残念ながらまだ国際的にはあまり知られていない。第一の理由は、中東・北アフリカ地域にまたがるアラブ圏の伝統文化の認知度が日本はもとより欧米でもまだ低いこと。第二は価格の問題である。占領下のパレスチナには独立した経済がなく、すべてがイスラエル経由のため、糸や布などの材料費や輸送のコストもイスラエルの価格基準になっている。ちなみにイスラエルの一人当たりGDPは世界26位で、イタリアや韓国よりも高い（日本は24位）。よって主に開発途上国の製品を扱うフェアトレード市場でパレスチナ製品は突出して高価になってしまう。支援はしたいが価格の面で躊躇してしまう海外のフェアトレード関係者は少なくない。その中で健闘しているのが、近年知名度をあげてきたパレスチナ産オリーブオイルである。手工芸品より低コストの農産物は競争力があり、自然農法で手摘みされたオリーブの美味しさが欧米のオーガニック市場で人気を高めつつある。

工芸品の作り手の平均年齢は上がってきている。若い世代はライフスタイルも教育程度も母親世代とは違い、刺繍や織物を仕事に望む人は少ない。それでも刺繍で学費を稼ぎながら農村から大学に通う人や、卒業後母親の属する女性団体でコンピューターのスキルを活かして事務全般を引き受けるようになった人などがいる。また、若いアーティストやデザイナーによって伝統文化に新しい息吹を与える動きも高まっている。スンブラでもパレスチナ人デザイナーと女性団体とのコラボ製品など、伝統が過去のものではなく、今の時代に愛され支持され続けるための試みを行っている。

パレスチナの伝統工芸は紛争に翻弄された人々のニーズに応え形を変えながら継承されてきた。ナクバから70年近くにわたり生活を破壊する暴力が続くなか、伝統工芸が廃れるどころか草の根経済に組み込まれて生きているのはこういう背景があるからだ。また、国を持たないパレスチナ民族の文化やアイデンティティが否定されても、いやむしろ否定され続けているからこそ、人々が誇り高く強い意志で守ろうとしてきた結果でもある。フェアトレードはそれを支える取り組みである。

（山田しらべ）

# 60

# 日本のジャーナリズムとパレスチナ

## ★エルサレム特派員が見たオスロ合意★

1991年の7月から95年1月まで、当時は読売新聞の記者としてエルサレムで取材した。91年の湾岸戦争直後から、アメリカのブッシュ政権がマドリードで和平会議を開くための動きを始めており、私は、着任早々、中東和平の取材に取りかかることになった。

当初は、なぜマドリード会議にPLO（パレスチナ解放機構）が参加を決心したのかということが最大の疑問点だった。ところが、イスラエルの新聞の報道で、アメリカは会議の招集にあたり、直接当事者（イスラエル、レバノン、エジプト、ヨルダン、パレスチナ）のそれぞれにアメリカの立場を示す確認文書を渡したということがわかった。そこで、パレスチナ（＝PLO）に示された確認文書を追うことにした。

取材していくうちに、占領地のパレスチナ人指導者の中に、その文書をリークすべきではないとする考え方と、リークしてでも世の中に知らせておかないと後でアメリカに反故にされかねないという考え方があることがわかった。それで後者の人々に取材を重ねていったところ、なんと確認文書全文のコピーを渡してきた人物がいた。これは当時の中東取材では、なかなか

## 第60章
## にほんのジャーナリズムとパレスチナ

ありえないことだった。私のような外国の記者がすっと入っていけるような、占領下のパレスチナはそんな社会だった。

確認文書からわかったことは、アメリカが、PLOに対して「ヨルダンとパレスチナの国家連合」の枠の中でパレスチナ問題を解決する立場であると表明していたことである。80年代のレーガン政権は、「ヨルダンとの何らかの協力関係」の中で解決するとしていた。「国家連合」は二つの独立国家によるものであるから、従来のアメリカの立場から一歩踏み込んだものだったといえる。PLOはそこに民族自決権の行使とパレスチナ独立への可能性を見出したわけである。もちろん「国家連合」を最終的な目的としたのではなかった。

オスロ合意に関する最初の情報も、パレスチナ側から受け取った。読売新聞では1993年8月29日の時点で、国際面の準トップで報じている。この記事は国際的に見ても、合意の存在を具体的に報じた初めてのものであった。93年の7月くらいから、ファイサル・フサイニーなど占領地のパレスチナ人指導者が、当時チュニスにあったPLO本部に行って帰ってくると、何か憤慨していたり、訳のわからないことを口走りはじめたり、不思議な動きが続いていた。

93年8月27日に、チュニスでの協議から帰ってきた、あるパレスチナ人の幹部がアレンビー橋で、AP通信に対し、何らかの合意の存在をほのめかすような発言をした。私は、それまでのさまざまな不思議な発言や動きの糸がつながるような気がして、その夜にスタッフと一緒に彼に会いにいった。

すると、彼が「ガザ・エリコ先行案を核にパレスチナ暫定自治を開始する」という原則的合意に達しているのだと説明しはじめたのである。あまりに驚いてしまい、彼に二つの確認をした。まず、なぜあなたはこんな大事なことを日本人の記者に話すのかということ、そして記事にするに際してあなたの名前を出して書いてもよいかと尋ねた。最初の質問の答えは、「最初に聞きにきたのが、あなただったから」という、なんとも単純なものだった。PLOとしても、いずれこれは公にするので占領地の住民たちに対して、少しずつ意識変化、準備をさせないといけないから、これからどんどんリークするという説明であった。私は納得し、名前を出してもよいとの確約も得て、記事として夕刊向けに送った。

ところが、あまりにも大きな情報だったので、誤報を恐れて結局翌日に回されて、朝刊の国際面での掲載となった。その後、イスラエル側の取材も重ね、ずいぶん時間が経ったような気がしたが、8月30日にイスラエルのラビン首相が国会で説明をするということもつかみ、オスロ合意の存在をより詳細に報じることができた。

ところが、こうした情報の流れは、1994年3月にアラファートがガザに帰還するとパタリと止んでしまった。占領地の指導者としてよく発言していたフサイニーが表に出てくる機会も減った。アラブ人記者をパレスチナ暫定自治政府（PA）が逮捕することも起こった。われわれが取材しようとしてもまったく情報が出てこなくなり、社会の様子が大きく変わったと感じた。私が占領地のパレスチナ人指導者たちとの間でできたコミュニケーションや取材というのは、ある意味で「青春時代」であった。これだけの取材が私みたいな日本人の記者にもできた時代があったということである。

当時、イスラエル、またはパレスチナに支局や通信員を置いていたのは、読売新聞と共同通信、時事通信の三社と、93年の春に支局を開いた朝日新聞だけだった。NHKは94年の夏に支局を開き、その後に通信員のみであった時事通信が正式に支局を開き、毎日新聞も支局を置くようになった。

オスロ合意直後の取材で思い出深いのは、ハマースの地下軍事部門の幹部にガザ地区でインタビューしたときのことである。やってきた彼を見たら、ジーパンにアロハシャツといった本当に普通の出で立ちの、好青年であった。彼は、オスロ合意に懐疑的な気持ちも持っていたようだが、「人々がこれで平和になったということで受け入れるなら、ぼくは個人的にはまったく反対はしない」と語り、その上で私に「本当に平和になったら日本に遊びにいくから、そのときは歓迎してくれるか？」と訊いてきた。「もちろんウェルカム」と答えたが、２０００年以降の情勢緊迫は周知のとおりである。いま私には、彼が生きているのかどうかもわからない。しかし、本当に生きていてほしいと思う。

もちろんオスロ合意がきちんと機能して、パレスチナの難民の問題などを解決することを期待しなかったわけではない。もう一方で、これはうまくいかないだろうとも当初から感じていた。当時のパレスチナでは、合意によってむしろ鮮明に見えてきたものがあった。私は、合意直後から始まったチェックポイントの設置と東エルサレムの囲い込みがその典型だと考えている。境界線やチェックポイントの位置は、イスラエルとパレスチナの双方が協議したものではなく、イスラエルが一方的に決定したものであった。当然、パレスチナ人の生活は圧倒的に不便になっていった。こうした一方方向な動きがどこまでも転落した結果が、現在につながっている。今では信じられないことだが、オスロ合意の前にはエルサレム旧市街のダマスカス門の前から、ラーマッラーにもガザにも、セルビス（お乗り合いバス）で直接行けた。長いタイプのベンツで、８シェケルでガザ市の真ん中に行ける時代があったのである。ところが東エルサレムを囲い込んで検問所などが置かれたために、パレスチナ人ですら東エルサレムに行くことが難しくなっていった。たとえば、東エルサレムにハカワーティー劇場というものがあった。パレスチナの昔の劇などが公演されていたが、そこに行くのにパレスチナ人たちが苦労するという事態が、この頃からすでに起きていたのである。

最大限好意的に見積って、問題解決に向けた何らかのステップとしてオスロ合意は必要だったのかもしれない。しかし、そこから出てきた現実は、大きな副作用を伴っていた。現在の事態悪化の根底には、やはり、そうした合意の構造的な欠陥があったことが大きいと思う。

（村上大介）

コラム26

## 戦前・戦中の日本とパレスチナ

臼杵陽

「埃及《エジプト》に入りて有名なるバクシーシ（心づけ）の語を耳にせしが、パレスタインのあるじの土耳古《トルコ》人が遠来の客を歓迎の第一語は此《この》『バクシーシ』なりき。検疫係が船に来て荷物の消毒を始めし時、団栗眼《どんぐりまなこ》にナポレオン三世髭、頸《くび》に真鍮《しんちゅう》の三日月形の役目のフダをさげし下まわりの一人窃《そっ》と余を引きのけて、行李《こうり》の中には大切なる御衣裳《いしょう》類もあるべし、石炭酸をかけるもお気の毒なれば云々、終に幾フランクをせびりて、上役に向い、此荷物は済みにて候と片寄せぬ。ユダヤ人の連中も片隅に長々しき交渉の結果幾干か搾られしさまなり」（徳富健次郎『順礼紀行』中公文庫、1989年より）

　1906年5月23日、徳富蘆花（健次郎）はエジプトのポート・サイードから海路でパレスチナのヤーファー港に到着する。パレスチナはまだオスマン帝国統治下である。蘆花はキリスト者として聖地巡礼を行い、ロシアで文豪トルストイに会うため、40日間にわたってパレスチナとロシアを旅行した。日露戦争での戦勝の直後だった。多くの日本人旅行者はバクシーシ（チップ）の強引な要求にほとほと参ってしまったことを記録する。蘆花もこの不快な経験を隠そうとしない。第二次世界大戦前にパレスチナを訪れた旅行者に共通することである。

　蘆花はパレスチナを訪問して紀行文というかたちで記録を残した最初の日本人の一人であろう。蘆花のように、日本人とパレスチナとの関係はキリスト教の聖地という観点から接点が生まれる。しかし、多くのキリスト教徒にとってパレスチナは聖書の世界であって、そこで現実に日々生活を送っている人々は関心の対象にならない。したがって、パレスチナの市井の人々に関する記述は驚くほど少ない。

第一次世界大戦が終わってイギリスによる委任統治期に入るとパレスチナへの旅行者も徐々に増えてくる。蘆花は1919年に妻を伴って再度パレスチナを訪れて『日本から日本へ』という紀行文を残す。そして、後に東京大学総長になる矢内原忠雄も22年にエルサレム巡礼を果たすが、彼の関心はもっぱらシオニズム運動であった（「シオンの運動に就いて」『矢内原忠雄全集』第1巻、岩波書店、1966年）。矢内原と同じ内村鑑三の無教会派のキリスト者である黒崎幸吉も旅行記『パレスチナの面影』（向山堂書房、1925年）を出版した。

20年代も中盤に入ると、新たな訪問者が加わる。軍部から派遣されてきた軍人である。しかし、軍人の関心も基本的にはシオニズム運動であって、そこに住むアラブ人ではなかった。30年代に入ってユダヤ専門家と称されるようになる安江仙弘《のり》と、英語通訳として随行した酒井勝《かつ》軍《とき》（後に日猶同祖論を唱える）がその代表である（安江仙弘『猶太の人々』在郷軍人会本部、1934年）。後に旧満洲国にユダヤ人国家を建設しようとした河豚《ふぐ》計画を実施する中核となる「猶太《ユダヤ》専門家」が軍部内に養成されることになるのである。ただ、志賀重昂《しげたか》『知られざる国々』（地理調査会、1926年）のように、地理学者としてパレスチナを訪問した記述は当時としては例外ともいえる事例である。

日本が40年夏に五相会議で「南進論」を採用して対英米戦争を決断すると、同年9月に締結される日独伊三国同盟への道が用意された。同時期、パレスチナの大ムフティー、ハーッジ・アミーン・アル・フサイニーはナチス・ドイツのベルリンに亡命し、対ナチ協力を行うようになった。日本にとってパレスチナ指導者ハーッジ・アミーンは重要なムスリム指導者の一人として位置づけられることになった。

# パレスチナを知るための文献・情報ガイド


❖パレスチナ全般

臼杵陽『世界史の中のパレスチナ問題』講談社現代新書、2012年
奈良本英佑『パレスチナの歴史』明石書店、2005年
中東の平和を求める市民会議『パレスチナ問題とは何か』未來社、1982年
阿部俊哉『パレスチナ：紛争と最終的地位問題の歴史』ミネルヴァ書房、2004年

❖パートⅠ　パレスチナとは誰か

ナージー・アル＝アリー（露木美奈子訳）『パレスチナに生まれて』いそっぷ社、2010年
ガッサーン・カナファーニー（黒田寿郎、奴田原睦明訳）『ハイファに戻って・太陽の男たち』河出書房新社、2009年
マフムード・ダルウィーシュ（四方田犬彦訳）『壁に描く』書肆山田、2006年
ジョー・サッコ（小野耕世訳）『パレスチナ』いそっぷ社、2007年
エドワード・W・サイード（中野真紀子訳）『遠い場所の記憶 自伝』みすず書房、2001年

❖パートⅡ　歴史

広河隆一『パレスチナ新版』岩波新書、2002年
――『パレスチナ1948 NAKBA』合同出版、2008年

板垣雄三『石の叫びに耳を澄ます：中東和平の探索』平凡社、１９９２年
臼杵陽『中東和平への道』（世界史リブレット52）山川出版社、１９９９年
藤田進『蘇るパレスチナ　語りはじめた難民たちの証言』東京大学出版会、１９８９年
デービット・ギルモア（北村文夫訳）『パレスチナ人の歴史：奪われし民の告発』新評論、１９８５年
イラン・パペ（ミーダーン訳）『イラン・パペ、パレスチナを語る：「民族浄化」から「橋渡しのナラティヴ」へ』柘植書房新社、２００８年
ミーダーン編『〈鏡〉としてのパレスチナ：ナクバから同時代を問う』現代企画室、２０１０年
高橋和夫『アラブとイスラエル パレスチナ問題の構図』講談社現代新書、１９９２年

## ❖パートⅢ　生活・文化

岡真理『アラブ、祈りとしての文学』みすず書房
古居みずえ『ぼくたちは見た：ガザ・サムニ家の子どもたち』彩流社、２０１１年
――『パレスチナ 戦火の中の子どもたち（岩波ブックレット）』岩波書店、２０１５年
高橋美香『パレスチナ・そこにある日常』未來社、２０１０年
広河隆一『パレスチナ：瓦礫の中のこどもたち』徳間書店、２００１年
ポーリン・カッティング（広河隆一訳）『パレスチナ難民の生と死：ある女医の医療日誌（同時代ライブラリー69）』岩波書店、１９９１年
土井敏邦『現地ルポ パレスチナの声、イスラエルの声 憎しみの〝壁〟は崩せるのか』岩波書店、２００４年
――『ガザの悲劇は終わっていない：パレスチナ・イスラエル社会に残した傷痕（岩波ブックレット）』岩波書店、２００９年
アミラ・ハス（くぼたのぞみ訳）『パレスチナから報告します 占領地の住民となって』筑摩書房、２００５年
エミール・ハビービー（山本薫訳）『悲楽観屋サイードの失踪にまつわる奇妙な出来事』作品社、２００６年

❖パートⅣ　国際関係

エドワード・W・サイード（島弘之訳）『パレスチナとは何か』岩波書店、1995年
エドワード・W・サイード（中野真紀子訳）『ペンと剣』筑摩書房、2005年
臼杵陽『イスラムの近代を読みなおす』毎日新聞社、2001年
板垣雄三『イスラーム誤認：衝突から対話へ』岩波書店、2003年
立山良司『エルサレム』新潮選書、1993年
高橋宗瑠『パレスチナ人は苦しみ続ける：なぜ国連は解決できないのか』現代人文社、2015年

❖パートⅤ　産業・教育

野間宏『現代アラブ文学選』創樹社、1974年
サラ・ロイ（岡真理・小田切拓・早尾貴紀編集・翻訳）『ホロコーストからガザへ　パレスチナの政治経済学』青土社、2009年

❖パートⅥ　日本との関わり

板垣雄三『「パレスチナ問題を考える」シンポジウムの記録』（復刻版）第三書館、2012年
重信房子『革命の季節　パレスチナの戦場から』幻冬舎、2012年
——『りんごの木の下であなたを産もうと決めた』幻冬舎、2001年
広河隆一『パレスチナ　難民キャンプの瓦礫の中で：フォト・ジャーナリストが見た三十年』草思社、1998年

DVD・映画・CD

広河隆一『パレスチナ1948 NAKBA』マクザム、2009年（DVD）
土井敏邦『届かぬ声——パレスチナ・占領と生きる人びと』シグロ、2009年（DVD）
——『ガザに生きる』パレスチナ記録の会、2015年（DVD）

古居みずえ『ガーダ パレスチナの詩』マクザム、２００５年（ＤＶＤ）
メイ・マスリ『夢と恐怖のはざまで』、２００１年-+
スティーヴン・スピルバーグ『ミュンヘン』角川エンタテインメント、２００５年（ＤＶＤ）
ハニ・アブ・アサド『パラダイス・ナウ』アップリンク、２００５年（ＤＶＤ）
イマード・ブルナート、ガイ・ダビディ『壊された5つのカメラ パレスチナ・ビリンの叫び』マクザム、２０１１年（ＤＶＤ）
ジャッキー・サッローム『自由と壁とヒップホップ』シグロ、２０１４年（ＤＶＤ）

### ❖その他本書中で引用された外国語文献など


Shafīq al-Hout. *My Life in the PLO: the Inside Story of the Palestinian Struggle.* London and New Yrok: Pluto Press, 2011.〔フート『ＰＬＯでの日々』〕

Aḥmad al-Shuqayrī. *Arbaʻūna ʻĀman fī al-Ḥayāt al-ʻArabīya al-Duwalīya.* Beirut: Dār al-Nahār li-l-Nashr, 1969.〔シュカイリー『アラブ世界と国際社会での生活の40年』〕

Gabi Baramki. *Peaceful Resistance: Building a Palestinian University under Occupation.* New York: Pluto Press, 2010.〔バラムキ『平和的抵抗』〕

Viscount Herbert Samuel. *Memoirs.* London: The Cresset Press, 1945.〔サミュエル『回顧録』〕

Rosemary Sayigh. *The Palestinians From Peasants to Revolutionaries.* London: Zed Press, 1979.〔サーイグ『パレスチナ人』〕

Jack G. Shaheen. *Reel Bad Arabs: How Hollywood Vilifies a People.* Updated edition. Northampton: Olive Branch Press, 2009.〔シャヒーン『悪いアラブ人』〕

Fawaz Turki, "To be a Palestinian." *Journal of Palestine Studies* 3(3): 3-17, 1974.〔トールキー『パレスチナ人であること』〕


（児玉恵美）

**山本薫（やまもと かおる）**［29、31、コラム 10］
東京外国語大学ほか非常勤講師。アラブ文学。主な著作に『現代パレスチナ文化の動態研究 ── 生成と継承の現場から』（共著、科研費成果報告書、2015 年）、“Writing the Civil War: Lebanese Writers' Perspectives on a Precarious Coexistence,” *Human Mobility and Multiethnic Coexistence in Middle Eastern Urban Societies 1: Tehran, Aleppo, Istanbul, and Beirut*, ed. by Hidemitsu Kuroki, ILCAA, 2015、エミール・ハビービー『悲楽観屋サイードの失踪にまつわる奇妙な出来事』（翻訳、作品社、2006 年）。

**山本健介（やまもと けんすけ）**［22、コラム 17］
京都大学大学院アジア・アフリカ地域研究研究科（五年一貫博士課程）。中東地域研究を専門とし、なかでもパレスチナ問題における宗教的要素に関心を持っている。現在は、エルサレムやヘブロンなど、複数の宗教的伝統が重複する聖地をめぐる競合に注目し、見逃されがちなパレスチナ人の抵抗に焦点を当て、聖地の問題に固有な要素の解明を試みている。

**屋山久美子（ややま くみこ）**［30］
ヘブライ大学人文学部博士課程（民族音楽学音楽専攻）修了。在学中よりパレスチナ人ウード奏者ハビーブ・ハンナ、ニザール・ロハナに師事。2004 年エルサレムのシリア・アレッポ系ユダヤ人の宗教音楽に関する論文で PhD 取得。ヘブライ大学アジア学科非常勤講師を務め、翻訳や通訳などに従事。20 年来エルサレムを拠点に現在進行形のパレスチナ人たちの音楽文化を追い、北アフリカから中央アジア地域まで広がる「マカーム」による音楽を探求する。

**吉年誠（よしとし まこと）**［43］
一橋大学社会学研究科助手。パレスチナ地域研究、国際社会学。

**渡邊祥子（わたなべ　しょうこ）**［コラム 14］
日本貿易振興機構アジア経済研究所研究員。博士（学術）。アルジェリア、チュニジア、モロッコを中心とするマグリブ（西アラブ）地域の近現代史を研究。エジプト以東のマシュリク（東アラブ）地域とマグリブ地域の交流史、特に、パレスチナ問題に関するマグリブのイスラーム知識人やナショナリストの言説と活動に関心がある。

**渡辺真帆（わたなべ まほ）**［コラム 3］
東京外国語大学外国語学部アラビア語専攻卒業（2016 年 3 月）。在学中、ヨルダン川西岸地区ビールゼイト大学に 1 年間留学。ナーブルスとホロンで調査を行い、1948 年以降のパレスチナ / イスラエル地域におけるサマリア人共同体の持続要因を研究した。パレスチナと日本の演劇人による共同創作やアラブ人アーティストの来日公演等で通訳・翻訳・字幕スタッフを務める。

細田和江（ほそだ かずえ）［コラム 12］
中央大学政策文化総合研究所準研究員。イスラエル・パレスチナ文化。主な著作に，「犠牲と贖罪の芸術」（エルメス財団『シガリット・ランダウ展カタログ』2013 年）、「イスラエルにおける少数派の文学言語 —— アラブ人作家アントン・シャンマースとサイイド・カシューアのヘブライ語選択」（『中央大学政策文化研究所年報』17、2014 年）。

皆川万葉（みながわ まよ）［23］
フェアトレード団体「パレスチナ・オリーブ」代表。1998 年よりガリラヤ地方のオリーブオイル、ナーブルスのオリーブ石鹸、イドナ村女性組合の刺繍製品などを輸入、全国に販売。パレスチナのいいモノと一緒に人々の暮らしを伝えたい、という思いから通信『ぜいとぅーん』を発行。パレスチナの生産者団体や日本で購入している人々と一緒にオルタナティヴな経済・社会を作り、現状を変えていきたいと活動している。http://www.paleoli.org

村上大介（むらかみ だいすけ）［60］
産経新聞論説副委員長。読売新聞記者として 1990 ～ 91 年の湾岸危機・戦争を取材。91 ～ 95 年、初代エルサレム特派員として和平プロセスを取材。拓殖大学海外事情研究所客員研究員を経て 97 年 9 月、産経新聞社入社。99 ～ 2004 年、06 ～ 10 年、中東支局長（カイロ）。外信部長などを経て、現職。

役重善洋（やくしげ よしひろ）［58］
大学非常勤講師。NGO「パレスチナの平和を考える会」事務局長。主な著作に『脱「国際協力」—— 開発と平和構築を超えて』（共著、新評論、2011 年）、『終わりなき戦争に抗う —— 中東・イスラーム世界の平和を考える 10 章』（共著、新評論、2014 年）、「内村鑑三の再臨運動におけるシオニズム論と植民地主義」（『人間・環境学』21、2012 年）。

山縣良子（やまがた よしこ）［24、コラム 9］
東京外国語大学卒業後、1984 年～ 1987 年ヨルダンに滞在する機会を得て、ヨルダン大学でアラビア語を学ぶ。滞在期間中 SAMED で働くライラ・ハーリディーさんに出会い、民族衣装に施されたパレスチナ刺繍を学ぶ。その後自らもモチーフを刺繍してパレスチナ刺繍の復元に努め、約 200 近くのモチーフを CD-ROM 化している。現在は地域の独自性が生まれた社会的経済的要因や伝承などに関心を持つ。

山田しらべ（やまだ しらべ）［59］
パレスチナのフェアトレード NGO、Sunbula 事務局長。97 年よりカリフォルニア州の NGO 団体 Global Exchange のスタディーツアーのコーディネーターとして定期的にパレスチナを訪れ始める。その後現地に移り住み、Alternative Information Center などの団体勤務を経て 2005 年より現職。ベツレヘムの難民女性によるオリーブ石鹸製造販売プロジェクト、アシーラ女性組合の設立メンバーでもある。コロンビア大学院国際関係学修士号取得。

捕投獄されているパレスチナ政治囚人の問題について研究を進めている。現在はエルサレムに現地調査のため留学中。グラフィティやポスターなど日常の生活空間に民意や記憶、アイデンティティがいかに表出されているかにも関心を持ちながら過ごしている。

錦田愛子（にしきだ あいこ）［2、38］
東京外国語大学アジア・アフリカ言語文化研究所准教授。主な著作に『ディアスポラのパレスチナ人――「故郷（ワタン）」とナショナル・アイデンティティ』（有信堂高文社、2010 年）、『移民／難民のシティズンシップ』（編著、有信堂高文社、2016 年）など。パレスチナ／イスラエル紛争の和平と難民問題への関心に始まり、ヨーロッパのアラブ系移民／難民についても共同研究を進めている。

服部 修（はっとり おさむ）［32］
2016 年 3 月現在、エルサレム在住。パレスチナ難民を支援する国連機関に勤務し、日本・アジア諸国との渉外を担当。仕事や日常生活を通じ、ヨルダン川西岸地区やガザ地区を訪問。パレスチナの実生活を肌で感じ、難民キャンプではパレスチナ難民が直面する苦悩に胸が痛む。経験を通じて感じるパレスチナ問題の深さを如何にして多くの日本やアジアの方々に伝えられるか反芻している。

藤屋リカ（ふじや りか）［52、56、コラム 1］
慶應義塾大学看護医療学部専任講師。NGO 駐在員としてパレスチナ母子保健プロジェクトに 7 年間携わり、2002 年に日本国際ボランティアセンター（JVC）パレスチナ緊急医療支援に参加。04 年から JVC パレスチナ事業による子どもの栄養改善、保健、収入創出等を担当した。11 年より現職。主な著作に「パレスチナ、誇りと希望を胸に」（JVC 著『NGO の選択――グローバリゼーションと対テロ戦争の時代に』めこん、2005 年）、“The influence of economic factors on the location of birth among Palestinian women in Bethlehem during the second Palestinian uprising,” *Tropical Doctor* 2007. 37 (1) 13-8.

古居みずえ（ふるい みずえ）［25］
アジアプレス・インターナショナル所属。JVJA 会員。1988 年よりイスラエル占領地を訪れ、パレスチナ人による抵抗運動・インティファーダを取材。パレスチナの人々、特に女性や子どもたちに焦点をあて、取材活動を続けている。映画『ガーダ　パレスチナの詩』（2007 年）、『ぼくたちは見た　ガザ・サムニ家の子どもたち』（2011 年）、『飯舘村の母ちゃんたち　土とともに』（2016 年）を制作。主な著作に『インティファーダの女たち――パレスチナ被占領地を行く《増補版》』（彩流社）、『ガーダ　女たちのパレスチナ』（岩波書店）、『ぼくたちは見た――ガザ・サムニ家の子どもたち』（彩流社）、『パレスチナ――戦火の中の子どもたち』（岩波書店）、写真集『瓦礫の中の女たち』（岩波書店）。

ラエルを取材。主な著作に『占領と民衆 ―― パレスチナ』（晩聲社、1988年）、『アメリカのユダヤ人』（岩波書店、1991年）、『アメリカのパレスチナ人』（すずさわ書店、1991年）、『「和平合意」とパレスチナ ―― イスラエルとの共存は可能か』（朝日新聞社、1995年）、『パレスチナの声、イスラエルの声 ―― 憎しみの"壁"は崩せるのか　現地ルポ』（岩波書店、2004年）、『沈黙を破る―元イスラエル軍将兵が語る"占領"』（岩波書店、2008年）、『ガザの悲劇は終わっていない ―― パレスチナ・イスラエル社会に残した傷痕』（岩波ブックレット、2009年）など。ドキュメンタリー映画『届かぬ声 ―― パレスチナ・占領と生きる人びと』（全4部作、す4作が『沈黙を破る』2010年）、『ガザ攻撃　2014年夏』（2014年）、『ガザに生きる』（全5部作、2015年）など。

飛奈裕美（とびなひろみ）［40］
京都大学学際融合教育研究推進センター・特定講師。パレスチナ・イスラエル地域研究。

長沢栄治（ながさわ えいじ）［36］
東京大学東洋文化研究所教授、パレスチナ学生基金（ヨルダンの「ガザ難民」大学生に学費を支援）理事長。中東地域研究、近代エジプト社会経済史。主な著書に、『アラブ革命の遺産　エジプトのユダヤ系マルクス主義者とシオニズム』（平凡社、2012年）、『エジプト革命　アラブ世界変動の行方』（平凡社新書、2012年）、『エジプトの自画像　ナイルの思想と地域研究』（平凡社、2013年）。

長沢美沙子（ながさわ みさこ）［54］
翻訳家。パレスチナ問題研究家。中東・パレスチナを中心とした情報誌の編集を経て、パレスチナ人の人権回復と共存と平和を求めるユダヤ人の発行する情報誌（I&P誌）等の日本の窓口として「I&Pフレンズ」代表などを務めた。音楽・美術を通じた中東世界と日本の文化交流の企画、中東・パレスチナ問題に係るシンポジウムや講演会等の企画やコーディネートを多数手がけるとともに、BDS運動にも関心を寄せている。

並木麻衣（なみき まい）［57］
東京外国語大学外国語学部アラビア語専攻在学中の2006～2007年、ヨルダン川西岸地区ビールゼイト大学およびエルサレムのヘブライ大学に留学。アラビア語パレスチナ方言、ヘブライ語に加え、二つの視点からパレスチナ問題を学びながら、草の根の人々の切実な思いに触れる。2013年より、日本国際ボランティアセンターにてパレスチナ事業担当に就任。現地の人々の等身大と体温を日本に伝えたいと願いながら、双方の心が繋がる事業を目指して日々奮闘中。

南部真喜子（なんぶ まきこ）［コラム6、コラム13、コラム17、コラム21］
東京外国語大学大学院総合国際学研究科博士後期課程在籍中。近現代パレスチナ・イスラエル地域研究。イスラエルの占領に対する抵抗のなかで逮

Reich, Keizo Takemi. Harvard School of Public Health. Lamrey & Lee. 2015.

高岩伸任（たかいわ のぶただ）[49]
一橋大学非常勤講師。中東社会経済史。

武田祥英（たけだ よしひで）[13、コラム 5]
千葉大学大学院人文社会科学研究科博士後期課程。委任統治終了までのイギリス政府の対中東政策と、イギリスにおけるユダヤ教徒の政府との関係が専門。ド・ブンセン委員会報告書（CAB27/1）が第一次世界大戦期の中東分割政策に与えた影響と報告書の歴史的再評価、および当時イギリスで主流派だった反シオニストのユダヤ教徒の外交活動について研究。

田浪亜央江（たなみ あおえ）[15、コラム 2、コラム 11]
成蹊大学アジア太平洋研究センター主任研究員。中東地域研究、パレスチナ文化研究。主な著作に『対テロ戦争と現代世界』（共著、御茶の水書房、2006 年）、『〈不在者〉たちのイスラエル ―― 占領文化とパレスチナ』（インパクト出版会、2008 年著）、『変わるイスラーム社会』（共著、明石書店、2016 年）。

田村幸恵（たむら ゆきえ）[42]
津田塾大学国際関係研究所研究員。歴史的な事象として名望家を中心とした青年団体およびイスラーム組織による経済・政治的な活動を含めた社会維持機能に関心を寄せ、遡ってオスマン帝国末期のパレスチナ研究の必要性を痛感。上記団体の貧困緩和に果たす役割があるのではと思案する。「ムスリム青年協会パレスチナ支部による労働組合の組織 ―― 1920 年代後半からアラブ労働者統一会議まで」（『イスラーム世界』68、2007 年）、「インタビュー調査から見るパレスチナの NGO ―― PNGO による草の根団体活用と地方における活動」（『津田塾大学国際関係学科ワーキングペーパーシリーズ』6、2007 年）、「二つの帝国の間で ―― パレスチナにおける大戦の経験と支配の貫徹（仮）」（永原陽子編『植民地世界から見た第一次世界大戦』ミネルヴァ書房、2016 年刊行予定）。

鶴見太郎（つるみ たろう）[34]
東京大学大学院総合文化研究科准教授。社会学、ロシア・ユダヤ史・シオニズム史。主な著作に『ロシア・シオニズムの想像力 ―― ユダヤ人・帝国・パレスチナ』（東京大学出版会、2012 年）、「旧ソ連系移民とオスロ体制 ―― イスラエルの変容か、強化か」今野泰三・鶴見太郎・武田祥英編『オスロ合意から 20 年 ―― パレスチナ／イスラエルの変容と課題』NIHU イスラーム地域研究、2015 年、“Jewish Liberal, Russian Conservative: Daniel Pasmanik between Zionism and the Anti-Bolshevik White Movement,” *Jewish Social Studies* 21(1), 2015.

土井敏邦（どい としくに）[26]
1953 年佐賀県生まれ。ジャーナリスト。1985 年以降、パレスチナ・イス

**清水雅子（しみず まさこ）**［コラム 7］
上智大学大学院グローバル・スタディーズ研究科特別研究員（PD）。中東現代政治。主な著作に「『変革と改革』としてのハマース —— パレスチナにおける武装抵抗運動の選挙参加」（『日本中東学会年報』27（2）、2012 年）、「パレスチナの政治変動は執政制度の役割にいかに影響したか —— ハマース政権樹立から自治政府の分裂に至る政治過程（2006 — 2007 年）を事例に」（『Aglos: Journal of Area-Based Global Studies』3、2012 年）、「制度の意図せざる結果としてのハマース与党化」（今野泰三・武田祥英・鶴見太郎編『オスロ合意から 20 年 —— パレスチナ／イスラエルの変容と課題』人間文化研究機構「イスラーム地域研究」東京大学拠点パレスチナ班、2015 年）。

**菅瀬晶子（すがせ あきこ）**［4、5、6］
国立民族学博物館准教授。ガリラヤ地方やベツレヘム周辺のアラブ人キリスト教徒コミュニティや、アル・ハディルと呼ばれる聖者への崇敬について調査し続けている。修道院の料理人だった友人から学んだアラブ料理の腕と知識は、現地の人々にも負けないと自負。最近は 20 世紀前半、パレスチナ初の新聞『カルメル』の主筆として活躍したナジーブ・ナッサールに注目している。主な著作に『イスラームを知る 6　新月の夜も十字架は輝く—中東のキリスト教徒』（山川出版社、2010 年）、“The beginnings of a new coexistence: a case study of the veneration of the Prophet Elijah (Mar Ilyas) among Christians, Muslims and Jews in Haifa after 1948’ in Rowe, Dyck and Zimmermann (eds.), *Christians and the Middle East Conflict*, pp.84-98. London and New York: Routledge.2014 などがある

**鈴木隆洋（すずき たかひろ）**［47、コラム 25］
何も時計台に翻る「竹本処分粉砕」の六文字に憧れて入学したわけではないが、気がつけば私は「咲いた咲いた赤白黄色どのヘルメット見てもキレイだな」という大学にいた。結局活動することも逮捕されることもなく学究の道へ入ってしまったわけだが、「倫理主義でも単なる知識の蓄積でもない研究」を志した理由はイラク戦争当時に覚えた葛藤にあるのだろう。主な翻訳にマンデラ『自由への容易な道はない』（峯陽一監訳、青土社）。龍谷大学短期大学部非常勤講師。

**鈴木啓之（すずき ひろゆき）＊**［18、19、48、51、53、コラム 17、コラム 20］
編著者紹介を参照のこと。

**清田明宏（せいた あきひろ）**［32、50］
国連パレスチナ難民救済事業機関（UNRWA）保健局長、世界保健機関特別代表（対 UNRWA）。国際保健、公衆衛生、医療システム管理、結核対策。主な著作に『ガザ —— 戦争しか知らないこどもたち』（ポプラ社、2015 年）、パレスチナ難民のいのちと健康：国連パレスチナ難民救済事業機関の地域ケア（保健福祉学）、“Governing the reform of the United Nations health systems for Palestine Refugees: Moving mountains,” *Governing Health Systems For Nations and Communities Around The World.* Edited by Michael

児玉恵美（こだま えみ）［17、コラム 17］
日本女子大学文学研究科史学専攻博士課程前期。中東現代史、研究テーマは、レバノンの離散パレスチナ人による祖国解放運動（1969 ～ 1982 年）において、難民キャンプの離散パレスチナ人が祖国帰還を願って、武装闘争に身を投じたプロセス。

小林和香子（こばやし わかこ）［35］
日本国際ボランティアセンターエルサレム事務所、国連開発計画エルサレム事務所、国際協力機構パレスチナ事務所、外務省国際協力局などに勤務。中東和平、平和構築、国際協力。主な著作に，『ガザの八百屋は今日もからっぽ―― 封鎖と戦火の日々』（めこん、2009 年）、「パレスチナ難民問題と解決の可能性の模索」（『現代の中東』48、2010 年）、“International Court of Justice Advisory Opinion on the Wall and Its Influence on the Israel-Palestine Peace Process,” *Journal of the Graduate School of Asia-Pacific Studies,* No. 13 (2007.6) pp.219-240.

是恒香琳（これつね かりん）［9、コラム 4］
日本女子大学文学研究科史学専攻博士課程前期。著書に『日本女子大学生の世の中ウォッチ』（パド・ウィメンズ・オフィス、2014 年）。切り抜き情報誌『女性情報』（パド・ウィメンズ・オフィス）に連載中。元イスラエル兵士らにインタビューしたドキュメンタリー映画『沈黙を破る』（土井敏邦監督、2009 年）をきっかけに、パレスチナ問題に関心を持っている。

近藤重人（こんどう しげと）［39］
日本エネルギー経済研究所中東研究センター研究員。サウジアラビア、クウェートの政治・外交、中東現代史。主な著作に「サウディアラビアのパレスチナ政策とアメリカ ―― 1945 − 1948 年」（『法学政治学論究』101、2014 年）。アラブ和平イニシアティブというサウジアラビアが力を入れている中東和平提案に関心がある。

澤口右樹（さわぐち ゆうき）［41］
東京大学大学院総合文化研究科修士課程。イスラエル政治を読み解くことで、イスラエルがパレスチナなどの周辺国との間に抱える暴力の原因を明らかにすることが主な関心。とりわけ、イスラエル外交を研究対象としている。現在は、なぜイスラエル国内の紛争の犠牲者がより「他者」への態度、働きかけ、支持政策が強硬なものを好むのかをテーマとして研究中。

塩塚祐太（しおつか ゆうた）［46、55、コラム 17、コラム 18］
対パレスチナ自治政府日本政府代表事務所（在ラーマッラー）元草の根人間の安全保障無償資金協力調整員（2012 ～ 2015 年）。学生時に国際 NGO 日本国際ボランティアセンターでのインターンを通してパレスチナ支援に関わり、パレスチナ自治区ビールゼイト大学に 8 カ月間留学（2011 年）。一橋大学大学院社会学研究科修士課程修了。現地の人びとの視点から、パレスチナ／イスラエル問題における国際援助の構造や影響力について学ぶ。

川上泰徳（かわかみ やすのり）［27］
中東ジャーナリスト。元朝日新聞中東特派員。1994年、カイロ特派員となり、パレスチナ自治の始まりを取材。2001～02年はエルサレム特派員として第2次インティファーダとイスラエル軍のヨルダン川大侵攻を取材。2015年、フリーランスになり、パレスチナ問題は主要テーマの一つ。主な著作に『中東の現場を歩く——激動20年の取材のディテール』（合同出版、2015年）、『イスラムを生きる人びと——伝統と「革命」のあいだで』（岩波書店、2012年）。

神﨑雄二（かんざき ゆうじ）［10］
日本聖公会東京教区司祭。1974年にテルゼロールでの発掘に参加した。しかしユダヤ人農業学校に滞在していたのでパレスチナ側の視点をまるで欠き、何も現実が見えなかった。2002年に2か月間中東聖公会エルサレム教区の聖職・信徒に伴われ、パレスチナ・イスラエル各地の教会・施設を巡り、パレスチナ人の苦難を目の当たりにした。以来両教区間の相互訪問を繰り返している。

金城美幸（きんじょう みゆき）［14］
日本学術振興会特別研究員RPD。パレスチナ／イスラエル史学。主な著書に「破壊されたパレスチナ人村落史の構築——対抗言説としてのオーラルヒストリー」（『日本中東学会年報』30（1）、2014年）。日本国籍をもつがそのルーツは東アジア全域に及ぶ。（父方祖父は日帝統治時代の朝鮮から、祖母は済州島4・3事件を逃れて渡来。日本軍医だった母方祖父は中国大陸で国民党幹部の捕虜となり、その娘だった祖母と結婚し、第二次国共内戦後の台湾脱出を経て渡来。）帝国主義・植民地主義、その後の境界画定による人々の追い立ての経験に強い関心がある。二児の母。

小池絢子（こいけ あやこ）［コラム8］
特定非営利活動法人WE21ジャパン民際協力室。フィリピンにおけるコミュニティ開発、ネットワークを通じた市民活動、アジア太平洋地域における国際関係。

小阪裕城（こさか ゆうき）［33］
一橋大学大学院社会学研究科博士後期課程。長野県短期大学多文化コミュニケーション学科国際地域文化専攻助教。歴史学（国際史／20世紀アメリカ史）。主な著作に「アメリカ・ユダヤ人委員会とイスラエル——建国の余波のトランスナショナル・ヒストリー」（『歴史評論』792，2016年）、「黒人運動の『外交』——全米黒人向上協会（NAACP)、国際連合と冷戦」（足羽與志子・中野 聡・吉田裕編『平和と和解——思想・経験・方法』旬報社、2015年）、「『ユダヤ人問題』の解を求めて——アメリカ・ユダヤ人委員会，国際人権とイスラエルの建国 1942～1948年」，（『国際政治』176、2014年）。

臼杵悠（うすき はるか）［コラム 15、コラム 17、コラム 19］
一橋大学大学院経済学研究科博士後期課程在籍中。専門はヨルダンを中心とした中東社会経済研究。学部生のころ、日本国際ボランティアセンター（JVC）パレスチナ事業でのボランティア活動をきっかけに本格的にパレスチナに興味をもつ。現在、松下幸之助記念財団の留学助成によりパレスチナ系住民の多いヨルダンにて、統計局に所属しマイグレーションと経済の関係をテーマに 2 年の長期滞在中。

鵜戸 聡（うど さとし）［28］
鹿児島大学法文学部准教授。アルジェリアやレバノンなどフランス語圏を中心に中東・北アフリカの文学を研究。日本の演劇祭でアラブ演劇の翻訳・解説などにも従事し、そのラディカルさにいつも圧倒されている。共著に『シリア・レバノンを知るための 64 章』（黒木英充編、明石書店、2013 年）など。

宇野昌樹（うの まさき）［7］
広島市立大学国際学部教授。文化人類学、中東地域研究。主な著作に「アラブの春とイスラエルの核」（高橋伸夫編『アジアの「核」と私たち ── フクシマを見つめながら』東アジア研究所講座、慶應義塾大学東アジア研究所、2014 年）、「あるレバノン家族から垣間見えるアラブの女性像」（福原裕二・吉村慎太郎編『現代アジアの女性たち ── グローバル社会を生きる』新水社、2014 年）、「世界に散らばるレバノン系・シリア系移民 ── グローバル化と移民、出稼ぎ労働者、難民のはざまで」（堀内正樹・西尾哲夫編『〈断〉と〈続〉の中東 ── 非境界的世界を游ぐ』悠書館、2015 年）。

江﨑智絵（えざき ちえ）［20］
防衛大学校人文社会科学群国際関係学科准教授。中東の国際関係・安全保障論、パレスチナ問題。主な著作に『イスラエル・パレスチナ和平交渉の政治過程分析 ── オスロ・プロセスの展開と挫折』（ミネルヴァ書房、2013 年）、「紛争と危機管理政策 ── 国際交渉学の観点から」（伊東孝之監修、広瀬佳一・湯浅剛編『平和構築のアプローチ ── ユーラシア紛争研究の最前線』吉田書店、2013 年）、「アラブ諸国の政治変動における軍と武装非国家主体の台頭」（『国際安全保障』43（3）、2015 年）。

大伴史緒（おおとも しお）［45］
筑波大学大学院人文社会科学研究科・博士課程。パレスチナ・イスラエルの経済。

大澤小枝（おおさわ さえ）［50］
UNICEF スーダン教育担当官（2016 年 3 月現在）。ロンドン大学にて「中東の歴史・外交」と「教育計画」の分野で修士を取得。UNRWA や UNESCO、NGO でヨルダン、レバノン、ガザのパレスチナ難民の教育に 10 年以上関わる。将来的には再びパレスチナの子どもたちの教育に貢献したいと思っている。

〈執筆者紹介〉（50音順、＊は編著者）

板垣雄三（いたがき ゆうぞう）［コラム22、コラム23、コラム24］
1931年、東京生まれ。東京大学・東京経済大学各名誉教授。日本学術会議会員、アジア中東学会連合会長、日本イスラム協会理事長、など歴任。ユダヤ人問題とパレスチナ問題の連関、植民地主義の所産＝イスラエル国家、など論及。『アラブの解放』（平凡社、1974年）、『石の叫びに耳を澄ます』（平凡社、1992年）、『復刻版〈パレスチナ問題を考える〉シンポジウムの記録』（第三書館、2012年）、など。

今井宏平（いまい こうへい）［12］
日本貿易振興機構アジア経済研究所研究員。現代トルコの外交を国際関係論の視点から考察している。とりわけ、トルコにおいて2002年から第一党の座を維持している公正発展党が進める西洋と中東を軸に展開する外交政策とその行動原理の解明に取り組んでいる。主な著作として、『中東秩序をめぐる現代トルコ外交』（ミネルヴァ書房、2015年）がある。

今井静（いまい しづか）［37］
日本学術振興会特別研究員（PD）。中東地域研究、国際関係論、ヨルダン政治経済。主な著作に「ヨルダンの対イラク貿易と経済社会構造の変容――1970年代から80年代を中心に」（『日本中東学会年報』28（1）、2012年）、「ヨルダンにおけるシリア難民受入の展開――外交戦略としての国際レジームへの接近をめぐって」（『国際政治』178、2014年）。

今野泰三（いまの たいぞう）［21］
日本国際ボランティアセンターパレスチナ事業現地代表、大阪市立大学院都市文化研究センター研究員。パレスチナ／イスラエル地域研究、中東政治学、政治地理学。主な著作に「ユダヤ人入植者のアイデンティティと死／死者の表象――ナラティブと墓石・記念碑の分析」（『日本中東学会年報』26（2）、2011年）、「宗教シオニズムの越境――ヨルダン川西岸地区の『混住入植地』を事例として」（『境界研究』5、2015年）、「政治・外交的視点からの脱却――実践主義的側面から見るオスロ和平プロセス」（今野泰三・鶴見太郎・武田祥英編『オスロ合意から20年――パレスチナ／イスラエルの変容と課題』NIHUイスラーム地域研究・東京大学拠点、2015年）。

岩浅紀久（いわあさ としひさ）［44］
日本IBMおよびPhiips Co.勤務の後、ITエンジニアリング研究所を設立。JICAのパレスチナ中小企業支援プロジェクトの専門員として現地調査を実施。ジェリコに企業団地建設を提案し、建設途上にある。東京大学東洋文化研究所パレスチナ研究会メンバー。

臼杵陽（うすき あきら）＊［1、3、8、9、11、16、コラム16、コラム26］
編著者紹介を参照のこと。

〈編著者紹介〉
臼杵 陽（うすき あきら）
日本女子大学文学部史学科教授。パレスチナ人との最初の出会いは1980年8月のレバノンのアイン・アル・ヘルワ難民キャンプ訪問時。以来、アンマーン2年半、エルサレム2年、そしてベイルート半年と長期滞在の機会を得た。パレスチナ／イスラエルに関する見方は『イスラエル』（岩波新書）、『世界史の中のパレスチナ問題』（講談社現代新書）を参照されたい。専門は中東現代史・中東地域研究。日本・イスラーム・ユダヤ関係史にも関心を持っている。

鈴木啓之（すずきひろゆき）
日本学術振興会・特別研究員PD（日本女子大学）。中東地域研究、パレスチナ人の政治活動を専門とする。パレスチナとの最初の出会いはテレビで見たE・サイードとガザの人権弁護士ラジ・スラーニの討論。イラク戦争、第二次インティファーダを見ながら「敵と味方」の論理の不毛を知った。主な著作に「パレスチナ被占領地における政治活動の発展――キャンプ・デーヴィッド合意（1978年）と揺れ動く地域情勢」（『中東学会年報』30(1)、2014年）。

エリア・スタディーズ144
パレスチナを知るための60章

2016年4月10日　初版第1刷発行

| | |
|---|---|
| 編著者 | 臼杵　陽 |
| | 鈴木啓之 |
| 発行者 | 石井昭男 |
| 発行所 | 株式会社 明石書店 |
| 〒101-0021 | 東京都千代田区外神田6-9-5 |
| | 電話 03（5818）1171 |
| | FAX 03（5818）1174 |
| | 振替 00100-7-24505 |
| | http://www.akashi.co.jp |
| 装丁／組版 | 明石書店デザイン室 |
| 印刷／製本 | モリモト印刷株式会社 |

（定価はカバーに表示してあります）　ISBN978-4-7503-4332-7

# エリア・スタディーズ

1 **現代アメリカ社会を知るための60章**
明石紀雄、川島浩平 編著

2 **イタリアを知るための62章【第2版】**
村上義和 編著

3 **イギリスを旅する35章**
辻野功 編著

4 **モンゴルを知るための65章【第2版】**
金岡秀郎 著

5 **パリ・フランスを知るための44章**
梅本洋一、大里俊晴、木下長宏 編著

6 **現代韓国を知るための60章【第2版】**
石坂浩一、福島みのり 編著

7 **オーストラリアを知るための58章【第3版】**
越智道雄 著

8 **現代中国を知るための40章【第4版】**
高井潔司、藤野彰、曽根康雄 編著

9 **ネパールを知るための60章**
日本ネパール協会 編

10 **アメリカの歴史を知るための63章【第3版】**
富田虎男、鵜月裕典、佐藤円 編著

11 **現代フィリピンを知るための61章【第2版】**
大野拓司、寺田勇文 編著

12 **ポルトガルを知るための55章【第2版】**
村上義和、池俊介 編著

13 **北欧を知るための43章**
武田龍夫 著

14 **ブラジルを知るための56章【第2版】**
アンジェロ・イシ 著

15 **ドイツを知るための60章**
早川東三、工藤幹巳 編著

16 **ポーランドを知るための60章**
渡辺克義 編著

17 **シンガポールを知るための65章【第3版】**
田村慶子 編著

18 **現代ドイツを知るための62章【第2版】**
浜本隆志、髙橋憲 編著

19 **ウィーン・オーストリアを知るための57章【第2版】**
広瀬佳一、今井顕 編著

20 **ハンガリーを知るための47章** ドナウの宝石
羽場久美子 編著

21 **現代ロシアを知るための60章【第2版】**
下斗米伸夫、島田博 編著

22 **21世紀アメリカ社会を知るための67章**
明石紀雄 監修 赤尾千波、大類久恵、小塩和人、落合明子、川島浩平、高野泰 編

23 **スペインを知るための60章**
野々山真輝帆 著

24 **キューバを知るための52章**
後藤政子、樋口聡 編著

25 **カナダを知るための60章**
綾部恒雄、飯野正子 編著

26 **中央アジアを知るための60章【第2版】**
宇山智彦 編著

27 **チェコとスロヴァキアを知るための56章【第2版】**
薩摩秀登 編著

28 **現代ドイツの社会・文化を知るための48章**
田村光彰、村上和光、岩淵正明 編著

29 **インドを知るための50章**
重松伸司、三田昌彦 編著

30 **タイを知るための72章【第2版】**
綾部真雄 編著

31 **パキスタンを知るための60章**
広瀬崇子、山根聡、小田尚也 編著

32 **バングラデシュを知るための60章【第2版】**
大橋正明、村山真弓 編著

33 **イギリスを知るための65章【第2版】**
近藤久雄、細川祐子、阿部美春 編著

34 **現代台湾を知るための60章【第2版】**
亜洲奈みづほ 著

35 **ペルーを知るための66章【第2版】**
細谷広美 編著

36 **マラウィを知るための45章【第2版】**
栗田和明 著

## エリア・スタディーズ

37 **コスタリカを知るための55章**
国本伊代 編著

38 **チベットを知るための50章**
石濱裕美子 編著

39 **現代ベトナムを知るための60章【第2版】**
今井昭夫、岩井美佐紀 編著

40 **インドネシアを知るための50章**
村井吉敬、佐伯奈津子 編著

41 **エルサルバドル、ホンジュラス、ニカラグアを知るための45章**
田中高 編著

42 **パナマを知るための55章**
国本伊代、小林志郎、小澤卓也 著

43 **イランを知るための65章**
岡田恵美子、北原圭一、鈴木珠里 編著

44 **アイルランドを知るための70章【第2版】**
海老島均、山下理恵子 編著

45 **メキシコを知るための60章**
吉田栄人 編著

46 **中国の暮らしと文化を知るための40章**
東洋文化研究会 編

47 **現代ブータンを知るための60章**
平山修一 著

48 **バルカンを知るための66章【第2版】**
柴宜弘 編著

49 **現代イタリアを知るための44章**
村上義和 編著

50 **アルゼンチンを知るための54章**
アルベルト松本 著

51 **ミクロネシアを知るための60章【第2版】**
印東道子 編著

52 **アメリカのヒスパニック＝ラティーノ社会を知るための55章**
大泉光一、牛島万 編著

53 **北朝鮮を知るための51章**
石坂浩一 編著

54 **ボリビアを知るための73章【第2版】**
真鍋周三 編著

55 **コーカサスを知るための60章**
北川誠一、前田弘毅、廣瀬陽子、吉村貴之 編著

56 **カンボジアを知るための62章【第2版】**
上田広美、岡田知子 編著

57 **エクアドルを知るための60章【第2版】**
新木秀和 編著

58 **タンザニアを知るための60章【第2版】**
栗田和明、根本利通 編著

59 **リビアを知るための60章**
塩尻和子 著

60 **東ティモールを知るための50章**
山田満 編著

61 **グアテマラを知るための65章**
桜井三枝子 編著

62 **オランダを知るための60章**
長坂寿久 著

63 **モロッコを知るための65章**
私市正年、佐藤健太郎 編著

64 **サウジアラビアを知るための63章【第2版】**
中村覚 編著

65 **韓国の歴史を知るための66章**
金両基 編著

66 **ルーマニアを知るための60章**
六鹿茂夫 編著

67 **現代インドを知るための60章**
広瀬崇子、近藤正規、井上恭子、南埜猛 編著

68 **エチオピアを知るための50章**
岡倉登志 編著

69 **フィンランドを知るための44章**
百瀬宏、石野裕子 編著

70 **ニュージーランドを知るための63章**
青柳まちこ 編著

71 **ベルギーを知るための52章**
小川秀樹 編著

72 **ケベックを知るための54章**
小畑精和、竹中豊 編著

# エリア・スタディーズ

73 アルジェリアを知るための62章
私市正年 編著

74 アルメニアを知るための65章
中島偉晴、メラニア・バグダサリヤン 編著

75 スウェーデンを知るための60章
村井誠人 編著

76 デンマークを知るための68章
村井誠人 編著

77 最新ドイツ事情を知るための50章
浜本隆志、柳原初樹 著

78 セネガルとカーボベルデを知るための60章
小川了 編著

79 南アフリカを知るための60章
峯陽一 編著

80 エルサルバドルを知るための55章
細野昭雄、田中高 編著

81 チュニジアを知るための60章
鷹木恵子 編著

82 南太平洋を知るための58章 メラネシア ポリネシア
吉岡政德、石森大知 編著

83 現代カナダを知るための57章
飯野正子、竹中豊 編著

84 現代フランス社会を知るための62章
三浦信孝、西山教行 編著

85 ラオスを知るための60章
菊池陽子、鈴木玲子、阿部健一 編著

86 パラグアイを知るための50章
田島久歳、武田和久 編著

87 中国の歴史を知るための60章
並木頼壽、杉山文彦 編著

88 スペインのガリシアを知るための50章
坂東省次、桑原真夫、浅香武和 編著

89 アラブ首長国連邦（ＵＡＥ）を知るための60章
細井長 編著

90 コロンビアを知るための60章
二村久則 編著

91 現代メキシコを知るための60章
国本伊代 編著

92 ガーナを知るための47章
高根務、山田肖子 編著

93 ウガンダを知るための53章
吉田昌夫、白石壮一郎 編著

94 ケルトを旅する52章 イギリス・アイルランド
永田喜文 著

95 トルコを知るための53章
大村幸弘、永田雄三、内藤正典 編著

96 イタリアを旅する24章
内田俊秀 編著

97 大統領選からアメリカを知るための57章
越智道雄 著

98 現代バスクを知るための50章
萩尾生、吉田浩美 編著

99 ボツワナを知るための52章
池谷和信 編著

100 ロンドンを旅する60章
川成洋、石原孝哉 編著

101 ケニアを知るための55章
松田素二、津田みわ 編著

102 ニューヨークからアメリカを知るための76章
越智道雄 著

103 カリフォルニアからアメリカを知るための54章
越智道雄 著

104 イスラエルを知るための60章
立山良司 編著

105 グアム・サイパン・マリアナ諸島を知るための54章
中山京子 編著

106 中国のムスリムを知るための60章
中国ムスリム研究会 編

107 現代エジプトを知るための60章
鈴木恵美 編著

108 カーストから現代インドを知るための30章
金基淑 編著

# エリア・スタディーズ

109 **カナダを旅する37章**
飯野正子、竹中豊 編著

110 **アンダルシアを知るための53章**
立石博高、塩見千加子 編著

111 **エストニアを知るための59章**
小森宏美 編著

112 **韓国の暮らしと文化を知るための70章**
舘野晳 編著

113 **現代インドネシアを知るための60章**
村井吉敬、佐伯奈津子、間瀬朋子 編著

114 **ハワイを知るための60章**
山本真鳥、山田亨 編著

115 **現代イラクを知るための60章**
酒井啓子、吉岡明子、山尾大 編著

116 **現代スペインを知るための60章**
坂東省次 編著

117 **スリランカを知るための58章**
杉本良男、高桑史子、鈴木晋介 編著

118 **マダガスカルを知るための62章**
飯田卓、深澤秀夫、森山工 編著

119 **新時代アメリカ社会を知るための60章**
明石紀雄 監修 大類久恵、落合明子、赤尾千波 編著

120 **現代アラブを知るための56章**
松本弘 編著

121 **クロアチアを知るための60章**
柴宜弘、石田信一 編著

122 **ドミニカ共和国を知るための60章**
国本伊代 編著

123 **シリア・レバノンを知るための64章**
黒木英充 編著

124 **EU（欧州連合）を知るための63章**
羽場久美子 編著

125 **ミャンマーを知るための60章**
田村克己、松田正彦 編著

126 **カタルーニャを知るための50章**
立石博高、奥野良知 編著

127 **ホンジュラスを知るための60章**
桜井三枝子、中原篤史 編著

128 **スイスを知るための60章**
スイス文学研究会 編

129 **東南アジアを知るための50章**
今井昭夫 編集代表 東京外国語大学東南アジア課程 編

130 **メソアメリカを知るための58章**
井上幸孝 編著

131 **マドリードとカスティーリャを知るための60章**
川成洋、下山静香 編著

132 **ノルウェーを知るための60章**
大島美穂、岡本健志 編著

133 **現代モンゴルを知るための50章**
小長谷有紀、前川愛 編著

134 **カザフスタンを知るための60章**
宇山智彦、藤本透子 編著

135 **内モンゴルを知るための60章**
ボルジギン・ブレンサイン 編著 赤坂恒明 編集協力

136 **スコットランドを知るための65章**
木村正俊 編著

137 **セルビアを知るための60章**
柴宜弘、山崎信一 編著

138 **マリを知るための58章**
竹沢尚一郎 編著

139 **ASEANを知るための50章**
黒柳米司、金子芳樹、吉野文雄 編著

140 **アイスランド・グリーンランド・北極を知るための65章**
小澤実、中丸禎子、高橋美野梨 編著

141 **ナミビアを知るための53章**
水野一晴、永原陽子 編著

142 **香港を知るための60章**
吉川雅之、倉田徹 編著

143 **タスマニアを旅する60章**
宮本忠 著

144 **パレスチナを知るための60章**
臼杵陽、鈴木啓之 編著

――以下続刊

◎各巻2000円
（一部1800円）

〈価格は本体価格です〉

湾岸アラブ諸国の移民労働者 「多外国人国家」の出現と生活実態
細田尚美編著 ◉5500円

変貌するイラン イスラーム共和国体制の思想と核疑惑問題
駒野欽一 ◉2500円

紛争と国家建設 戦後イラクの再建をめぐるポリティクス
山尾 大 ◉4200円

中東湾岸諸国の民主化と政党システム
石黒大岳 ◉4200円

21世紀のサウジアラビア 政治・外交・経済・エネルギー戦略の成果と挑戦
アンソニー・H・コーデスマン著 中村覚監訳 須藤 繁、辻上奈美江訳 ◉9500円

セネガル・漁民レブーの宗教民族誌 スーフィー教団ライエンの千年王国運動
盛 恵子 ◉8800円

コーカサスと中央アジアの人間形成 発達文化の比較教育研究
関 啓子 ◉4700円

チェチェン 平和定着の挫折と紛争再発の複合的メカニズム
富樫耕介 ◉7000円

帰還移民の人類学 アフリカ系オマーン人のエスニック・アイデンティティ
大川真由子 ◉6800円

中東・北アフリカにおけるジェンダー イスラーム社会のダイナミズムと多様性
世界人権問題叢書79 ザヒア・スマイール・サルヒー著 鷹木恵子ほか訳 ◉4700円

「女性をつくりかえる」という思想 中東におけるフェミニズムと近代性
明石ライブラリー132 ライラ・アブー＝ルゴド編著 後藤絵美、竹村和朗、千代崎未央、鳥山純子、宮原麻子訳 ◉6800円

人の移動と文化の交差 ジェンダー史叢書 第7巻
粟屋利江、松本悠子編著 ◉4800円

現代ヨーロッパと移民問題の原点 1970、80年代、開かれたシティズンシップの生成と試練
宮島 喬 ◉3200円

新版グローバル・ディアスポラ
明石ライブラリー150 ロビン・コーエン著 駒井 洋訳 ◉4800円

現代を読み解くための西洋中世史 差別・排除・不平等への取り組み
世界人権問題叢書89 シーリア・シャゼルほか編著 赤阪俊一訳 ◉4600円

アメリカのエスニシティ 人種的融和を目指す多民族国家
アダルベルト・アギーレ・ジュニア、ジョナサン・H・ターナー著 神田外語大学アメリカ研究会訳 ◉4800円

〈価格は本体価格です〉

「イスラーム国」の生態がわかる45のキーワード
中東調査会イスラーム過激派モニター班 ◉1400円

アラブ・イスラエル紛争地図
マーティン・ギルバート著 小林和香子監訳 ◉8800円

イスラーム世界歴史地図
デヴィッド・ニコル著 清水和裕監訳 ◉15000円

イスラーム世界の挫折と再生 「アラブの春」後を読み解く
内藤正典編著 ◉2800円

イスラーム・シンボル事典
マレク・シェベル著 前田耕作監修 甲子雅代監訳 ◉9200円

イスラーム世界のジェンダー秩序 「アラブの春」以降の女性たちの闘い
辻上奈美江 ◉2500円

イスラーム世界の奴隷軍人とその実像 17世紀サファヴィー朝イランとコーカサス
前田弘毅 ◉7000円

中東・イスラーム諸国 民主化ハンドブック
松本 弘編著 ◉6800円

現代中東の国家・権力・政治
ロジャー・オーウェン著 山尾 大、溝渕正季訳 ◉3000円

オランダとベルギーのイスラーム教育 公教育における宗教の多元性と対話
見原礼子 ◉6500円

イランのシーア派イスラーム学教科書 Ⅰ・Ⅱ
世界の教科書シリーズ 22・36 富田健次訳 ◉各4000円

中東経済ハブ盛衰史 19世紀のエジプトから現在のドバイ、トルコまで
世界歴史叢書 山口直彦 ◉4200円

アラブ経済史 1810〜2009年
世界歴史叢書 山口直彦 ◉5800円

新版 エジプト近現代史 ムハンマド・アリー朝成立からムバーラク政権崩壊まで
世界歴史叢書 山口直彦 ◉4800円

アルジェリアの歴史 フランス植民地支配・独立戦争・脱植民地化
世界歴史叢書 バンジャマン・ストラ著 小山田紀子、渡辺 司訳 ◉8000円

パキスタン政治史 民主国家への苦難の道
世界歴史叢書 中野勝一 ◉4800円

〈価格は本体価格です〉